Estrutura Organizacional

Djalma de Pinho Rebouças de Oliveira

Estrutura Organizacional

Uma abordagem para resultados e competitividade

3ª Edição

SÃO PAULO
EDITORA ATLAS S.A. – 2014

© 2006 by Editora Atlas S.A.

1. ed. 2006; 2. ed. 2011; 3. ed. 2014

Capa: Leandro Guerra
Ilustrações: João Zero
Composição: Set-up Time Artes Gráficas

Dados Internacionais de Catalogação na Publicação (CIP)
(Câmara Brasileira do Livro, SP, Brasil)

Oliveira, Djalma de Pinho Rebouças de
Estrutura organizacional: uma abordagem para resultados e competitividade / Djalma de Pinho Rebouças de Oliveira. – 3. ed. – São Paulo: Atlas, 2014.

Bibliografia.
ISBN 978-85-224-8587-1
ISBN 978-85-224-8588-8 (PDF)

1. Empresas agrícolas – Administração 2. Estudo de casos II. Título.

06-2901
CDD-338.763

Índice para catálogo sistemático:
1. Empresas agrícolas : Estrutura organizacional   338.763

TODOS OS DIREITOS RESERVADOS – É proibida a reprodução total ou parcial, de qualquer forma ou por qualquer meio. A violação dos direitos de autor (Lei nº 9.610/98) é crime estabelecido pelo artigo 184 do Código Penal.

Depósito legal na Biblioteca Nacional conforme Lei nº 10.994, de 14 de dezembro de 2004.

Impresso no Brasil/*Printed in Brazil*

Editora Atlas S.A.
Rua Conselheiro Nébias, 1384
Campos Elísios
01203 904 São Paulo SP
011 3357 9144
atlas.com.br

À

Heloísa

*"Nós nos transformamos naquilo que praticamos com frequência.
A perfeição, portanto, não é um ato isolado. É um hábito."*

Honoré de Balzac

Sumário

"Simplicidade é a coragem de abordar o essencial."
Helmar Nahr

Prefácio, xvii

Estrutura do livro, xxi

1 **Origens, aplicações e evoluções da estrutura organizacional, 1**
   1.1 Introdução, 3
   1.2 Origens dos estudos da estrutura organizacional, 3
   1.3 Alocação da estrutura organizacional no processo administrativo das empresas, 6
   1.4 Principais contribuições da estrutura organizacional para as empresas, 14
      1.4.1 Precauções nas aplicações da estrutura organizacional, 16
   1.5 Futuras evoluções da estrutura organizacional nas empresas, 23
      1.5.1 Principais consequências das evoluções da estrutura organizacional, 27

Resumo, 33
Questões para debate, 34
Caso: Análise e debate da realidade da estrutura organizacional da Alpha Pecuária, Agrícola, Indústria e Comércio Ltda., 35

2 **Metodologia para o desenvolvimento, implementação e avaliação da estrutura organizacional, 39**
   2.1 Introdução, 41
   2.2 Formatações básicas da estrutura organizacional, 41
      2.2.1 Estrutura informal, 42
      2.2.2 Estrutura formal, 45
   2.3 Metodologia para o desenvolvimento, implementação e avaliação da estrutura organizacional, 46
      2.3.1 Fase 1: Estabelecimento do plano estratégico da empresa, 46
         2.3.1.1 Etapa 1.1: Estabelecimento da visão, da missão e dos valores da empresa, 47
         2.3.1.2 Etapa 1.2: Estruturação da interação da empresa – produtos e serviços oferecidos – com os segmentos de mercado, 50
         2.3.1.3 Etapa 1.3: Análise da evolução tecnológica e da tecnologia aplicada, 50
         2.3.1.4 Etapa 1.4: Análise dos concorrentes e estabelecimento das vantagens competitivas, 51
         2.3.1.5 Etapa 1.5: Decomposição dos diversos planejamentos, 51
         2.3.1.6 Etapa 1.6: Estabelecimento dos objetivos, estratégias e políticas, 53

2.3.2 Fase 2: Análise e estabelecimento das partes integrantes da estrutura organizacional, 55
    2.3.2.1 Etapa 2.1: Estabelecimento da melhor departamentalização, 56
    2.3.2.2 Etapa 2.2: Estabelecimento das interações das atividades-fins e das atividades de apoio, 56
    2.3.2.3 Etapa 2.3: Estabelecimento do equilíbrio otimizado dos níveis de descentralização e centralização e do processo de delegação, 56
    2.3.2.4 Etapa 2.4: Estabelecimento da situação ideal dos níveis hierárquicos e da amplitude de controle, 57
    2.3.2.5 Etapa 2.5: Estabelecimento das fichas de funções das unidades organizacionais, 57
    2.3.2.6 Etapa 2.6: Estabelecimento dos níveis de autoridade, 58
    2.3.2.7 Etapa 2.7: Estruturação do processo de comunicação entre as unidades organizacionais, 61
    2.3.2.8 Etapa 2.8: Estruturação do processo decisório ideal, 66
    2.3.2.9 Etapa 2.9: Estruturação dos relatórios gerenciais, 70
2.3.3 Fase 3: Análise da capacitação profissional, 73
2.3.4 Fase 4: Elaboração do manual de organização com as fichas de funções, 74
2.3.5 Fase 5: Plano de implementação da estrutura organizacional, 74
    2.3.5.1 Etapa 5.1: Atuação dos agentes de mudanças, 75
    2.3.5.2 Etapa 5.2: Otimização do processo de mudança organizacional, 75
2.3.6 Fase 6: Interligação da estrutura organizacional com outros instrumentos administrativos das empresas, 76
2.3.7 Fase 7: Avaliação e aprimoramento da estrutura organizacional, 83
2.4 Algumas precauções na aplicação da metodologia, 84
Resumo, 86
Questões para debate, 86
Caso: Elaboração do plano de desenvolvimento, implementação e avaliação da estrutura organizacional da Alpha Pecuária, Agrícola, Indústria e Comércio Ltda., 87

3 Departamentalização, 89
3.1 Introdução, 91
3.2 Departamentalizações modernas, 92
    3.2.1 Governança corporativa, 93
    3.2.2 Rede de integração entre empresas, 109
    3.2.3 Unidade estratégica de negócio, 117

        3.2.4   Departamentalização por processos, 126
   3.3 Departamentalizações tradicionais, 128
        3.3.1   Departamentalização funcional, 128
        3.3.2   Departamentalização por quantidade, 132
        3.3.3   Departamentalização por turno, 133
        3.3.4   Departamentalização territorial ou por localização geográfica, 135
        3.3.5   Departamentalização por clientes, 136
        3.3.6   Departamentalização por produtos ou serviços, 137
        3.3.7   Departamentalização por projetos, 140
        3.3.8   Departamentalização matricial, 142
        3.3.9   Departamentalização mista, 145
   3.4 Representação gráfica da departamentalização, 146
        3.4.1   Organograma linear, 146
        3.4.2   Organograma vertical, 148
   3.5 Estabelecimento da melhor departamentalização, 148
Resumo, 150
Questões para debate, 150
Caso: Análise e debate da melhor departamentalização para a Alpha Pecuária, Agrícola, Indústria e Comércio Ltda., 151

4 **Atividades-fins e atividades de apoio, 153**
   4.1 Introdução, 155
   4.2 Diferenças entre atividades-fins e atividades de apoio, 155
   4.3 Considerações sobre as atividades de apoio ou de assessoria, 158
   4.4 Considerações sobre as atividades-fins ou de linha, 160
   4.5 Aspectos conflitantes entre atividades-fins e atividades de apoio, 160
Resumo, 161
Questões para debate, 162
Caso: Identificação, análise e estruturação das atividades-fins e das atividades de apoio da Alpha Pecuária, Agrícola, Indústria e Comércio Ltda., 162

5 **Atribuições das unidades organizacionais, 163**
   5.1 Introdução, 165
   5.2 Fichas de funções, 165
   5.3 Níveis de competência ou de alçada, 166
   5.4 Comitês ou comissões, 169
        5.4.1   Atribuições dos integrantes dos comitês, 171
   5.5 Questionário de levantamento das atribuições, 172
        5.5.1   Técnicas de levantamento e de análise das atribuições das unidades organizacionais, 179
Resumo, 183
Questões para debate, 183
Caso: Análise e estabelecimento das atribuições das unidades organizacionais da Alpha Pecuária, Agrícola, Indústria e Comércio Ltda., 184

6 Delegação, centralização e descentralização, 185
  6.1 Introdução, 187
  6.2 Delegação, 187
    6.2.1 Questionário para avaliar a qualidade da delegação, 192
  6.3 Centralização, 194
  6.4 Descentralização, 195
Resumo, 200
Questões para debate, 200
Caso: Estudo dos níveis adequados de delegação, centralização e descentralização na Alpha Pecuária, Agrícola, Indústria e Comércio Ltda., 201

7 Amplitude de controle e níveis hierárquicos, 203
  7.1 Introdução, 205
  7.2 Amplitude de controle, 205
  7.3 Níveis hierárquicos, 209
Resumo, 210
Questões para debate, 210
Caso: Análise e estabelecimento da amplitude de controle e dos níveis hierárquicos da Alpha Pecuária, Agrícola, Indústria e Comércio Ltda., 210

8 Manual de organização, 213
  8.1 Introdução, 215
  8.2 Constituição do manual de organização, 216
  8.3 Vantagens e desvantagens do uso de manuais de organização, 220
    8.3.1 Principais vantagens do uso de manuais de organização, 220
    8.3.2 Principais desvantagens do uso de manuais de organização, 221
    8.3.3 Requisitos básicos na utilização de manuais de organização, 222
  8.4 Fases para elaboração dos manuais de organização, 222
    8.4.1 Processo de atualização do manual de organização, 231
    8.4.2 Avaliação dos manuais de organização, 232
  8.5 Alguns formulários para manuais de organização, 233
Resumo, 236
Questões para debate, 236
Caso: Estruturação e desenvolvimento do manual de organização da Alpha Pecuária, Agrícola, Indústria e Comércio Ltda., 236

9 Implementação da estrutura organizacional, 239
  9.1 Introdução, 241
  9.2 Plano de implementação da estrutura organizacional, 241
  9.3 Agente de mudanças, 253
    9.3.1 Agente interno e agente externo, 257
    9.3.2 Modelo de intervenção do agente de mudanças, 259
  9.4 Mudanças organizacionais e das pessoas, 261

9.5 Atuação do executivo perante as mudanças, 264
9.6 Condições para o fracasso e para o sucesso das mudanças organizacionais, 268
Resumo, 270
Questões para debate, 270
Exercício: Autoavaliação quanto aos processos de mudanças, 271
Caso: Estabelecimento do plano de implementação da estrutura organizacional na Alpha Pecuária, Agrícola, Indústria e Comércio Ltda., 271

10 Avaliação e aprimoramento da estrutura organizacional, 273
    10.1 Introdução, 275
    10.2 Finalidades da avaliação e do aprimoramento, 276
    10.3 Informações necessárias para a avaliação e o aprimoramento, 278
    10.4 Fases do processo de avaliação e aprimoramento, 280
        10.4.1 Estágios do processo de controle e avaliação, 282
        10.4.2 Níveis de avaliação, 283
        10.4.3 Periodicidade das revisões, 284
    10.5 Verificação de consistência, 285
    10.6 Avaliação da estrutura organizacional, 286
    10.7 Indicadores de desempenho para a avaliação e o aprimoramento da estrutura organizacional, 291
    10.8 Resistências ao processo de avaliação e aprimoramento, 300
Resumo, 301
Questões para debate, 301
Caso: Elaboração do plano de avaliação e de aprimoramento da estrutura organizacional da Alpha Pecuária, Agrícola, Indústria e Comércio Ltda., 302

11 Perfil e atuação do profissional de estruturação organizacional, 303
    11.1 Introdução, 305
    11.2 Perfil e forma de atuação do profissional, 305
    11.3 Conhecimentos e habilidades do profissional, 306
    11.4 Atribuições da área ou equipe de estruturação organizacional, 308
Resumo, 312
Questões para debate, 312
Caso: Estudo, debate e estabelecimento do perfil e forma de atuação dos profissionais responsáveis pela estrutura organizacional da Alpha Pecuária, Agrícola, Indústria e Comércio Ltda., 313

Glossário, 315

Bibliografia, 323

Relação de Figuras

1.1 Funções da administração, 7
1.2 Componentes de um sistema, 9
1.3 Ambiente do sistema empresarial, 10
1.4 Níveis de um sistema, 11
2.1 Interligação da visão com a estrutura organizacional, 48
2.2 Interligação da missão com a estrutura organizacional, 49
2.3 Tipos de planejamento nas empresas, 51
2.4 Rede escalar de objetivos, 54
2.5 Amplitude da autoridade, 58
2.6 Autoridade hierárquica, 60
2.7 Autoridade funcional, 61
2.8 Interligação da estrutura organizacional com o plano estratégico, 78
2.9 Interligação da estrutura organizacional com o orçamento, 79
2.10 Interligação da estrutura organizacional com os relatórios gerenciais, 81
2.11 Interligação da estrutura organizacional com a avaliação de desempenho, 82
2.12 Interligação da estrutura organizacional com a análise da capacitação, 83
3.1 Organograma da governança corporativa, 100
3.2 Interação de conhecimentos e responsabilidades, 108
3.3 Departamentalização por unidades estratégicas de negócios, 119
3.4 Departamentalização por processos, 127
3.5 Departamentalização funcional, 129
3.6 Departamentalização por quantidade, 132
3.7 Departamentalização por turno, 134
3.8 Departamentalização territorial, 135
3.9 Departamentalização por clientes, 136
3.10 Departamentalização por produtos ou serviços, 138
3.11 Departamentalização por projetos, 140
3.12 Departamentalização matricial, 143
3.13 Departamentalização mista, 145
4.1 Linha como executante e assessoria como conselheira, 156
4.2 Linha como atividade-fim e assessoria como atividade-meio, 157
5.1 Modelo de ficha de funções, 166
5.2 Quadro de competências, 168
7.1 Níveis hierárquicos × amplitude de controle, 209
8.1 Modelo de folha do manual de organização, 226
8.2 Controle de distribuição do manual, 230
8.3 Exemplo de folha de atribuições gerais de uma unidade organizacional, 234
8.4 Exemplo de folha de atribuições específicas de uma unidade organizacional, 235
9.1 Aspectos da mudança planejada nas empresas, 245
9.2 Empresa como sistema sociotécnico aberto, 249

9.3 Subsistemas da empresa pelas unidades organizacionais, 249
9.4 Principais subsistemas e suas dimensões, 250
9.5 Processo de condicionamento do comportamento humano, 251
9.6 Mudanças comportamentais, 252
9.7 *Iceberg* organizacional, 252
9.8 Interligação da capacitação com a avaliação de desempenho e de potencial, 257
9.9 Etapas da intervenção do agente de mudanças, 259
9.10 Efeito das mudanças sobre as pessoas, 263
10.1 Processo decisório e processo de controle, 280
10.2 Níveis de controle e avaliação, 283

Relação de Quadros

1.1 Contribuições das teorias da administração para a estrutura organizacional, 5
2.1 Comunicados internos sobre o Cometa de Halley, 66
3.1 Organograma linear, 147
3.2 Organograma vertical, 148
4.1 Razões mais comuns do conflito linha × assessoria, 160
5.1 Aspectos gerais dos comitês, 170
5.2 Modelo de questionário de levantamento da estrutura organizacional, 173
6.1 Obstáculos para a delegação, 189
6.2 Avaliação do nível de delegação, 193
6.3 Diferenças entre descentralização e delegação, 197
6.4 Avaliação do nível de descentralização, 199
7.1 Relações possíveis pela fórmula de Graicunas, 208
9.1 Exemplos de doenças e sintomas empresariais, 246
10.1 Interação entre indicadores e estrutura organizacional, 292
11.1 Atribuições do comitê de estrutura organizacional, 308

Prefácio

"Nas coisas grandes e duvidosas, a maior dificuldade está no princípio."

Cervantes

A decisão de escrever este livro está correlacionada a duas questões básicas:

- a gradativa maior importância que os executivos estão proporcionando ao assunto estrutura organizacional como fator de sustentação da produtividade e do desenvolvimento das empresas; e
- o baixo grau de conhecimento de todos os aspectos que devem ser considerados em um otimizado processo de estruturação organizacional nas empresas.

Portanto, na prática, o que se observa é que a maioria das empresas não utiliza, na plenitude, todo o arcabouço de benefícios de uma otimizada estrutura organizacional, provocando, inclusive, problemas para a adequada utilização de outros instrumentos administrativos – produtividade, qualidade, avaliação de desempenho, análise da capacitação, logística etc. – pelas empresas, dentro de uma abordagem sistêmica e interativa.

Para facilitar o entendimento e a aplicação dos conceitos, metodologias e técnicas apresentados neste livro, a sua abordagem é basicamente prática, mas devidamente sustentada pelo que de mais moderno existe nas teorias administrativas.

Portanto, com este livro, o autor tem a oportunidade de consolidar uma maior atratividade e adequado uso desse importante instrumento administrativo das empresas, representado pela estrutura organizacional.

Djalma de Pinho Rebouças de Oliveira

Estrutura do livro

*"Grandes realizações não são feitas por impulso,
mas por uma soma de pequenas realizações."*
Vincent Van Gogh

A estrutura do livro permite você entender o que *passou pela cabeça* do autor ao identificar e distribuir os diversos assuntos de estrutura organizacional abordados ao longo do texto.

Este livro está dividido em 11 capítulos, com assuntos específicos e perfeitamente interligados entre si.

O Capítulo 1 aborda as origens, as aplicações e as evoluções da estrutura organizacional nas empresas. Portanto, você tem a oportunidade de entender os primeiros debates da estruturação organizacional das empresas, as suas diversas aplicações e finalidades, bem como as principais evoluções que podem ser consideradas viáveis a curto ou médio prazo nas empresas.

O Capítulo 2 pode ser considerado o núcleo básico deste livro, pois apresenta uma metodologia para o otimizado desenvolvimento, implementação e avaliação da estrutura organizacional nas empresas.

Essa metodologia, composta de 7 fases, as quais são decompostas em 17 etapas, permite aos executivos das empresas o pleno entendimento da abrangência e das interações da estrutura organizacional com outros instrumentos administrativos das empresas. Evidencia-se que detalhes dessas fases e etapas são apresentados nos nove capítulos subsequentes.

O Capítulo 3 cuida das diferentes maneiras de a empresa departamentalizar – ou dividir – as responsabilidades das diversas unidades organizacionais. Para facilitar o debate, os tipos de departamentalização estão separados entre os mais modernos e os considerados tradicionais nas empresas. Também são apresentadas as vantagens e as precauções no uso de cada tipo de departamentalização.

O Capítulo 4 aborda a questão das atividades-fins – ou de linha – e as atividades de apoio – ou de assessoria – nas empresas.

O Capítulo 5 enfoca as atribuições das unidades organizacionais, com a elaboração das fichas de funções.

O Capítulo 6 aborda as questões da delegação, da centralização e da descentralização, com suas vantagens e precauções na utilização pelas empresas.

O Capítulo 7 cuida da análise da amplitude de controle e da determinação dos níveis hierárquicos nas empresas.

O Capítulo 8 aborda o Manual de Organização, com a sua elaboração, constituição, aplicação e avaliação.

O Capítulo 9 enfoca a importante questão da implementação da estrutura organizacional, a qual deve ser realizada dentro de determinados critérios e procedimentos básicos. Analisa, também, a melhor maneira de se trabalhar com as possíveis resistências que uma nova estrutura organizacional pode provocar junto aos executivos e funcionários das empresas.

O Capítulo 10 aborda o processo de avaliação e de aprimoramento da estrutura organizacional ao longo do tempo. Apresenta, também, alguns indicadores de desempenho que podem ser utilizados para avaliar a estrutura organizacional das empresas.

E, finalmente, o Capítulo 11 apresenta o perfil, os conhecimentos e as habilidades necessários, as atribuições do profissional ou equipe de estrutura organizacional, bem como o estudo de sua interação com os usuários de seus trabalhos.

Para encerrar, consta deste livro um glossário com os termos técnicos utilizados. Não é intenção afirmar que as definições apresentadas são as únicas, mas, simplesmente, enquadrar você no *linguajar* mais corriqueiro dos profissionais de estruturação organizacional das empresas.

Também são apresentadas as referências bibliográficas que proporcionaram maior sustentação ao conteúdo desta obra.

Salienta-se a existência de vários casos, exercícios e questões para debate ao longo dos capítulos do livro.

Os casos apresentados ao final de cada capítulo foram elaborados permitindo duas situações:

a) Análise e debate de cada caso de forma independente.

b) Análise e debate de cada caso de forma gradativa, evolutiva e acumulativa ao longo dos 11 capítulos do livro, possibilitando fechar o sistema de análise e estabelecimento da estrutura organizacional de uma empresa fictícia.

Essa segunda hipótese é bastante interessante para o caso dos cursos que envolvam a disciplina de estrutura organizacional.

Salienta-se que os resultados dos casos e dos exercícios não são únicos, mas foram elaborados de forma a fortalecer a análise e os debates dos estudantes e/ou profissionais envolvidos, propiciando a apresentação de diversas soluções interessantes e válidas para a vida real.

Com a leitura da estrutura do livro, acredito que o entendimento do conteúdo da obra seja muito facilitado e, portanto, a sua aplicação pelas empresas – e nos cursos das faculdades – seja otimizada.

Djalma de Pinho Rebouças de Oliveira

1
Origens, aplicações e evoluções da estrutura organizacional

"Um ideal é a realidade vista de longe."
Alphonse de Lamartine

1.1 INTRODUÇÃO

A principal preocupação deste capítulo é alocar você no contexto das origens e do processo evolutivo da aplicação da estrutura organizacional nas empresas.

O entendimento dessa situação apresenta dois benefícios diretos para você e para as empresas:

- maior e melhor conhecimento de todas as vantagens e precauções a serem consideradas no processo de desenvolvimento e implementação da estrutura organizacional nas empresas; e
- possibilidade de melhor utilização da estrutura organizacional pelas empresas, inclusive em suas interações com outros instrumentos administrativos existentes ou a serem implementados nas empresas.

Ao final da leitura deste capítulo, será possível responder às seguintes importantes questões:

- Quais as origens do estudo da estrutura organizacional nas empresas?
- Quais as principais contribuições da estrutura organizacional, como instrumento administrativo, para as empresas?
- Quais são as principais precauções a serem consideradas no desenvolvimento e operacionalização da estrutura organizacional, tendo em vista a otimização dos resultados das empresas?
- Quais são as futuras evoluções no estudo e na aplicação da estrutura organizacional pelas empresas?
- Quais são as principais consequências que podem ser consideradas como resultado dessas evoluções da estrutura organizacional?

1.2 ORIGENS DOS ESTUDOS DA ESTRUTURA ORGANIZACIONAL

Para facilitar o processo de identificação e análise das origens dos estudos da estrutura organizacional nas empresas, pode-se considerar a evolução das teorias da administração e suas contribuições – diretas ou indiretas – para esse importante instrumento administrativo que é a estrutura organizacional.

> Teoria da administração é o conjunto estruturado de estudos, análises e proposições que têm a finalidade de explicar as evidências e os fatos de uma realidade prática no contexto administrativo das empresas.

> Instrumento administrativo é a metodologia ou técnica estruturada que a Teoria da Administração proporciona para o desenvolvimento do processo administrativo das empresas e dos negócios.

Considerando, de forma resumida, a evolução das escolas e teorias da administração quanto à sua contribuição para o estudo da estrutura organizacional nas empresas, tem-se o Quadro 1.1.

Analisando o referido quadro, verifica-se que foram apresentadas apenas as principais contribuições das Teorias da Administração – com suas abordagens – para a gradativa e acumulativa evolução da estruturação organizacional pelas empresas.

Naturalmente, esse estudo pode ser ampliado para várias outras possíveis contribuições que ocorreram desde os primórdios da administração.

Verifica-se, também, que, como a administração é uma tecnologia – no seu contexto mais amplo do conhecimento –, ela está e estará sempre em contínua evolução, inclusive pela aplicação prática dos novos conceitos, metodologias e técnicas administrativas pelas empresas.

As datas e os períodos de cada contribuição da Teoria da Administração são referentes ao seu início e/ou consolidação efetiva, como é o caso da administração do conhecimento.

Origens, aplicações e evoluções da estrutura organizacional 5

Quadro 1.1 | *Contribuições das teorias da administração para a estrutura organizacional.*

Teorias da Administração	Período básico	Contribuições para a estrutura organizacional
1. Administração Científica 1.1 Frederick Winslow Taylor	1903	Redesenhou o processo dos trabalhos e mudou a atitude dos trabalhadores, melhorando a produtividade.
1.2 Henry Ford	Início do século XX	Estudou a especialização dos trabalhadores.
1.3 Henri Fayol	Década de 1910	Estabeleceu as atividades do processo administrativo (planejamento, organização, comando, coordenação e controle). Definiu o papel do dirigente. Consolidou a divisão do trabalho entre as áreas das empresas. Estabeleceu os primórdios da autoridade e da responsabilidade. Consolidou as unidades de comando e de direção. Analisou a questão da centralização e da descentralização. Estruturou a cadeia de comando. Incentivou o espírito de equipe.
2. Burocracia 2.1 Max Weber	Década de 1920	Estabeleceu que as empresas que têm normas – ou leis ou políticas – são as mais produtivas. Consolidou a autoridade formal (baseada nas leis, normas e políticas).
3. Relações Humanas 3.1 Elton Mayo	Década de 1930	Estabeleceu que a qualidade da supervisão e dos relacionamentos com empregados melhora a produtividade. A média administração deve otimizar a ligação entre alta e baixa administração das empresas. Os trabalhos em equipes são importantes.
4. Pensamento sistêmico 4.1 Ludwig von Bertalanffy	Final da década de 1930	Consolidou a análise de toda a empresa e de cada uma de suas partes de forma interligada. Deve ter sido a mais forte contribuição para toda a moderna análise da departamentalização das empresas.
5. Administração por objetivos 5.1 Peter Drucker	1955	Consolidou a administração voltada para resultados e com avaliação de desempenho das pessoas.
6. Aprendizagem organizacional 6.1 Peter Senge	Meados da década de 1970	As empresas devem aprender a lidar com a mudança contínua, a qual é básica para a evolução da estrutura organizacional.
7. Administração virtual	Década de 1990	Contribuiu diretamente para a estruturação em rede das empresas.
8. Administração do conhecimento	Início do século XXI (consolidação)	Corresponde ao principal aspecto da evolução das estruturações organizacionais.

1.3 ALOCAÇÃO DA ESTRUTURA ORGANIZACIONAL NO PROCESSO ADMINISTRATIVO DAS EMPRESAS

Na seção anterior, foi verificado que todo e qualquer instrumento administrativo tem que estar alocado no processo administrativo das empresas e negócios.

O processo administrativo pode ser entendido pelas suas partes principais, representadas pelas funções da administração, a saber:

> Planejamento da empresa é o estabelecimento de objetivos ou resultados esperados, bem como das estratégias ou meios mais adequados para se alcançar esse estado futuro desejado.

> Organização da empresa é a identificação, análise, ordenação e agrupamento das atividades e recursos, visando ao alcance dos resultados anteriormente estabelecidos pelo planejamento.

> Direção da empresa é a orientação, e/ou coordenação, e/ou motivação, e/ou liderança das atividades e recursos, visando alcançar os objetivos e os resultados esperados.

> Avaliação da empresa é o acompanhamento, o controle e a análise dos resultados apresentados em relação aos objetivos esperados, incluindo o estabelecimento das ações corretivas necessárias.

Você pode considerar uma quinta função da administração, correspondente ao desenvolvimento das pessoas, a qual está intrínseca às outras quatro funções da administração.

> Desenvolvimento de pessoas é a atuação direcionada à evolução profissional das pessoas, em ambientes otimizados de trabalho, na busca de resultados compartilhados, desafiadores e negociados anteriormente.

As funções da administração exercidas pelos executivos das empresas são apresentadas, de forma interligada, na Figura 1.1:

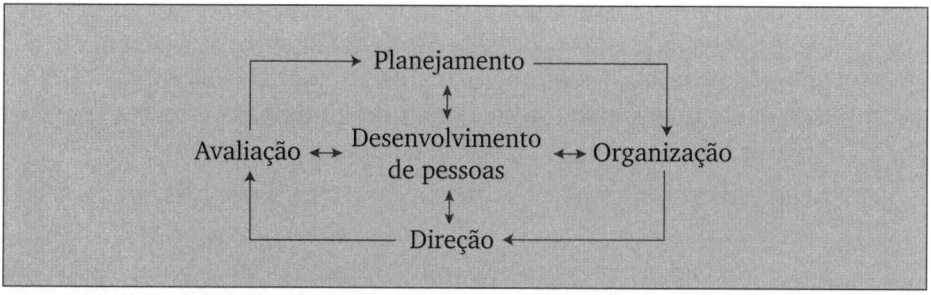

Figura 1.1 | *Funções da administração.*

Na função *planejamento*, podem ser identificadas determinadas partes, tais como planejamento estratégico, planejamento tático, planejamento operacional, projetos, planos de ação.

Na função *organização*, podem ser identificadas partes, tais como estrutura organizacional, processos, métodos.

Na função *direção*, podem ser identificadas partes, tais como coordenação, liderança, supervisão, orientação.

Na função *avaliação*, podem ser identificadas partes, tais como controle, indicadores de desempenho, retroalimentação do processo, aprimoramento.

Verifica-se que o instrumento administrativo *estrutura organizacional* é parte integrante da função *organização*, mas influi e recebe influência das outras funções do processo administrativo das empresas.

Essa relação de influência ocorre porque a estrutura organizacional, como todo e qualquer instrumento administrativo, é um sistema.

> Sistema é a consolidação de partes integrantes e interdependentes que, conjuntamente, formam um todo unitário com determinado objetivo e efetuam determinada função na empresa.

Nesse ponto, devem-se fazer algumas considerações sobre os componentes de um sistema, os quais complementam o entendimento deste assunto para a adequada análise da estrutura organizacional das empresas.

Os componentes do sistema *estrutura organizacional* são:

- os objetivos, que se referem tanto aos objetivos dos usuários da estrutura organizacional, quanto aos da própria empresa; estes últimos são estabelecidos nos processos de planejamento, quer sejam estratégicos, quer táticos, quer operacionais. O objetivo é a própria razão de existência do sistema, ou seja, é a finalidade para a qual a estrutura organizacional foi analisada e consolidada na empresa;
- as entradas do sistema, cuja função caracteriza as forças que fornecem para a estrutura organizacional todos os recursos e informações para a sua operação, a qual gera determinadas saídas do sistema que devem estar em sintonia com os objetivos anteriormente estabelecidos;
- o processo de transformação do sistema, definido como a função que possibilita a transformação de um insumo (entrada) em um produto, serviço ou resultado (saída). Esse processo é a maneira pela qual os elementos componentes da estrutura organizacional (ver seção 2.3.2) interagem a fim de produzir as saídas desejadas. O processo de transformação da estrutura organizacional deve considerar a entropia, tanto positiva, que aborda o desgaste dos elementos utilizados, quanto negativa, que considera o incremento tecnológico no referido processo de evolução da estrutura organizacional;
- as saídas do sistema, que correspondem aos resultados do processo de transformação da estrutura organizacional. As saídas podem ser definidas como as finalidades para as quais se uniram objetivos, atributos e relações da estrutura organizacional. As saídas devem ser, portanto, coerentes com os objetivos da empresa; e, tendo em vista o processo de controle e avaliação, as saídas devem ser quantificáveis, de acordo com critérios e parâmetros previamente fixados;
- os controles e as avaliações da estrutura organizacional, principalmente para verificar se as saídas estão coerentes com os objetivos estabelecidos. Para realizar o controle e a avaliação de maneira adequada, é necessária uma medida do desempenho da estrutura organizacional, chamada padrão; e
- a retroalimentação, ou realimentação, ou *feedback* da realidade da estrutura organizacional, que pode ser considerado como a reintrodução de uma saída sob a forma de informação. A realimentação é um processo de comunicação que reage a cada entrada de informação, incorporando o resultado da *ação resposta* desencadeada por meio

de nova informação, a qual afetará seu comportamento subsequente, e assim sucessivamente. Essa realimentação é um instrumento de regulação retroativa ou de controle, em que as informações realimentadas são resultados das divergências verificadas entre as respostas da atuação da estrutura organizacional e os parâmetros previamente estabelecidos. Portanto, o objetivo do controle é reduzir as discrepâncias ao mínimo, bem como propiciar uma situação em que a estrutura organizacional se torna autoadministrada.

Os componentes de um sistema, tal como a estrutura organizacional, podem ser visualizados na Figura 1.2:

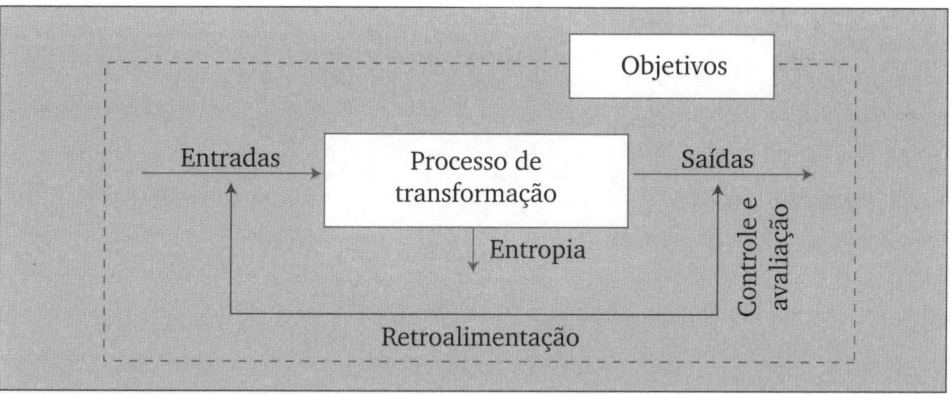

Figura 1.2 | *Componentes de um sistema.*

Um sistema também pode ser considerado como o núcleo ou o foco do estudo que está sendo abordado.

E, com base nessa situação, existem os limites do sistema, dentro do qual se analisa como o ambiente influi ou é influenciado pelo sistema considerado, sendo, neste caso, a estrutura organizacional das empresas.

Ambiente de um sistema é o conjunto de todos os fatores que, dentro de um limite específico, se possa conceber como tendo alguma influência sobre a operação do sistema considerado.

Portanto, ambiente do sistema *estrutura organizacional* é o conjunto de fatores que não pertencem diretamente à estrutura organizacional da empresa, mas:

- qualquer alteração na estrutura organizacional pode mudar ou alterar esses fatores externos; e
- qualquer alteração nos fatores externos pode mudar ou alterar a estrutura organizacional da empresa.

Salienta-se que essa segunda situação é mais fácil de ocorrer do que a primeira.

O ambiente de um sistema, representado por uma empresa e sua estrutura organizacional, pode ser visualizado na Figura 1.3:

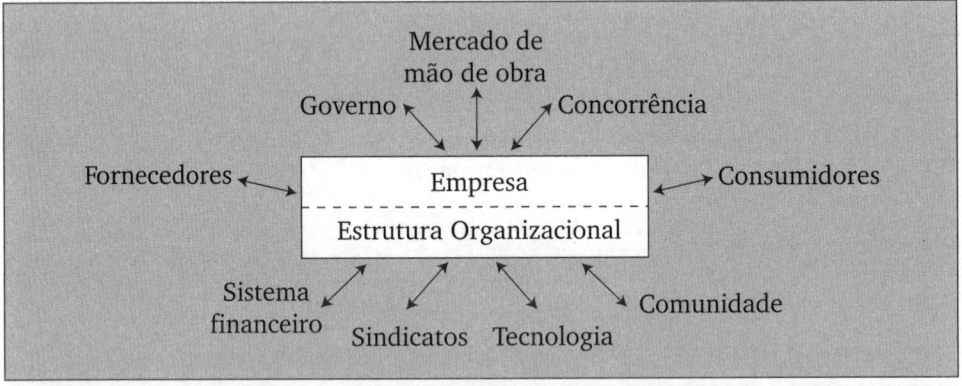

Figura 1.3 | *Ambiente do sistema empresarial.*

No desenvolvimento dos trabalhos inerentes à estrutura organizacional das empresas, devem-se considerar três níveis na hierarquia de sistemas:

- sistema: é o que se está estudando, ou seja, a estrutura organizacional das empresas;
- subsistema: são as partes identificadas de forma estruturada, que integram o sistema *estrutura organizacional*; e
- supersistema ou ecossistema: é o todo, e o sistema *estrutura organizacional* é um subsistema dele.

Fica evidente que, dentro do conceito de que sistema é o que se está estudando ou analisando, quando os profissionais das empresas estiverem analisando toda a estrutura organizacional da empresa, essa é o sistema; quando estiverem analisando a melhor forma de departamentalização da estrutura, essa é o sistema; e assim por diante.

Na prática, esses subsistemas ou partes da estrutura organizacional podem ser consideradas em todas as 7 fases e 17 etapas da metodologia para o desenvolvimento, implementação e avaliação da estrutura organizacional, conforme apresentado na seção 2.3.

Os três níveis de um sistema podem ser visualizados na Figura 1.4:

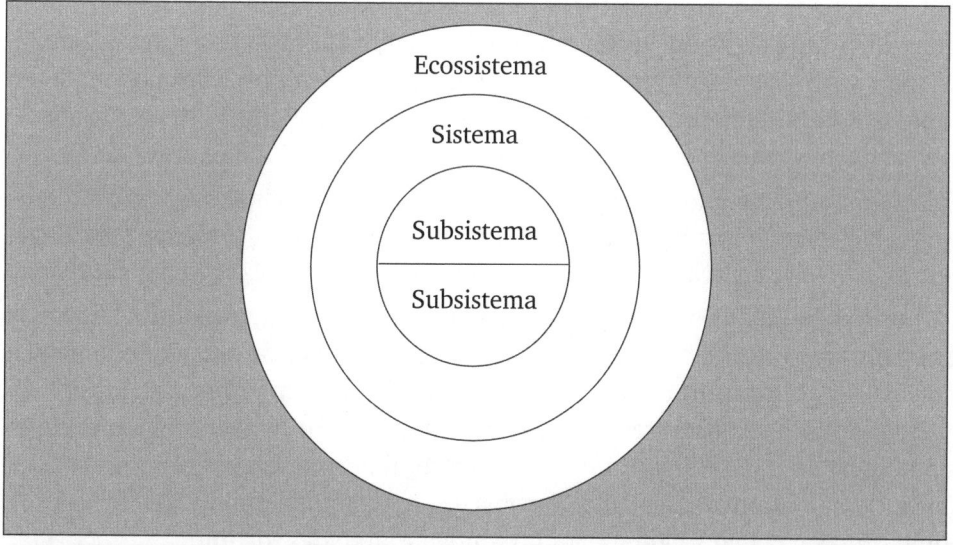

Figura 1.4 | *Níveis de um sistema.*

Nesse ponto, devem-se lembrar dos sistemas abertos, tais como são as empresas, as quais estão em permanente intercâmbio com seu ambiente e caracterizam-se por equilíbrio dinâmico. Esse intercâmbio é constituído de fluxos contínuos de entradas e saídas de recursos, informações, produtos e serviços, caracterizando, dessa forma, o equilíbrio dinâmico, com base em uma adaptação da empresa e da sua estrutura organizacional em relação a seu ambiente.

Existem dois conceitos (Von Bertalanffy, 1972, p. 194) que facilitam o entendimento da empresa como sistema aberto e sua integração com o ambiente:

- equifinalidade, segundo a qual um mesmo estado final pode ser alcançado, partindo de diferentes condições iniciais e por maneiras

diferentes, ou seja, trabalhando-se com diferentes estruturações organizacionais; e
- entropia negativa, que mostra o empenho dos sistemas empresariais em se organizarem para a sobrevivência, por meio de otimizada estruturação organizacional.

O processo entrópico decorre de uma lei universal da natureza, na qual todas as formas de organização se movem para a desorganização e a morte. Entretanto, os sistemas abertos podem gerar entropia negativa, por intermédio da maximização e otimização dos recursos alocados, o que pode ser obtido via maximização da eficiência com que os sistemas, tal como a estrutura organizacional, processam esses recursos. Assim, os sistemas empresariais podem deter, quase indefinidamente, o processo entrópico. Apesar dessa possibilidade, é grande o número de empresas que, ao longo da história, deixaram de existir.

Quanto ao estudo do processo entrópico, normalmente se considera esse processo em sua forma negativa. A entropia, entretanto, também pode estar em sua forma positiva, ou seja, na afirmação da desorganização e do desgaste.

A realidade das empresas é extremamente dinâmica, alterando-se a cada instante, por intermédio de modificações ocorridas nos fatores de influência e nas partes integrantes da estrutura organizacional (ver seções 2.3.1 e 2.3.2). Desse modo, as constantes alterações empresariais e no seu ambiente poderão determinar, ao longo do tempo, uma total desorganização nas empresas, levando-as a promover elevada entropia e consequente desaparecimento, desde que as mesmas não sejam ajustadas à nova realidade existente.

A tendência para sistemas mais complexos e diferenciados estabelece que os sistemas empresariais são particularmente dinâmicos, variando, entretanto, a velocidade e as maneiras pelas quais os mesmos vão tornando-se complexos e diferenciados ao longo do tempo.

O avanço tecnológico, o crescimento dos mercados, o aumento de concorrência e o aumento da complexidade e da efervescência dos aspectos econômicos, políticos e sociais levam as empresas mais simples a se transformarem em complexas, caracterizando-se, em consequência, por um volume maior de entropia e desagregação, e exigindo técnicas mais avançadas para evitar o envelhecimento e a morte.

Portanto, os executivos devem estar atentos nesse processo evolutivo, administrando a velocidade das mudanças organizacionais e seu nível de complexidade, para evitar que a estrutura organizacional deixe de ser uma solução para as empresas.

Com base nos vários aspectos apresentados anteriormente, pode-se definir o termo *estrutura organizacional* como apresentado a seguir.

> Estrutura organizacional é o instrumento administrativo resultante da identificação, análise, ordenação e agrupamento das atividades e dos recursos das empresas, incluindo os estabelecimentos dos níveis de alçada e dos processos decisórios, visando ao alcance dos objetivos estabelecidos pelos planejamentos das empresas.

Analisando as partes da definição apresentada, tem-se:

a) É um instrumento administrativo

Foi verificado que instrumento administrativo é decorrente de uma metodologia ou técnica administrativa estruturada e, portanto, deve-se desenvolver e implementar a estrutura organizacional com base em processos estabelecidos, sendo que na seção 2.3 é apresentada uma proposta para otimizar a estruturação organizacional das empresas.

b) É resultante da identificação, análise, ordenação e agrupamento das atividades e dos recursos

Nesse momento, o básico é a consolidação das responsabilidades a serem alocadas nas diversas unidades organizacionais das empresas.

Com base nesse estudo da melhor departamentalização para a empresa – ver Capítulo 3 –, pode-se estabelecer o organograma representativo de alguns dos principais aspectos das estruturas organizacionais das empresas.

c) Estabelecimento dos níveis de alçada

A questão do estabelecimento dos níveis de alçada ou de autoridades inerentes a cada unidade organizacional também é de elevada importância, pois esse é um princípio básico para a qualidade decisória, bem como do processo de cobrança de resultados nas empresas. Essa questão é abordada na etapa 2.6 da metodologia apresentada (ver seção 2.3.2.6).

d) Estabelecimento dos processos decisórios

A estruturação do processo decisório nas empresas, sustentado pela sequência dado/informação/decisão/ação/avaliação, pode ser considerada uma das questões prioritárias para a melhor qualidade administrativa das empresas.

Na etapa 2.8 (ver seção 2.3.2.8), são apresentadas mais considerações dessa questão na metodologia para o desenvolvimento, implementação e avaliação da estrutura organizacional nas empresas.

e) Visando ao alcance dos objetivos estabelecidos nos planejamentos das empresas

A principal validade de uma estrutura organizacional é facilitar o processo administrativo e direcionar a empresa para os objetivos que foram anteriormente estabelecidos nos planejamentos das empresas, principalmente o planejamento estratégico.

1.4 PRINCIPAIS CONTRIBUIÇÕES DA ESTRUTURA ORGANIZACIONAL PARA AS EMPRESAS

Toda e qualquer estrutura organizacional – desde que adequadamente elaborada e implementada – proporciona importantes contribuições para o desenvolvimento das empresas.

Sem a preocupação de hierarquizar as contribuições da estrutura organizacional, são apresentadas a seguir as principais que este autor considera, com base em seus trabalhos de consultoria e em interações com outros profissionais especialistas em estrutura organizacional.

Essas principais contribuições que as adequadas estruturas organizacionais proporcionam para a otimizada administração das empresas são:

a) Identificação das tarefas necessárias ao alcance dos objetivos estabelecidos

Quando a estrutura organizacional é estabelecida com base no plano estratégico, as tarefas alocadas nas unidades organizacionais da empresa passam a ser desenvolvidas visando ao alcance dos objetivos empresariais, conforme apresentado na seção 2.3.1, correspondente à fase 1 da metodologia de elaboração e operacionalização da estrutura organizacional nas empresas.

Naturalmente, para que isso ocorra, é necessário, também, que exista perfeita interligação entre o plano estratégico e a estrutura organizacional, o que nem sempre ocorre nas empresas.

A prática tem demonstrado que, quando existe essa interligação, a qualidade das tarefas, das responsabilidades e das autoridades estabelecidas são do melhor nível possível.

O problema da consolidação dessa proposta é que, em significativa parte das vezes, as pessoas gostam de ver suas responsabilidades e níveis de autoridade bem definidos, mas não gostam de ser cobradas pelos resultados que devem ser alcançados, os quais são definidos no plano estratégico.

b) Organização das responsabilidades e níveis de autoridade

Esse pode ser considerado o *centro nervoso* de todas as estruturas organizacionais das empresas, representando o mínimo que deve ser estabelecido pelas referidas estruturações.

Infelizmente, muitas vezes se pergunta: "qual é a estrutura organizacional da empresa?" E a resposta é um simples organograma e nada mais.

Naturalmente existem vários outros aspectos que compõem a estrutura organizacional de uma empresa, conforme apresentado na seção 2.3.2.

c) Estruturação do processo decisório ideal, incluindo o estabelecimento dos relatórios gerenciais

A qualidade do processo decisório depende da qualidade das informações, as quais são alocadas nos relatórios gerenciais, bem como da capacitação profissional – conhecimento e habilidade – do executivo decisor.

Quando a estrutura organizacional está bem delineada, entendida e incorporada pelos executivos e funcionários das empresas, a qualidade do processo decisório e dos relatórios gerenciais se torna mais fácil e lógica. A este respeito, ver detalhes nas seções 2.3.2.8, 2.3.2.9 e 2.3.3.

d) Contribuição direta para a otimização das comunicações internas e externas da empresa

Em uma estruturação organizacional entendida pelos profissionais envolvidos no seu dia a dia, as comunicações fluem de forma mais espontânea e as equipes multidisciplinares – envolvendo várias áreas de conhecimento – atuam de forma mais eficiente, eficaz e efetiva.

Isso porque a qualidade das comunicações depende, entre outros aspectos, do entendimento do *papel* e da atuação de cada um dos profissionais na empresa, bem como do nível de relacionamento e de confiança entre esses profissionais. E uma adequada estrutura organizacional é fundamental nesse processo. Mais detalhes são apresentados na seção 2.3.2.7.

e) Estabelecimento de indicadores de desempenho compatíveis com os objetivos estabelecidos

Em um contexto amplo, para que uma empresa tenha um otimizado processo de avaliação de resultados é necessário que existam objetivos ou resultados a serem alcançados, bem como indicadores de desempenho correlacionados a esses objetivos, para que as medições dos resultados sejam entendidas por todos os envolvidos.

E, para que isso ocorra, é necessário que existam:

- um plano estratégico com objetivos bem definidos;
- uma estrutura organizacional com a adequada definição dos centros de resultado e/ou de custos, que são representados pelas diversas unidades organizacionais da empresa; e
- um conjunto de indicadores de desempenho que interligue os dois assuntos anteriores. A este respeito ver seção 10.7.

f) Contribuição direta para o incremento motivacional e o maior comprometimento para com os resultados esperados

Essa é uma questão para a qual não existem questionamentos.

Uma otimizada estrutura organizacional é a premissa básica para que as pessoas tenham maior motivação nos trabalhos, bem como adequado nível de comprometimento para com os objetivos ou resultados esperados.

1.4.1 Precauções nas aplicações da estrutura organizacional

Quando do desenvolvimento, da implementação e da avaliação da estrutura organizacional, os executivos das empresas devem tomar algumas precauções, para que determinados problemas não ocorram.

Ao longo dos capítulos deste livro, são apresentadas algumas propostas de solução para problemas que possam ocorrer quando do desenvolvimento e da implementação da estrutura organizacional, bem como procedimentos que podem ser utilizados pelos executivos das empresas.

As principais precauções que devem ser consideradas na aplicação das análises, do delineamento e da operacionalização da estrutura organizacional são:

a) Ter uma metodologia de desenvolvimento e implementação da estrutura organizacional

Essa pode ser considerada a premissa básica para a boa qualidade dos trabalhos.

Na seção 2.3 é apresentada uma metodologia, desenvolvida pelo autor, que foi aplicada, com sucesso, em várias empresas-clientes de serviços de consultoria.

Essa metodologia tem 7 fases e 17 etapas, sendo que todos esses momentos devem ser considerados pelas empresas, com os devidos ajustes inerentes à realidade de cada empresa.

Ao longo dos capítulos deste livro, os assuntos básicos das fases e etapas são detalhados, principalmente quando se consideram as partes integrantes de toda e qualquer estrutura organizacional das empresas.

b) Consolidar a estrutura organizacional como fator de sustentação para a empresa alcançar os objetivos estabelecidos

Essa também é uma premissa e precaução básica, pois se deve lembrar de que a principal finalidade da estrutura organizacional é proporcionar sustentação para a empresa alcançar os seus objetivos, preferencialmente estabelecidos no processo de planejamento estratégico.

Muitas empresas alteram suas estruturas organizacionais sem qualquer correlação com os planos estratégicos – e muitas empresas nem têm planos estratégicos –, e consequentemente surge a pergunta: "por que alterar a estrutura organizacional?"

Nesses casos, a resposta correta é: "para fazer alguns ajustes internos".

E a pergunta seguinte é: "para que serve isso?"

Um processo que pode ser de elevada importância para a estruturação dos níveis e tipos de objetivos e estratégias da empresa é a técnica de rede escalar de objetivos, que representa a decomposição estruturada dos objetivos gerais e correspondentes estratégias pelas diversas unidades organizacionais da empresa.

A rede escalar de objetivos pode considerar, conforme metodologia tradicional, apenas a decomposição dos objetivos gerais em objetivos setoriais, inerentes às diversas unidades organizacionais da empresa, ou enfocar também as estratégias.

Neste último caso, é válido verificar, com base na decomposição efetuada, quais são as estratégias necessárias para consolidar cada um dos objetivos alocados nas diversas unidades organizacionais da empresa.

Com base nessa identificação de estratégias, o executivo deve estabelecer quais estratégias também devem ser tratadas como objetivos, ou seja, como resultados a serem alcançados. Verifica-se que esse é um processo evolutivo e serve, inclusive, para o executivo repensar a respeito de suas propostas estratégicas.

A rede escalar de objetivos, principalmente quando realizada de forma interativa com as estratégias, representa um dos instrumentos administrativos de melhor validade para a interação entre os planejamentos em níveis estratégico, tático e operacional. Mais detalhes a respeito da rede escalar de objetivos são apresentados na seção 2.3.1.6.

Deve-se lembrar de que a efetiva interligação dos vários planejamentos da empresa – estratégicos, táticos e operacionais – representa a consolidação da interação entre os aspectos macro e micro inerentes ao processo decisório dos executivos da empresa.

  c) Estabelecer as interligações entre as atividades das diversas unidades organizacionais da empresa

Somente a partir de uma estrutura organizacional elaborada com adequado nível de detalhamento, é possível estabelecer as interligações das atividades das diversas unidades organizacionais da empresa.

Essa situação se torna essencial no caso de departamentalizações cujas unidades organizacionais são perfeitamente interligadas, como no caso da departamentalização por processos – ver seção 3.2.4 –, mas também no caso de departamentalizações que normalmente não apresentam elevada interação entre as unidades organizacionais da empresa, como é o caso da departamentalização funcional (ver seção 3.3.1).

> Unidades organizacionais são os centros de resultado ou de custos da estrutura organizacional das empresas e onde uma equipe de profissionais com atividades homogêneas e/ou correlacionadas exerce suas responsabilidades e autoridades.

  d) Estabelecer critérios e parâmetros de avaliação das diversas unidades organizacionais da empresa

Essa é uma precaução que poucas empresas apresentam, o que pode provocar, ao longo do tempo, de forma sistemática, expectativas e mudanças organizacionais sem nenhuma razão de ser.

O resultado dessa situação são estruturas organizacionais sem qualquer contribuição para o processo evolutivo das empresas.

Muitos executivos afirmam ser difícil estabelecer critérios e parâmetros de avaliação da estrutura organizacional. Mas eles devem se lembrar de que, desde que exista uma interação entre a estrutura organizacional e os objetivos da empresa, é possível estabelecer alguns critérios e parâmetros de avaliação, ainda que, em um momento inicial, possa ocorrer algum nível de subjetividade nesse processo. Entretanto, ao longo do tempo, esses critérios e parâmetros podem ser ajustados e aperfeiçoados.

Na seção 10.7, são apresentados indicadores de desempenho que podem ser utilizados no processo de avaliação e aprimoramento da estrutura organizacional.

Lembre-se: só se consegue aprimorar algo que foi estruturado e testado anteriormente.

e) Analisar e consolidar a interação da estrutura organizacional com os diversos instrumentos administrativos existentes e a serem desenvolvidos na empresa

Esse é um aspecto de elevada importância, cujos detalhes são apresentados na seção 2.3.6.

Pode-se afirmar que as empresas com modernos modelos de gestão estão, cada vez mais, consolidando essa nova realidade administrativa; e os resultados desse processo têm sido os melhores possível. A esse respeito, analisar o livro *A moderna administração integrada*, dos mesmos autor e editora.

f) Ter efetivo conhecimento e entendimento do termo, da abordagem e da amplitude da estrutura organizacional nas empresas

Muitas vezes, pode-se solicitar a estrutura organizacional de uma empresa, e a resposta a esse pedido ser a apresentação de um simples organograma, o qual, como já foi definido, é a representação gráfica de alguns – não todos – aspectos da estrutura organizacional das empresas.

Na seção 8.2, são apresentados os diversos aspectos de uma estrutura organizacional a serem consolidados nos manuais de organização das empresas.

g) Começar o mais cedo possível o estudo, o desenvolvimento e a implementação de uma otimizada estrutura organizacional na empresa

Não deixe para depois esse trabalho, porque os resultados para a empresa podem ser altamente problemáticos, pois as atividades não estarão definidas, os profissionais da empresa terão dúvidas sobre os seus limites de alçada e responsabilidade, as interações entre as unidades organizacionais praticamente serão inexistentes e, pior de tudo, o processo decisório será inadequado.

h) Deixar o mercado, com os clientes e fornecedores da empresa, influenciar o delineamento da estrutura organizacional

No Capítulo 3, são apresentadas várias formas de se departamentalizar as atividades das empresas, e a maior parte delas sofre elevada influência do mercado quando de seu estabelecimento.

Na prática, observa-se que as estruturações organizacionais que respeitam essas influências – positivas – do mercado são as que mais contribuem para o desenvolvimento de produtos, serviços e negócios das empresas.

i) Focar a estrutura organizacional também para os negócios futuros da empresa

O aprimoramento da estrutura organizacional deve estar focado, também, no desenvolvimento de novos negócios no futuro, a curto ou médio prazo.

A curto prazo, o fechamento de unidades organizacionais deficitárias, o redesenho de processos e o corte de grande número de empregos podem dar aos executivos a impressão de ter retomado o rumo do crescimento e da otimização das atividades da empresa. Poucos, no entanto, são capazes de medir a relação custos *versus* benefícios desses processos. O que aconteceria se todo esse dinheiro e esses cérebros *supérfluos* fossem alocados na criação de produtos e serviços, bem como no desenvolvimento de mercados futuros para as empresas?

Muito da ênfase atual no enxugamento das empresas é decorrência de um estilo de administração chamado de *administradores do denominador*. Numa empresa, o numerador é constituído pelas receitas; e o denominador é composto pelos ativos e pelo valor da folha de pagamentos. Pressionados pelos acionistas, muitos executivos buscam melhorar os resultados, atacando furiosamente o denominador, em vez de engordar o numerador; isto é, em vez de criar atividades, negócios, produtos e serviços capazes de aumentar a receita da empresa, eles simplesmente reduzem os gastos.

As empresas não devem prender-se a uma estrutura de sucesso do passado, pois seguramente essa estrutura não foi a causa de seu sucesso. Lembre-se: o sucesso da empresa é consequência de mudanças realizadas de forma estruturada, mas nunca a causa do referido sucesso.

j) Procurar trabalhar com estruturas mais horizontalizadas

Nesse caso, as atividades funcionais, tradicionalmente separadas, são interligadas de forma mais transparente.

Neste tipo de estrutura, alguns processos-chave, como o desenvolvimento de produtos e o fornecimento de serviços, englobam todas as atividades interagentes no processo básico da empresa, como marketing, engenharia, operações, logística, qualidade e finanças.

Esse formato horizontal de estrutura pode facilitar o redesenho das atividades da empresa na forte busca de melhoria de desempenho e de alavancagem de resultados. Essa tendência ao *downsizing*, que leva empresas a estruturas organizacionais cada vez mais horizontalizadas, tem provocado grandes mudanças nos processos de trabalho dessas empresas.

Essa lógica da estrutura horizontalizada, sustentada pelo modelo organizacional por processos – ver seção 3.2.4 –, tem como finalidade principal melhorar a interação com os clientes da empresa, os quais são os únicos com poder para estabelecer o valor de um produto ou serviço oferecido pela empresa.

Esse novo modelo tem que quebrar uma série de paradigmas, pois exige um completo repensar dos modelos organizacionais tradicionais. Portanto, esse novo modelo organizacional tem que consolidar perfeito equilíbrio e interação entre dois pontos:

- de um lado, o atendimento das expectativas dos clientes atuais e potenciais; e
- de outro lado, o otimizado desempenho organizacional, contribuindo para a alavancagem dos resultados da empresa.

Entre essas duas pontas, devem ser otimizadas as seguintes partes:

- a administração dos processos;
- a consolidação do estilo de liderança dos executivos;
- a interação entre as pessoas através de equipes multidisciplinares;
- a adequação da estrutura organizacional; e
- a efetivação de um novo modelo de gestão.

k) Acabar com as *igrejas* e disputas internas provocadas pelas unidades organizacionais

Para tanto, eliminar as unidades organizacionais funcionais *problemáticas* e começar a trabalhar através de processos (ver seção 3.2.4).

Embora essa colocação possa parecer drástica, é a melhor – e mais rápida – maneira de acabar com as chamadas *igrejas*.

l) Trabalhar com o *empowerment*

Uma abordagem que pode facilitar o desenvolvimento e a implementação da reengenharia nas empresas é o *empowerment*, que corresponde ao ato de delegar responsabilidades e poderes aos funcionários. Nesse caso, o executivo é o sujeito principal da ação.

Entretanto, Moller (1995, p. 24) considera mais significativo o *employeeship*, que corresponde ao ato de assumir responsabilidade e poder. Nesse caso, o funcionário é o sujeito principal da ação, mas a empresa deve criar um ambiente propício para que ele se desenvolva.

Para desenvolver e implementar o *employeeship*, é preciso conhecer o ser humano, algo para que, geralmente, as empresas estão pouco preparadas.

Algumas pessoas têm suas raízes no mundo dos fatos, enquanto outras, no mundo das emoções. As primeiras podem, geralmente, ser tratadas de forma racional, através da experiência e da abordagem profissional. Já as emocionais são, em geral, difíceis, bem como as pessoas frequentemente sentem frustração ou se machucam. Em geral, são essas frustrações e feridas não tratadas das pessoas emocionais que se interpõem no caminho do seu desenvolvimento pessoal e do aperfeiçoamento da empresa, inclusive prejudicando a aplicação da reengenharia, a qual provoca mudanças mais fortes nas empresas.

Dentro desse contexto, as premissas básicas do *employeeship* são:

- sempre colocar as pessoas em primeiro lugar;
- ter qualidade pessoal, selecionando profissionais de acordo com os valores desejados;
- delegar poder e responsabilidades para os executivos e funcionários; e
- administrar para e com todos.

O conceito de *empowerment* está ultrapassado para Drucker (1995, p. 24), pois considera que tirar o poder do topo e colocá-lo em baixo não modifica o fundamental. As empresas devem basear-se, cada vez menos, no poder e, cada vez mais, na responsabilidade e na compreensão mútua. No entanto, Peter Drucker acredita que a terceirização, desde que adequadamente implementada, contribuirá para esse processo.

m) Ter efetivo envolvimento e patronos da alta administração

A prática tem demonstrado que o efetivo envolvimento da alta administração é fundamental para os adequados estudo, desenvolvimento e implementação de mudanças e aprimoramentos nas estruturas organizacionais das empresas.

E também podem ser designados patronos, os quais serão responsáveis por cada uma das partes da estrutura organizacional, cuidando para que o assunto se mantenha "vivo".

1.5 FUTURAS EVOLUÇÕES DA ESTRUTURA ORGANIZACIONAL NAS EMPRESAS

Embora possa ser considerado difícil estabelecer futuras evoluções da estrutura organizacional – como instrumento administrativo – nas empresas, é válida a apresentação – e possível debate –, visando otimizar a utilização da estrutura organizacional pelas empresas.

As principais sustentações para a crença dessas futuras evoluções da estrutura organizacional são apresentadas ao longo dos capítulos do livro.

Essas possíveis futuras evoluções da estrutura organizacional, para as quais os executivos das empresas devem estar atentos, são:

a) Os estudos e as análises das estruturas organizacionais terão amplitude cada vez maior

Essa é uma situação que já se iniciou, e um exemplo é o apresentado na seção 3.2.1, quando se aborda a questão da governança corporativa.

Outra realidade é que várias empresas já interligam a sua estrutura organizacional com os cenários macroeconômicos, as análises de mercado, o sistema de fornecedores e insumos, e outros fatores externos e não controláveis pelas empresas, criando-se uma abordagem bastante ampla.

Nesse contexto, o estudo da estrutura organizacional de uma empresa fica no *meio de campo* entre os mercados a serem atendidos e os fornecedores de insumos, tudo isso sob o *guarda-chuva* dos cenários estratégicos analisados.

b) As estruturas organizacionais estarão, cada vez mais, interligadas com os outros instrumentos administrativos das empresas

Essa é uma tendência que, seguramente, irá se consolidar nas empresas que procuram otimizados modelos de gestão. Mais detalhes a respeito desse assunto são apresentados na seção 2.3.6.

Existe um princípio na moderna administração que afirma: "Se você não souber interligar um instrumento administrativo, de forma direta ou indireta, com todos os outros instrumentos administrativos existentes na empresa, você não conhece ou não sabe trabalhar adequadamente com o referido instrumento administrativo."

    c) As estruturas organizacionais, apesar de mais amplas e abrangentes, se tornarão mais simples e de fácil aplicação

Essa tendência está sustentada por algumas realidades que estão se consolidando nas empresas, tais como:

- incremento dos trabalhos interativos, envolvendo equipes multidisciplinares, o que propicia que os conhecimentos fluam de maneira mais fácil e rápida e, inclusive, reduzindo as atividades burocráticas e aumentando o relacionamento – pessoal e profissional – entre os que trabalham na empresa; e
- consolidação de processos administrativos que interligam as atividades da empresa, direcionando-as para as necessidades do mercado e para os resultados da empresa.

Essa questão do desenvolvimento de processos é uma realidade não só para a departamentalização por processos – ver seção 3.2.4 –, como para todo e qualquer tipo de departamentalização, funcionando como instrumento auxiliar na administração da empresa.

Cada vez será mais comum encontrar empresas departamentalizadas por funções, mas que apresentam, como se fosse um *pano de fundo*, processos estruturados para facilitar a interação entre as diversas unidades organizacionais, bem como dar um direcionamento para as necessidades identificadas no mercado.

    d) As estruturas organizacionais estarão, cada vez mais, baseadas e sustentadas pelos profissionais das empresas

Isso porque os profissionais das empresas representam o principal foco de conhecimento, bem como de informação, decisão, ação e avaliação de todas as atividades realizadas.

E não se pode esquecer que os indivíduos exercitam melhor a administração na medida em que o processo decisório está sustentado por metodologias, técnicas e processos, pois a interligação das diversas partes e atividades da empresa se torna mais lógica e evidenciada.

Na medida em que os profissionais se consolidam como foco das estruturas organizacionais, pode-se esperar o natural desenvolvimento de metodologias e técnicas que, efetivamente, consolidem o comprometimento das pessoas para com os resultados das empresas.

e) As estruturas organizacionais estão destinadas a sofrer as influências – péssimas – das políticas governamentais

A atuação governamental está cada vez mais problemática, se for considerado que sua interferência através de "não planos" e excessos de encargos para a empresa provoca uma situação de desvio de recursos para atividades não produtivas – na abordagem empresarial –, tais como encargos, burocracias etc. É o problema do Custo Brasil.

f) Consolidação de parcerias em seus diversos segmentos – clientes, fornecedores, sindicatos –, tendo em vista objetivos comuns anteriormente negociados, efetivando, dessa forma, amplas redes de integração de empresas, quer essas sejam grandes, médias ou pequenas

A questão da rede de integração entre empresas é apresentada na seção 3.2.2.

Salienta-se que as evoluções da estrutura organizacional apresentadas estão interligadas entre si, proporcionando situações interessantes para análise e efetivação pelas empresas.

Por exemplo, considerando a última evolução apresentada, podem ser evidenciadas as seguintes atividades a serem desenvolvidas pelas empresas:

- concentração nos focos dos negócios, efetuando desmobilizações e desverticalizações, bem como processos de terceirização. Isso porque as empresas que não tiverem foco no que *sabem fazer bem* podem ter uma série de problemas para alavancar seus negócios;
- aumento da produtividade, através da eliminação de atividades não essenciais que não agregam valor, bem como da simplificação dos processos e procedimentos administrativos;
- aumento da flexibilidade estratégica, organizacional e de processos a partir da redução das estruturas organizacionais e do repensar no nível adequado de economia de escala;
- otimização das interações gerais, através do adequado relacionamento com a comunidade e o aspecto qualitativo do ambiente empresarial; e

- melhoria da capacitação e da visão dos recursos humanos, através de processos participativos, comunicações e remunerações por resultados, consolidando comprometimento para com os resultados estabelecidos pela empresa.

Todo esse processo evolutivo deve estar sustentado por algumas políticas a serem respeitadas pelas empresas, tais como:

- ter conhecimento real das necessidades e expectativas dos clientes;
- ter atuação direcionada para as necessidades e expectativas dos clientes;
- ter orientação interativa entre as várias atividades da empresa;
- ter postura forte para a consolidação dos processos de mudanças necessários para alavancar os resultados da empresa;
- ter constante busca de novas maneiras de fazer as coisas, visando desenvolver e consolidar os negócios, os produtos e os serviços;
- ter tecnologia e saber aplicar, preferencialmente de maneira diferenciada;
- ter liderança para iniciar a consolidação dos processos de mudança necessários;
- ter adequado envolvimento e disseminação para os diversos níveis hierárquicos da empresa; e
- ter postura de atuação para a efetiva transformação e não para o simples aprimoramento da estrutura organizacional.

Para que essas evoluções nas empresas ocorram de maneira adequada, é necessário, pelo menos, que alguns aspectos sejam respeitados na empresa, tais como:

- que a estruturação organizacional apresente resultados interessantes para a empresa;
- que o grau de contestação para com a estrutura organizacional apresente, ao longo do tempo, um equilíbrio dos poderes percebidos pelos principais executivos envolvidos nos trabalhos da empresa; e
- que exista facilidade de comunicar e explicar a estrutura organizacional, ou seja, que ela esteja sustentada por adequada e lógica metodologia de desenvolvimento e implementação.

1.5.1 Principais consequências das evoluções da estrutura organizacional

Nesse momento, é válido apresentar as principais consequências das evoluções expostas na seção anterior.

Esse debate facilita a possível antecipação de importantes questões a serem consideradas quando da análise da estrutura organizacional das empresas.

As consequências das evoluções da estrutura organizacional a serem consideradas são:

a) Os modelos de gestão das empresas se tornarão, cada vez mais, simples, flexíveis e sustentados

E, seguramente, o resultado dessa situação evolutiva é a sistemática e evolutiva maior qualidade dos modelos de gestão das empresas.

Espera-se que as empresas com administração mais *amarrada*, como muitas vezes se observa em empresas do governo, também visualizem a necessidade de mudar suas realidades administrativas para modelos mais modernos.

A atual realidade das empresas tem procurado, cada vez mais, a aproximação dos diversos itens do processo dado/informação/decisão/ação/avaliação/retroalimentação, porque a administração está focada no indivíduo, que corresponde ao foco principal de consolidação do processo decisório. Mais detalhes a esse respeito são apresentados na seção 2.3.2.8.

Verifica-se, dessa forma, forte tendência de *downsizing*, com natural redução dos níveis hierárquicos e consolidação das estruturas horizontalizadas.

b) As capacitações – e as incompetências – ficarão mais facilmente identificadas

Na medida em que as estruturações organizacionais se aprimoram e ficam mais interativas com as questões estratégicas – objetivos, estratégias e políticas –, será mais fácil a identificação, *na tarefa* e em *tempo real* das capacitações e das incompetências – de conhecimentos e de habilidades decisórias e operacionais –, tornando a gestão mais transparente, eficiente, eficaz e efetiva.

c) Desenvolvimento e aplicação de estruturas organizacionais voltadas para resultados

As tradicionais estruturas funcionais que incentivam, de forma intensa, a formação de *feudos*, estão caindo em desuso. Em seu lugar, como consequência natural da atual realidade empresarial e de seu ambiente, estão sendo fortalecidas as estruturas voltadas para resultados, tais como as de produtos ou serviços e as de unidades estratégicas de negócios, e, principalmente, as estruturações por processos.

Um aspecto que reforça essa situação é a remuneração por resultados, a qual deve refletir o valor da equipe ou da unidade organizacional, quanto ao valor agregado proporcionado aos resultados da empresa, os quais devem ter sido estabelecidos pelos seus planos estratégicos.

d) Adequação das atividades de apoio das empresas

Existe uma tendência natural de melhorar a adequação das atividades de apoio – ou atividades-meios – das empresas.

Deve-se lembrar que as atividades-fins da empresa devem ser estruturadas para atender às necessidades e às expectativas do mercado e do ambiente; e as atividades de apoio devem ser estruturadas para atender às necessidades e às expectativas das atividades-fins da empresa (ver Capítulo 4).

Entretanto, não é isto que está ocorrendo em significativa parte das empresas.

Atualmente, observa-se a tendência de descentralização de atividades operacionais das unidades de apoio, as quais são alocadas nas unidades-fins da empresa, tendo em vista deixar a empresa mais direcionada para as necessidades do mercado.

Dessa forma, as unidades de apoio passariam a cuidar principalmente das políticas que devem ser operacionalizadas pela empresa. Tem ocorrido determinada resistência a essa nova situação, principalmente porque, para se cuidar das políticas da empresa – atividade nobre –, é necessário que os profissionais das unidades de apoio tenham capacitação e perfil de atuação para os quais não foram treinados.

De qualquer maneira, os *fazedores* estarão mais seguros em seus empregos do que o pessoal de apoio, o qual, normalmente, não adiciona valor ao produto ou serviço oferecido ao mercado.

e) Os níveis de motivação, comprometimento, produtividade e qualidade serão mais elevados

Como cada profissional terá maior facilidade de entender o seu *papel*, bem como as suas representatividades atuais e futuras, as empresas que tiverem otimizadas estruturações organizacionais serão as mais procuradas pelos profissionais qualificados.

Deve-se lembrar que algumas pesquisas atuais apresentam as empresas mais agradáveis de se trabalhar, e um dos fatores de influência nessa decisão é a adequada estrutura organizacional.

f) Desenvolvimento e aplicação de estruturas organizacionais baseadas em interações e compreensões mútuas, bem como nas responsabilidades

Isso porque a antiga – ou atual – situação das estruturas baseadas nas posições hierárquicas e no poder está perdendo a sua finalidade.

A simples aplicação do *empowerment* – atribuição de autonomia de decisão a uma pessoa – não resolve essa situação, pois o foco continua sendo o poder, só que em outro nível da estrutura organizacional da empresa.

g) Consolidação de um novo *perfil* de executivos

Todo esse processo de transformação na administração e nas empresas consolida a necessidade de um novo *perfil* de executivos, com responsabilidade redobrada e intenso envolvimento com a realidade empresarial.

Outro aspecto importante nesse processo evolutivo é a necessidade de a empresa encontrar perfeito equilíbrio e interação das mudanças ambientais, das mudanças da empresa e do papel desempenhado por seus principais executivos que vão consolidar e alavancar a sustentação de seus negócios.

Outra consequência decorrente dessa situação é a transferência dos focos das expectativas dos principais executivos para a empresa. Embora essa afirmação seja estranha, pois normalmente as expectativas da empresa são resultantes das expectativas de seus principais executivos, é muito importante que ocorra uma inversão no processo de análise crítica das principais questões empresariais.

Deve-se evidenciar, também, a consequência do incremento do relacionamento profissional, sendo que o relacionamento pessoal deve ser considerado, se for o caso, como uma simples consequência do processo profissional.

O treinamento está cada vez mais importante para dar sustentação ao processo de mudanças nas empresas. Os executivos não mais comandam e controlam; eles treinam seus subordinados, sendo que todos terão que tomar decisões próprias. E terão que ser boas decisões; caso contrário, serão excluídos do processo e da empresa.

Atualmente, as pessoas não podem esperar que as empresas orientem suas carreiras e desenvolvam suas capacidades. Elas próprias têm que lutar para se manterem eficientes, eficazes e efetivas.

h) Desenvolvimento dos trabalhos em equipes, principalmente multidisciplinares

O desenvolvimento das equipes multidisciplinares é a principal consequência da tendência da administração, quando se considera sua abordagem de foco nos indivíduos.

Quando se fala em equipes multidisciplinares, deve-se lembrar que alguns executivos e profissionais jogam *na* equipe e não *em* equipe.

Essa diferença, apesar de sutil, é muito importante, pois cada equipe multidisciplinar identificada na empresa pode apresentar diferenças – e divergências – na estrutura, no comportamento de seus membros, em seus pontos fortes, em seus pontos fracos, em seus objetivos – pessoais e como equipe – e nas estratégias de atuação.

No entanto, na equipe multidisciplinar cada participante fica mais comprometido com o aperfeiçoamento contínuo, isola seu julgamento pessoal, proporciona sinergia de conhecimentos, entende e influencia os processos, bem como compartilha da visão de grandeza que uma equipe proporciona.

Para consolidar essa visão de grandeza, os participantes das equipes multidisciplinares aprendem *a pensar e a atuar grande*.

A habilidade de aprender mais rápido e melhor que os concorrentes representa importante vantagem competitiva, e as equipes multidisciplinares têm elevada importância nesse processo de aprendizagem.

i) Desenvolvimento do processo de terceirização

O processo de terceirização, para efetivamente proporcionar os resultados esperados, deverá ter, como sustentação, principalmente a aceitação, por parte dos envolvidos – os superiores e os subordinados –, de novo modelo de ambiente de trabalho, em que os reais patrões dos subordinados estão em outras empresas, as quais estarão fornecendo os serviços.

A interação do trabalho entre superiores e subordinados que não são seus empregados representa novo desafio empresarial que necessitará de profissionais com novas visões e atuações profissionais. Portanto, a abordagem da estrutura de poder será altamente questionada e revisada.

A nova relação superior *versus* subordinado – virtual – tornar-se-á tão mais problemática quanto menos profissionalizada for a empresa, principalmente quanto à sua postura de atuação.

É importante ressaltar que se está considerando a terceirização e não os serviços temporários em geral, pois a terceirização apresenta – ou deveria apresentar – os importantes diferenciais de atuação como parceria, bem como o efetivo conhecimento das culturas, com seus valores e crenças, das empresas envolvidas.

j) Aumento da flexibilidade organizacional

Embora as estruturas organizacionais possam – e devam – estar sustentadas por manuais de organização – ver Capítulo 8 –, deve existir adequado nível de flexibilidade administrativa nas estruturações organizacionais das empresas.

k) Estruturas organizacionais cada vez mais *enxutas*

Essa consequência da evolução da estrutura organizacional é decorrente da necessidade de se efetivar processos decisórios ágeis e com custos adequados quanto aos resultados proporcionados.

Uma das causas dessa situação é a forte aceleração da evolução tecnológica consolidando uma situação na qual quem não a acompanhar vai *ficar fora* deste emergente cenário empresarial.

Observa-se que a consolidação da capacitação e da diferenciação tecnológica tem sido fator de importância no estabelecimento da vantagem competitiva das empresas.

Outra causa é a redução do ciclo de vida dos produtos, serviços e negócios, resultante, principalmente, da acelerada evolução tecnológica e do crescimento do nível de exigência dos clientes e consumidores.

l) Redirecionamento da estrutura de poder

O atual cenário empresarial está demonstrando que o novo foco de poder está se direcionando para a ponta final do processo logístico da empresa, ou seja, o consumidor final, mesmo que a empresa tenha fornecido apenas uma parte ou um componente para aquele produto ou serviço.

Essa situação provoca algumas situações que afetam a estruturação organizacional, tais como:

- maior preocupação em estruturar os processos, para que todo o fluxo considerado flua de maneira otimizada e com qualidade, dentro de um melhoramento contínuo e sustentado;
- fortalecimento da interação clientes *versus* fornecedores até o ponto final do processo, representado pelo consumidor final; e

- extrapolação de toda essa preocupação também para as empresas que fornecem insumos – matérias-primas, serviços etc. – para a empresa considerada.

Além do deslocamento do foco de poder para o consumidor final, está ocorrendo, via tecnologia da informação, um deslocamento do poder interno para os níveis hierárquicos mais baixos da estrutura, inclusive com a consequente perda da necessidade dos níveis intermediários.

Nessa realidade, quem não participa da solução faz parte do problema. Verifica-se que o conhecimento e sua adequada utilização se consolidam como os principais recursos para os indivíduos e a economia como um todo.

m) Ampliação e fortalecimento do nível de concorrência entre as empresas, enfatizados pela criação de vantagens competitivas reais, sustentadas e duradouras

Como consequência dessa nova realidade, as vantagens competitivas estão se tornando cada vez menores ou menos perceptíveis pelo mercado comprador, pois está ocorrendo a gradativa redução de preços, os quais são pressionados pelo mercado e pelos concorrentes, bem como o aumento de custos, que é onde se pode trabalhar para consolidar margens financeiras adequadas.

n) Evidência no princípio de *ser o maior não é o melhor*

Embora algumas empresas devam permanecer grandes para atender a seus objetivos, as empresas menores se mostram cada vez mais ágeis e voltadas para as necessidades e expectativas dos clientes.

Como corolário dessa tendência, as empresas menores também devem trabalhar de forma interativa e colaborativa, visando alcançar resultados globais maiores, como é o caso das franquias e da rede de integração entre empresas (ver seção 3.2.2).

o) Empresas com estruturas globalizadas

A globalização da economia exige empresas com competência no mercado interno, para enfrentar a concorrência, bem como competência no mercado externo, para diminuir os preços em nível internacional.

p) Empresas com forte atuação no novo contexto ecológico

Os sérios problemas ambientais passam a ser preocupação de todos e de cada um, exigindo proteção global e políticas protecionistas. Como exemplo dessa influência, há as restrições aos móveis brasileiros em alguns países da Europa, em nome da proteção da Floresta Amazônica.

E esse contexto ecológico afeta a estrutura organizacional de algumas empresas.

q) Empresas com atuação no contexto da responsabilidade social

A efetiva responsabilidade social tem-se apresentado como sustentação para fortes vantagens competitivas das empresas, e, portanto, as empresas devem considerar essa nova realidade quando do delineamento de suas estruturas organizacionais.

Salienta-se que esses vários aspectos de evolução das empresas são considerados ao longo deste livro quanto às suas interações no delineamento e aplicação da estrutura organizacional nas empresas de sucesso.

Todas essas questões evolutivas e suas consequências para as empresas devem ser analisadas no contexto do *benchmarking*.

> *Benchmarking* é o processo de análise referencial da empresa perante outras empresas do mercado, incluindo o aprendizado do que essas empresas fazem de melhor, bem como a incorporação dessas realidades de maneira otimizada e mais vantajosa para a empresa que aplicou o *benchmarking*.

Pode-se afirmar que o *benchmarking* bem utilizado pode se constituir em uma importante vantagem competitiva para a empresa.

RESUMO

As origens dos estudos da estrutura organizacional estão correlacionadas às Teorias da Administração.

Verificou-se que a questão da estrutura organizacional se aloca ao longo do processo administrativo das empresas.

As principais contribuições da estrutura organizacional para as empresas referem-se à melhor identificação das tarefas necessárias ao alcance dos objetivos estabelecidos, à organização das responsabilidades e níveis de autoridade, à melhor estruturação do processo decisório e relatórios gerenciais, ao aprimoramento das comunicações internas e externas, aos adequados indicadores de desempenho, bem como ao incremento motivacional e de comprometimento.

Com referência às precauções na aplicação da estrutura organizacional nas empresas, é necessário: ter uma metodologia de desenvolvimento e implementação, considerar a consolidação da estrutura como fator de sustentação dos objetivos da empresa, interligar as atividades das diversas unidades organizacionais, estabelecer critérios e parâmetros de avaliação, interligar a estrutura com os outros instrumentos administrativos, ter efetivo conhecimento do assunto abordado, começar o mais cedo possível, deixar o mercado influenciar o delineamento, focar também os negócios futuros, trabalhar com estruturas mais horizontalizadas, acabar com as *igrejas*, trabalhar o *empowerment*, bem como ter patrocínio da alta administração.

Algumas das futuras evoluções da estrutura organizacional nas empresas devem ser: maior amplitude nos estudos e análises, incremento nas interligações com os outros instrumentos administrativos das empresas, maior simplicidade e facilidade nas aplicações e atualizações, sustentação pelos profissionais da empresa, influências negativas do governo, bem como consolidação de parcerias.

Finalmente, as principais consequências das evoluções citadas são: modelos de gestão mais simples, flexíveis e sustentados, maior facilidade na identificação das capacitações e das incompetências, estruturas voltadas para resultados, adequação das atividades de apoio, elevados níveis de motivação e comprometimento, interações e compreensões mútuas, novo *perfil* de executivos, equipes multidisciplinares, terceirizações, flexibilidade, estruturas *enxutas*, redirecionamento do poder, maior concorrência, tamanho adequado, globalização, contexto ecológico, bem como responsabilidade social.

QUESTÕES PARA DEBATE

1. Debater a questão da origem do estudo da estrutura organizacional pelas empresas.
2. Identificar e debater outras contribuições da estrutura organizacional para as empresas.
3. Identificar e debater outras precauções a serem consideradas no desenvolvimento e operacionalização da estrutura organizacional nas empresas.

4. Debater as evoluções do estudo e da aplicação das estruturas organizacionais pelas empresas.

5. Identificar e debater outras consequências das evoluções analisadas na questão anterior.

CASO: ANÁLISE E DEBATE DA REALIDADE DA ESTRUTURA ORGANIZACIONAL DA ALPHA PECUÁRIA, AGRÍCOLA, INDÚSTRIA E COMÉRCIO LTDA.

A Alpha Pecuária, Agrícola, Indústria e Comércio Ltda. é uma empresa fundada há quatro décadas, pertencente a três famílias e sua sede está localizada na região da Grande São Paulo.

A família Almeida tem 40% das quotas e as famílias Novaes e Nogueira têm 30% das quotas cada uma.

Atualmente, apenas a família Almeida tem ainda o membro fundador da Alpha vivo e ocupando um cargo na Diretoria Executiva; é o Presidente da empresa. Todos os outros cargos da alta e parte da média administração da Alpha são ocupados por descendentes das três famílias.

A Alpha é uma empresa do ramo do agronegócio com um quadro de pessoal em torno de 2.400 pessoas, sendo aproximadamente 300 na sede e o restante em sete fazendas localizadas em cidades do interior dos Estados de São Paulo e Mato Grosso do Sul.

A Alpha trabalha com três negócios:

- produtos lácteos (leite longa vida, queijo e iogurte);
- carne bovina; e
- grãos (milho e soja).

O organograma resumido da Alpha é apresentado a seguir, sendo que a indicação (1) é de membro da família Almeida, a indicação (2) é da família Novaes e a indicação (3) é da família Nogueira.

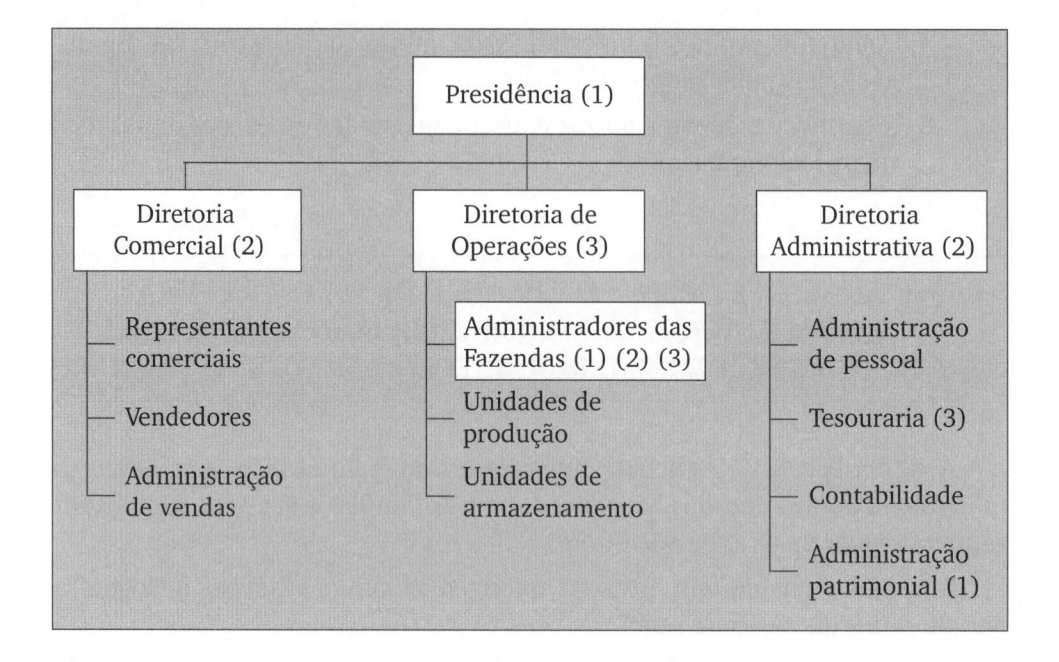

```
                            Presidência (1)
                                  │
        ┌─────────────────────────┼─────────────────────────┐
   Diretoria                 Diretoria de                Diretoria
   Comercial (2)             Operações (3)           Administrativa (2)
        │                         │                         │
   ├ Representantes          ├ Administradores das     ├ Administração
     comerciais                Fazendas (1) (2) (3)      de pessoal
   ├ Vendedores              ├ Unidades de             ├ Tesouraria (3)
                               produção
   └ Administração           └ Unidades de             ├ Contabilidade
     de vendas                 armazenamento
                                                       └ Administração
                                                         patrimonial (1)
```

A receita bruta anual da Alpha é da ordem de R$ 500 milhões e a representatividade na receita e a participação de mercado, bem como a margem líquida de seus negócios e produtos, são:

Negócios	Produtos	Participação de mercado	Representatividade na receita	Margem líquida
Lácteos	Leite Longa Vida	2%	11%	5%
	Queijos	4%	17%	9%
	Iogurtes	3%	18%	11%
Carne bovina		7%	34%	7%
Grãos	Milho	3%	13%	10%
	Soja	1%	7%	9%

O nível de concorrência inerente aos negócios e produtos da Alpha está crescendo, mas as famílias consideram que podem ir administrando essa situação, principalmente porque o nível de tecnologia aplicada pela Alpha em seus processos produtivos está atualizado.

Entretanto, estão ocorrendo problemas na logística de distribuição de seus produtos, bem como de atuação e de fidelidade de alguns representantes de vendas, pois a maioria tem lojas e pontos de vendas, sendo que alguns estão se aproximando de concorrentes da Alpha, principalmente pelas melhores comissões de venda e, muitas vezes, com prazos de pagamento mais interessantes.

Diante do apresentado, solicita-se que você:

a) Inicie a análise e o debate da realidade da estrutura organizacional da Alpha.

b) Procure identificar alguns problemas organizacionais existentes e/ou que poderão surgir ao longo do tempo.

c) Analise e debata a solução – ainda que genérica – desses problemas reais ou potenciais.

Para tanto, você deve:

a) Complementar a situação da Alpha com as informações e situações que julgar válidas e necessárias.

Esse é um procedimento interessante, pois você tem a oportunidade de colocar os seus conhecimentos específicos, bem como, principalmente, as questões básicas que você vai querer analisar e debater ao longo dos *casos* apresentados ao final de cada capítulo.

b) Como os *casos* apresentados ao final de cada capítulo procuram alocar os assuntos abordados no referido capítulo ao seu desenvolvimento, você tem a oportunidade de interligar os assuntos, consolidando uma sistemática interativa de análise.

Lembre-se de que não existe uma solução única do *caso* Alpha ao longo de cada capítulo, e, portanto, o essencial é o processo de análise e de debate, identificando, com criatividade e sustentação, um conjunto de boas soluções para cada assunto ou questão apresentada no texto ou acrescentada por você.

2
Metodologia para o desenvolvimento, implementação e avaliação da estrutura organizacional

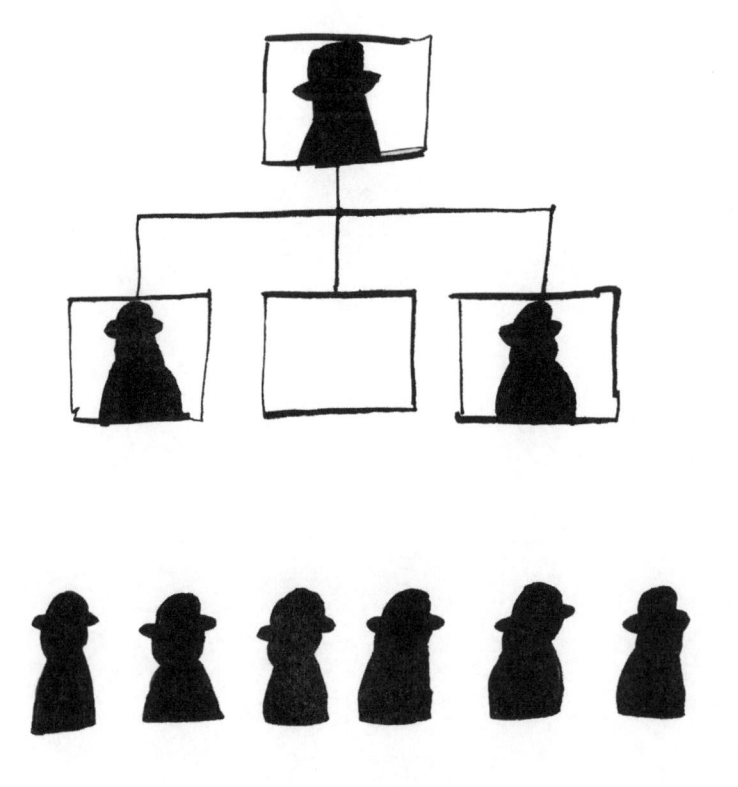

> *"A cultura de uma nação tem muito pouco a ver com a maneira de organizar uma empresa.*
>
> *Ela é normalmente uma desculpa para não se fazer as coisas certas."*
>
> Peter Drucker

2.1 INTRODUÇÃO

O conteúdo deste capítulo é representado pelo assunto básico do livro, ou seja, como as empresas podem desenvolver, implementar e avaliar as suas estruturas organizacionais.

Trata, também, da questão das possíveis formatações de uma estrutura organizacional, quer ela seja formal, quer informal.

Ao final da leitura deste capítulo, será possível responder a algumas questões, tais como:

- Quais as características das estruturas formais e informais?
- Como as empresas podem desenvolver, implementar e avaliar as suas estruturas organizacionais?
- Como podem ser interligadas as partes da metodologia de desenvolvimento da estrutura organizacional nas empresas?
- Como podemos interligar a estrutura organizacional, desenvolvida de forma adequada e completa, com outros instrumentos administrativos das empresas?

2.2 FORMATAÇÕES BÁSICAS DA ESTRUTURA ORGANIZACIONAL

São duas as formatações básicas da estrutura organizacional:

- a formal, que é o principal foco dos estudos das organizações nas empresas, sendo representada, em alguns de seus aspectos, pelo tradicional organograma; e
- a informal, que é resultante das relações sociais e pessoais que não aparecem nos organogramas das empresas.

A abordagem da estrutura informal está nas pessoas e em suas relações, enquanto a estrutura formal dá ênfase a posições em termos das autoridades e responsabilidades alocadas nas unidades organizacionais estabelecidas nas empresas.

Portanto, o ideal é o estudo e a análise da estrutura organizacional considerar esses dois tipos de formatação.

Nesse ponto, cabe uma pergunta sobre o que é ideal: a estrutura organizacional deve adaptar-se ao indivíduo ou o indivíduo à estrutura? Acredita-se que o ideal é não estar em nenhum extremo, pois somente dessa forma a estrutura organizacional estará ajudando os executivos e funcionários na evolução do processo administrativo das empresas.

2.2.1 Estrutura informal

> Estrutura informal é a rede de relações sociais e pessoais que não é formalmente estabelecida pela empresa, as quais surgem e se desenvolvem espontaneamente, e, portanto, apresenta situações que não aparecem no organograma.

Pode-se considerar que, de maneira geral, os executivos gostariam de ter um controle maior sobre a estrutura informal, pois isso tornaria seu trabalho mais simples e envolveria menos preocupação; isto porque, do ponto de vista deles, a estrutura informal é um empecilho que, normalmente, oferece resistência às ordens formais, ou as altera, ou ainda as cumpre por um procedimento diferente do desejado.

Independentemente de quão útil ou prejudicial ela é, o executivo logo percebe que a primeira característica da estrutura informal é não poder ser extinta, ou seja, enquanto houver pessoas nas empresas, existirão equipes informais.

A autoridade informal vem daqueles que são objeto de seu controle, ou seja, ela vem *de dentro* das pessoas que fazem parte da equipe, enquanto a autoridade formal vem dos *de fora*, que são *os superiores*, antes do que das pessoas que são controladas por ela.

Em contraste com o fluxo descendente da autoridade formal, a autoridade informal flui, na maioria das vezes, de forma ascendente ou horizontal. Ela representa mais um privilégio do que um direito; sendo, geralmente, mais instável do que a autoridade formal, pois está sujeita aos sentimentos pessoais. Devido a sua natureza subjetiva, a estrutura informal não está sujeita ao controle da equipe diretiva, como o está a estrutura formal.

Como resultado das diferenças entre as duas formas de autoridade, a estrutura formal pode atingir um tamanho imenso, mas as estruturas informais, pelo menos as mais consolidadas, tendem a ficar menores, a fim de permanecer dentro dos limites das relações pessoais.

Há, entretanto, muitas estruturas informais dentro de uma grande empresa. Elas existem em todos os níveis, sendo que algumas estão inteiramente dentro da empresa; e outras são parcialmente externas à empresa.

Os líderes das equipes informais surgem por várias causas. Algumas dessas causas são competência técnica, idade, antiguidade, localização no trabalho, liberdade de se mover na área de trabalho e uma agradável e comunicativa personalidade. Na realidade, as causas são tão numerosas quanto as situações, porque cada líder surge sob circunstâncias normalmente diferentes.

Embora cada pessoa, em uma equipe de trabalho, possa ser líder de alguma pequena estrutura informal, há, geralmente, um líder primário que está acima de outros; e sua influência é predominante.

Cada executivo deve saber quem é o líder informal de seus subordinados e trabalhar com essa pessoa, a fim de assegurar que essa liderança esteja acompanhando os objetivos da empresa, em vez de antagonizá-los.

A estrutura informal é um bom lugar para líderes formais se desenvolverem, mas deve-se lembrar que nem sempre um líder informal se constitui no melhor dirigente formal. Alguns líderes informais falham como líderes formais porque temem responsabilidade formal, algo que eles não têm como líderes informais.

As equipes informais surgem e persistem porque elas satisfazem às necessidades e às expectativas de seus membros; sendo que essas necessidades são determinadas pelos próprios membros da equipe. Uma necessidade que parece ser sentida por todas as equipes é a necessidade que irá se perpetuar na cultura da empresa, e isso é uma importante função de toda a estrutura informal.

Uma segunda função das equipes informais é a comunicação. A fim de atender às suas necessidades e conservar seus membros informados do que está havendo e que possa afetar a satisfação das expectativas, a equipe naturalmente desenvolve processos e canais de comunicação.

Uma terceira função das equipes informais é o controle social pelo qual o comportamento dos outros é influenciado e regulado, sendo que ele pode ser interno e externo. O controle interno é dirigido no sentido de fazer os membros das equipes atuarem em conformidade com sua cultura, enquanto o controle externo é direcionado para os que estão fora da equipe, tais como o governo, os sindicatos ou determinadas equipes informais. O executivo deve saber que a pressão do controle externo pode ser bastante forte, tal qual como quando ocorre uma greve.

Algumas vezes, a estrutura informal é considerada como uma força negativa para os trabalhos em equipes, mas isso não necessariamente ocorre. Se seus interesses e objetivos estão integrados com os da empresa, então a equipe trabalha pelos objetivos da referida empresa, em vez de contra eles.

A grande responsabilidade do executivo é fazer todo o possível para efetuar essa integração, pois assim os trabalhos formais e informais se harmonizam em vez de se antagonizarem. Isso é administração efetiva e seu resultado global corresponde a uma situação em que a estrutura informal ajuda a completar o trabalho formal. Portanto, o ideal é haver perfeita interação da estrutura formal e informal.

O executivo, a fim de manter adequado controle, deve ser cauteloso no sentido de conservar a estrutura informal secundária à estrutura formal. Tem havido argumentos de que, quando a estrutura formal é incompetente, uma dominante estrutura informal é necessária e desejável a fim de manter a equipe trabalhando de maneira adequada. A afirmação "nesta empresa trabalhamos bem, a despeito do chefe" ou "em vez de, por causa dele" é descritiva de situações reais.

O executivo, porém, não deve considerar isso normalmente válido, porque a liderança informal não conserva, para sempre, a equipe num curso em direção aos objetivos formais da empresa.

Analisando as principais vantagens da estrutura informal, podem-se relacionar as seguintes:

- proporciona maior rapidez no processo decisório;
- reduz distorções existentes na estrutura formal;
- complementa a estrutura formal;
- reduz a carga de comunicação dos chefes; e
- motiva e integra as pessoas da empresa.

As principais desvantagens da estrutura informal são:

- provoca desconhecimento da realidade empresarial pelas chefias;
- ocasiona maior dificuldade de controle; e
- possibilita atritos entre as pessoas.

De maneira resumida, podem-se considerar alguns fatores que condicionam o aparecimento das chamadas equipes informais de trabalho:

- os *interesses comuns* que se desenvolvem em certo número de pessoas, as quais, por meio deles, passam a sintonizar-se mais intimamente;

- a interação provocada pela própria estrutura formal;
- os defeitos na estrutura formal;
- a flutuação do pessoal dentro da empresa, a qual provoca, normalmente, a alteração das equipes sociais informais;
- os períodos de lazer; e
- a disputa pelo poder.

O conhecimento desses fatores facilitadores do surgimento de equipes informais possibilita ao executivo maior controle sobre a situação.

Por outro lado, a estrutura informal é bastante desenvolvida e bem utilizada quando:

- os objetivos da empresa são idênticos aos objetivos dos indivíduos; e
- existir habilidade das pessoas em lidar com a estrutura informal.

Pode-se afirmar que o executivo inteligente e esperto é o que sabe utilizar a estrutura informal para o melhor alcance dos objetivos e das metas da empresa.

2.2.2 Estrutura formal

> Estrutura formal é a que representa a estrutura organizacional da empresa – na realidade, parte dela – e que procura consolidar, ainda que de forma geral, a distribuição das responsabilidades e autoridades pelas unidades organizacionais da empresa.

A estrutura formal é representada pelo organograma da empresa, bem como pelos seus fatores básicos de influência e suas partes integrantes, apresentadas na seção 2.3 e, principalmente, na seção 2.3.2.

> Organograma é a representação gráfica de determinados aspectos da estrutura organizacional.

Ao final da leitura da seção 2.3, você poderá listar os aspectos da estrutura organizacional que fazem parte do organograma e os que não fazem parte; e vai verificar que a maior parte fica fora do organograma.

Na seção a seguir, é apresentada uma metodologia para o desenvolvimento, implementação e avaliação da estrutura formal das empresas; mas você pode – e deve – interligar esta metodologia com as questões da estrutura informal apresentada na seção anterior.

2.3 METODOLOGIA PARA O DESENVOLVIMENTO, IMPLEMENTAÇÃO E AVALIAÇÃO DA ESTRUTURA ORGANIZACIONAL

A seguir, é apresentada uma metodologia – devidamente aplicada em várias empresas-clientes de serviços de consultoria do autor – para o adequado desenvolvimento, implementação e avaliação da estrutura organizacional.

Essa metodologia está dividida em 7 fases e 17 etapas, com finalidades específicas e perfeitamente interligadas; ela pode, em muito, facilitar os trabalhos de desenvolvimento e operacionalização da estrutura organizacional nas empresas.

Para cada fase e/ou etapa são apresentadas:

- a sua importância para o delineamento da estrutura organizacional;
- as precauções que devem ser consideradas na realização de cada fase ou etapa; e
- as possíveis interligações com outras fases e etapas da referida metodologia.

O nível de detalhamento tratado nesta seção está correlacionado ao conteúdo dos próximos capítulos; ou seja, para os assuntos que são abordados com detalhes em capítulos específicos, nesta seção são apresentados, apenas, alguns aspectos básicos.

2.3.1 Fase 1: Estabelecimento do plano estratégico da empresa

Embora não seja obrigatório, é bastante adequado que exista, antecipadamente, um plano estratégico que estabeleça o futuro desejado e a linha de direcionamento da empresa para essa situação futura.

> Planejamento estratégico da empresa é a metodologia administrativa que proporciona sustentação para a empresa estabelecer a melhor direção a ser seguida, visando ao otimizado grau de interação com os fatores externos ou não controláveis, bem como atuando de forma inovadora e diferenciada.

A estrutura organizacional deve ser delineada, considerando as funções de administração, como um instrumento administrativo para facilitar o alcance dos objetivos estabelecidos no plano estratégico.

De acordo com Ackoff (1974, p. 5), os planejadores que adotam a filosofia da satisfação tentam deixar de lado o problema da estrutura organizacional, porque as propostas de mudança estrutural geralmente encontram oposição. Os planejadores otimizantes tendem a evitar considerações sobre estrutura organizacional, exceto quando ela dificulta a otimização das operações. O planejador que adota a filosofia de adaptação, entretanto, vê as mudanças na estrutura organizacional como um dos meios mais eficazes de melhorar o desempenho da empresa.

A elevada contribuição dos planos estratégicos para o otimizado delineamento das estruturas organizacionais das empresas está centrada na interação e alocação dos objetivos e metas a serem alcançados – correspondem ao "o quê" – nas diversas unidades organizacionais das empresas, bem como na decomposição das estratégias – correspondem ao "como" – em projetos e planos de ação, os quais são correlacionados com as unidades organizacionais das empresas. Portanto, na prática, deve haver otimizada interação entre as questões estratégicas e organizacionais das empresas.

2.3.1.1 Etapa 1.1: *Estabelecimento da visão, da missão e dos valores da empresa*

> Visão da empresa é a explicitação do que a empresa quer ser, em um futuro próximo ou distante.

A influência da visão da empresa sobre a estruturação organizacional está correlacionada à interação das estratégias estabelecidas no plano estratégico para a otimizada concretização da visão, ou seja, o que a empresa quer ser.

As estratégias – e os projetos e os planos de ação decorrentes – são desenvolvidas pelas unidades organizacionais da empresa. Essa situação pode ser visualizada na Figura 2.1:

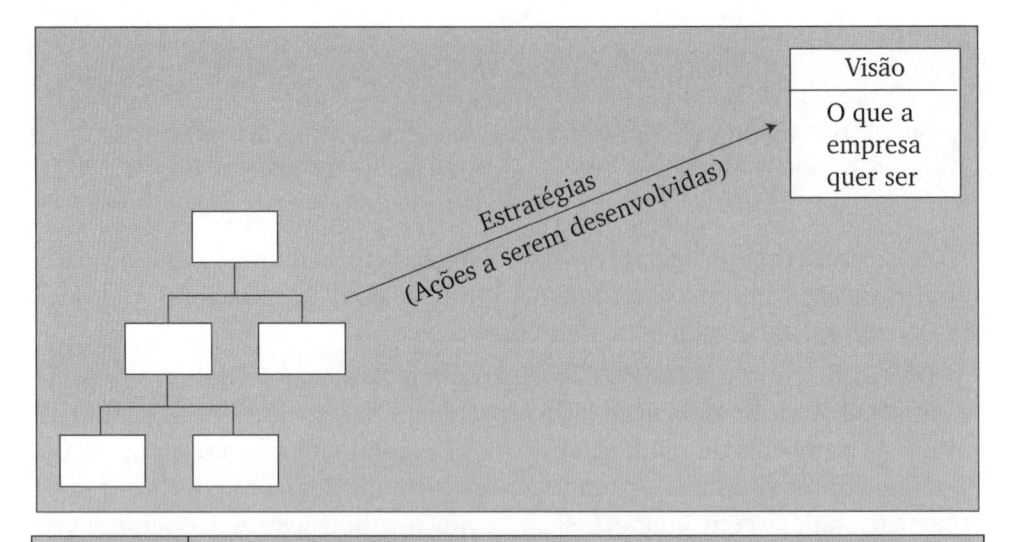

Figura 2.1 | *Interligação da visão com a estrutura organizacional.*

> Missão da empresa é a razão de ser da empresa e explicita o campo dentro do qual a empresa já atua ou pretende avaliar sua futura atuação, alocando seus negócios, produtos e serviços.

A influência da missão sobre a estruturação organizacional está correlacionada à definição do conjunto de negócios, produtos e serviços atuais e potenciais da empresa, bem como dos segmentos de mercado, atuais e potenciais, em que a empresa já atua ou está analisando a possibilidade de vir a atuar em um futuro relativamente próximo.

E essa definição é de elevada importância no delineamento da estrutura organizacional, a qual poderá ter a criação de novas unidades organizacionais e/ou a extinção de outras unidades, de acordo com a evolução/involução dos negócios, produtos e serviços da empresa.

Infelizmente, na prática, são raros os momentos em que os executivos das empresas correlacionam a análise dos negócios, produtos e serviços, bem como as regiões de atuação da empresa – no momento atual e futuro – com a realidade da estrutura organizacional. Essa situação pode ser visualizada na Figura 2.2:

- Produtos e serviços atuais
- Segmentos atuais de mercado

- Produtos e serviços potenciais
- Segmentos potenciais de mercado

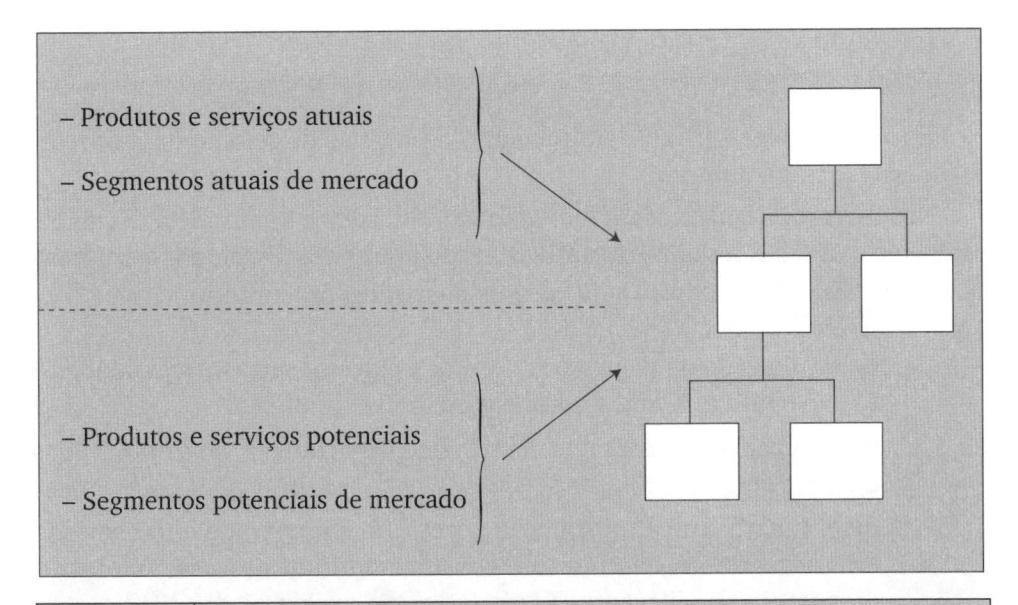

Figura 2.2 | *Interligação da missão com a estrutura organizacional.*

Valores da empresa representam o conjunto dos seus princípios e crenças fundamentais, bem como fornecem sustentação a todas as suas principais decisões.

A influência dos valores das empresas sobre as suas estruturações organizacionais está correlacionada, entre outros aspectos:

- ao maior ou menor agrupamento das unidades organizacionais;
- ao maior ou menor detalhamento das responsabilidades e autoridades de cada unidade organizacional;
- ao maior ou menor nível de centralização do processo decisório; e
- ao maior ou menor número de níveis hierárquicos.

Pelo exposto, verifica-se que a visão, a missão e os valores da empresa têm influência direta – e, normalmente, de elevada intensidade – sobre a sua estruturação organizacional.

Muitas vezes, os executivos das empresas não se atentam a esses aspectos e, nesses casos, as consequências podem ser danosas para a empresa, principalmente a médio e a longo prazos.

2.3.1.2 Etapa 1.2: *Estruturação da interação da empresa – produtos e serviços oferecidos – com os segmentos de mercado*

Essa etapa deve ser um detalhamento da análise da missão da empresa, realizada na etapa anterior.

Nos diversos segmentos de mercado identificados e analisados, devem-se estabelecer as decisões administrativas necessárias para direcionar a empresa para as necessidades identificadas nesses mercados, procurando:

- determinar de quais pessoas, fora da empresa, são as necessidades e as expectativas a que a empresa pretende atender;
- determinar como essas necessidades ou expectativas são comunicadas à empresa; e
- determinar como a informação necessária é registrada e transmitida a outras pessoas na empresa, consolidando um processo interativo de atuação de diferentes unidades organizacionais direcionadas ao mesmo foco e resultado.

2.3.1.3 Etapa 1.3: *Análise da evolução tecnológica e da tecnologia aplicada*

> Evolução tecnológica é o processo gradativo e acumulativo dos conhecimentos que têm influência direta ou indireta sobre os negócios, produtos e serviços de um conjunto de empresas.

> Tecnologia aplicada é o conjunto de conhecimentos que são utilizados para operacionalizar, de forma otimizada, as diversas atividades da empresa.

Verifica-se que tecnologia é conhecimento e, como tal, está em constante evolução; e essa evolução tem grande influência na estrutura organizacional das empresas, visto que pode alterar negócios, produtos, serviços e processos.

Talvez se possa afirmar que a tecnologia – em seu contexto mais amplo do conhecimento – seja o fator de maior influência no delineamento e na operacionalização das estruturas organizacionais das empresas.

Um exemplo simples de influência da tecnologia na estrutura organizacional das empresas é a implementação da informática e da tecnologia da informação, incluindo os *softwares* de aplicação.

2.3.1.4 Etapa 1.4: *Análise dos concorrentes e estabelecimento das vantagens competitivas*

O resultado final da análise dos concorrentes é o estabelecimento da vantagem competitiva, de nossa empresa e de cada um de nossos concorrentes.

> Vantagem competitiva é a identificação dos produtos ou serviços e dos mercados para os quais a empresa está, realmente, capacitada para atuar, de forma diferenciada, em relação aos seus concorrentes.

Portanto, a vantagem competitiva – da empresa e de cada concorrente – aparece como importante fator de influência nas estruturas organizacionais das empresas.

Por exemplo, se uma empresa quiser consolidar o preço de seus produtos como sua vantagem competitiva, ela é obrigada a ter baixos custos, elevada produtividade e adequada qualidade; e sua estrutura organizacional deve proporcionar a devida sustentação para que esses três assuntos – entre outros – sejam uma realidade na empresa.

2.3.1.5 Etapa 1.5: *Decomposição dos diversos planejamentos*

Os diversos planejamentos das empresas podem ser visualizados numa *pirâmide empresarial* e estão correlacionados aos níveis de poder decisório existentes nas empresas, conforme apresentado na Figura 2.3:

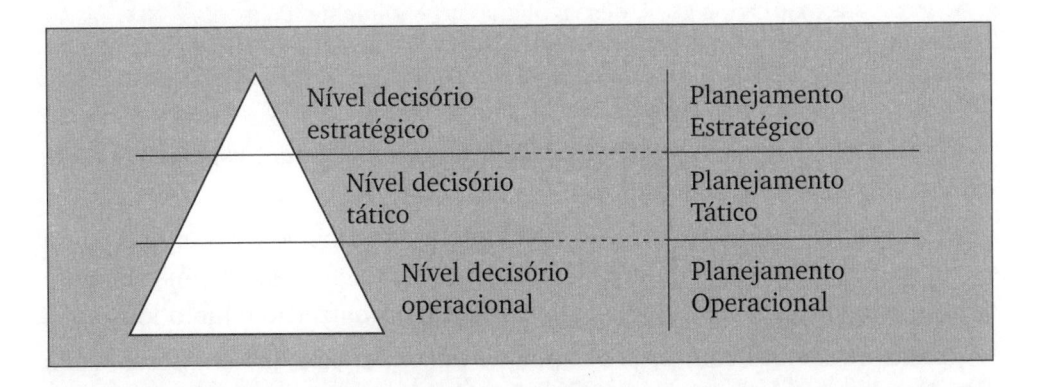

Nível decisório estratégico	Planejamento Estratégico
Nível decisório tático	Planejamento Tático
Nível decisório operacional	Planejamento Operacional

Figura 2.3 | *Tipos de planejamento nas empresas.*

> Planejamento estratégico é a metodologia administrativa que possibilita ao executivo estabelecer o rumo a ser seguido pela empresa, visando obter um nível de otimização na interação da empresa com seu ambiente.

Portanto, o nível estratégico de influência considera a estrutura organizacional de toda a empresa e a melhor interação dessa com o ambiente, onde estão os fatores externos ou não controláveis pela empresa.

Um exemplo de influência do nível estratégico pode ser a necessidade de criação de uma nova divisão da empresa para melhor adequação de um produto ao seu mercado.

> Planejamento tático é a metodologia administrativa que tem por finalidade otimizar determinada área de resultado, e não a empresa inteira.

Portanto, o nível tático de influência considera determinado conjunto de aspectos homogêneos da estrutura organizacional da empresa.

Um exemplo de influência do nível tático pode ser a divisão de uma área industrial em duas áreas – produção e técnica –, para ter melhor administração dos recursos da empresa.

> Planejamento operacional é a consolidação, principalmente por meio de processos formais, das metodologias de desenvolvimento e implementação estabelecidas, criando condições para a adequada realização dos trabalhos diários da empresa.

Portanto, o nível operacional considera uma parte bem específica da estrutura organizacional da empresa.

Um exemplo de influência do nível operacional pode ser a alteração da estrutura organizacional da área de sistemas com a criação de uma unidade organizacional responsável pelas atividades de organização e métodos.

Essas interações com os três tipos de planejamento das empresas estão respeitando uma premissa para o adequado desenvolvimento e implementação da estrutura organizacional, que é considerar toda a empresa, para não se perder a visão global da abordagem da estrutura organizacional.

Embora se possa considerar apenas uma parte da estrutura organizacional nos estudos e propostas feitos, essa situação não deve ser considerada como a ideal.

2.3.1.6 Etapa 1.6: *Estabelecimento dos objetivos, estratégias e políticas*

Os objetivos, as estratégias e as políticas têm influência na estrutura organizacional à medida que, quando os objetivos, as estratégias e as políticas estão bem definidos e claros, é mais fácil organizar, pois se sabe o que esperar de cada unidade organizacional que compõe a empresa.

> Objetivo é o alvo ou situação que se pretende alcançar.

A influência dos objetivos sobre a estruturação organizacional está correlacionada ao estabelecimento dos resultados que a empresa quer alcançar e, consequentemente, à identificação das unidades organizacionais que contribuirão para o alcance desses resultados.

Para melhor consolidar essa interação de objetivos e estrutura organizacional, pode-se estabelecer uma rede escalar de objetivos.

> Rede escalar de objetivos é a decomposição dos objetivos pela estrutura organizacional – da alta para a média e a baixa administração – de tal forma que o sucesso de uma unidade depende de outra unidade organizacional, quer esteja em nível hierárquico superior, quer inferior.

Portanto, o problema de decisão da unidade organizacional inferior depende da ação da unidade superior, tida como parâmetro; e, inversamente, o problema de decisão da unidade superior depende da ação – resposta – da unidade organizacional inferior.

A questão da rede escalar de objetivos é apresentada na Figura 2.4:

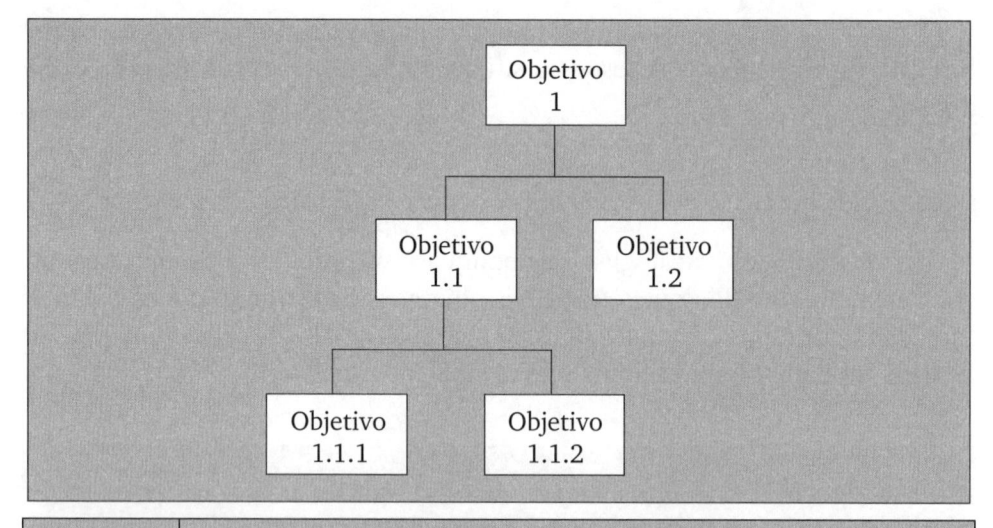

```
                    ┌──────────┐
                    │ Objetivo │
                    │    1     │
                    └────┬─────┘
              ┌──────────┴──────────┐
         ┌────┴─────┐          ┌────┴─────┐
         │ Objetivo │          │ Objetivo │
         │   1.1    │          │   1.2    │
         └────┬─────┘          └──────────┘
        ┌────┴────┐
  ┌─────┴────┐ ┌──┴───────┐
  │ Objetivo │ │ Objetivo │
  │  1.1.1   │ │  1.1.2   │
  └──────────┘ └──────────┘
```

Figura 2.4 | *Rede escalar de objetivos.*

Estratégia é a definição do caminho mais adequado para alcançar o objetivo.

A influência das estratégias no delineamento das estruturas organizacionais das empresas pode ser entendida na seguinte lógica:

- a finalidade básica das estratégias é estabelecer os melhores caminhos para se alcançar os objetivos da empresa;
- as estratégias, para não serem consideradas apenas como ideias e *frases soltas*, têm que ser decompostas e estruturadas em projetos bem definidos, com prazos, responsáveis, recursos e resultados finais previamente estabelecidos;
- os projetos são decompostos em atividades, que representam as partes estruturadas de um projeto;
- as partes correlacionadas ao mesmo assunto, provenientes de diferentes projetos, são alocadas em planos de ação; e
- os planos de ação são alocados nas unidades organizacionais responsáveis pelas atividades comuns identificadas nos projetos, sendo que esses são decorrentes das estratégias.

Política é o parâmetro ou orientação para a tomada de decisão.

A influência das políticas sobre a estruturação organizacional pode ser entendida, de forma geral, no contexto da burocracia administrativa, a saber:

- quão melhor delineadas estão as políticas, e em quantidade adequada, mais simplificadas podem ser as estruturações organizacionais; e
- quão melhor incorporadas estão as políticas e, portanto, melhor está o clima organizacional, mais simplificadas podem ser as estruturações organizacionais.

Alguns exemplos de políticas inerentes à estrutura organizacional que uma empresa qualquer pode julgar válido adotar são:

- ter estrutura organizacional adequada aos mercados existentes;
- ter estrutura organizacional adequada às novas tecnologias;
- ter estrutura organizacional descentralizada no processo decisório e centralizada no sistema de controle;
- ter estrutura organizacional voltada para resultados; e
- ter estrutura organizacional racionalizada com operacionalização descentralizada dos sistemas administrativos.

Verifica-se que essas políticas podem proporcionar orientação para uma adequada estruturação organizacional.

2.3.2 Fase 2: *Análise e estabelecimento das partes integrantes da estrutura organizacional*

A partir da análise da interação da empresa com as diversas questões estratégicas abordadas na Fase 1, é possível iniciar a análise e o estabelecimento das partes integrantes de toda e qualquer estrutura organizacional.

Algumas vezes, por questões de ordem prática, as Fases 1 e 2 são abordadas de forma conjunta; entretanto, este autor considera essa situação bastante inadequada.

De qualquer forma, pior ainda é desenvolver a Fase 2 sem ter realizado a Fase 1, pois, nesse caso, por mais que os profissionais envolvidos se esforcem, a estrutura organizacional ficará *capenga*.

Salienta-se que a ordem apresentada das nove etapas da Fase 2, embora não seja obrigatória, é a que apresenta os melhores resultados, além de ser a de mais fácil execução.

2.3.2.1 Etapa 2.1: *Estabelecimento da melhor departamentalização*

> Departamentalização é o agrupamento, de acordo com um critério específico de homogeneidade, das atividades e dos correspondentes recursos – humanos, financeiros, tecnológicos, materiais e equipamentos – em unidades organizacionais.

Esse assunto é tratado, com os devidos detalhes, no Capítulo 3.

2.3.2.2 Etapa 2.2: *Estabelecimento das interações das atividades-fins e das atividades de apoio*

> Atividades-fins são as alocadas nas unidades organizacionais que consolidam a interação da empresa com o mercado, efetivando a melhor disponibilização e colocação dos produtos e serviços oferecidos.

> Atividades de apoio – ou atividades-meios – são as alocadas nas unidades organizacionais que sustentam e auxiliam as unidades organizacionais fins a colocarem os produtos e serviços da empresa no mercado.

Esses assuntos são abordados, com os devidos detalhes, no Capítulo 4.

2.3.2.3 Etapa 2.3: *Estabelecimento do equilíbrio otimizado dos níveis de descentralização e centralização e do processo de delegação*

> Descentralização é a menor concentração do poder decisório na alta administração da empresa, sendo esse, portanto, mais distribuído por seus diversos níveis hierárquicos.

> Centralização é a maior concentração do poder decisório na alta administração de uma empresa.

> Delegação é a transferência de determinado nível de autoridade de um chefe para seu subordinado, criando o correspondente compromisso pela execução da tarefa delegada.

Para os devidos detalhes desses três assuntos, ver Capítulo 6.

2.3.2.4 Etapa 2.4: *Estabelecimento da situação ideal dos níveis hierárquicos e da amplitude de controle*

> Níveis hierárquicos representam o conjunto de cargos da empresa com o mesmo nível de autoridade.

> Amplitude de controle é o número de subordinados que um chefe pode supervisionar pessoalmente, de maneira efetiva e adequada.

Os detalhes inerentes a esses dois assuntos da estruturação organizacional das empresas são apresentados no Capítulo 7.

2.3.2.5 Etapa 2.5: *Estabelecimento das fichas de funções das unidades organizacionais*

> Fichas de funções representam a descrição da linha de subordinação e do conjunto das atribuições – inerentes às funções administrativas de planejamento, organização, direção, gestão de pessoas e avaliação –, bem como dos níveis de alçada decisória de cada unidade organizacional da empresa.

> Unidades organizacionais são os centros de resultados ou de custos da estrutura organizacional das empresas e onde uma equipe de profissionais com atividades homogêneas e/ou correlacionadas exercem suas responsabilidades e autoridades.

Verifica-se que as unidades organizacionais representam as partes do organograma da empresa.

Os detalhes inerentes às fichas de funções são apresentados no Capítulo 5, quando do tratamento das atribuições das unidades organizacionais.

2.3.2.6 Etapa 2.6: *Estabelecimento dos níveis de autoridade*

> Autoridade é o poder, formalizado ou não na empresa, de uma pessoa tomar uma decisão e ter a garantia de que as ações decorrentes serão operacionalizadas na empresa.

O aspecto da amplitude da autoridade pode ser entendido pela Figura 2.5:

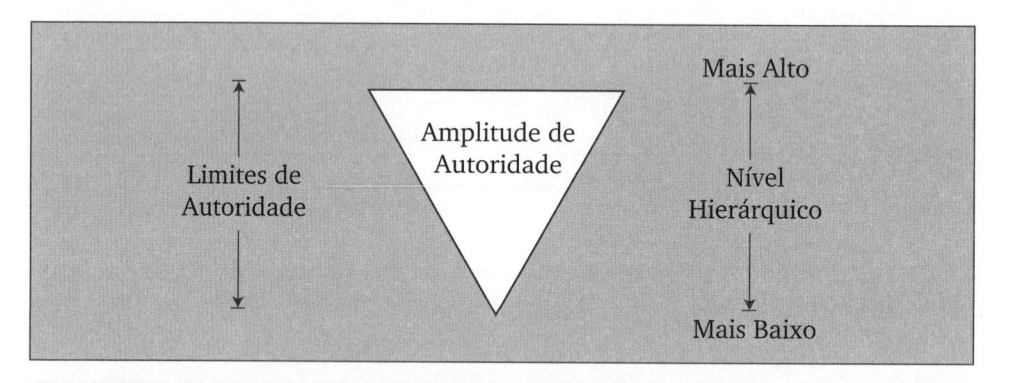

Figura 2.5 | *Amplitude da autoridade.*

Observa-se que, ao se descer do nível hierárquico mais alto para o nível hierárquico mais baixo, a amplitude da autoridade vai diminuindo até chegar ao limite mínimo.

A autoridade pode se apresentar no contexto formal ou informal.

A autoridade formal representa a estabelecida pela estrutura hierárquica da empresa, e pode ser delegada pelo superior hierárquico imediato.

A autoridade informal é uma espécie de "autoridade adquirida" que é desenvolvida por meio de relações informais entre as pessoas da empresa, que o fazem voluntariamente e por deferência a sua posição ou *status*.

Na realidade, a autoridade informal serve para modificar a autoridade formal na determinação do quanto ela terá de aceitação por parte dos vários subordinados nos diferentes níveis hierárquicos.

A autoridade informal é muito importante na estruturação organizacional das empresas, pois ela se impõe pela inteligência, pelo saber, pelo valor moral, pelo dom de comando, pela experiência. Assim, para termos um bom chefe, é preciso que ele alie a autoridade pessoal à autoridade estatutária.

A questão das autoridades formal e informal deve ser analisada em conjunto com as formatações básicas da estrutura organizacional, conforme apresentado na seção 2.2.

Miranda e Mac-Dowell (1968, p. 56) apresentam dois tipos de exercício de autoridade:

- o exercício singular de autoridade é aquele em que o poder de se fazer obedecer e o direito de comandar são exercidos por um só indivíduo; e
- o exercício múltiplo de autoridade ocorre quando o poder de se fazer obedecer e o direito de comandar são exercidos por uma equipe. Nessa hipótese, o poder pertence à equipe, mas a função é dividida entre seus membros.

Neste último caso, podem-se enquadrar os órgãos de deliberação coletiva, tais como os comitês ou comissões, conforme apresentados na seção 5.4.

Devem-se enumerar, também, as três teorias básicas sobre a origem da autoridade (Koontz; O'Donnell, 1973, p. 48):

- teoria formal da autoridade: estabelece que a origem da autoridade da empresa deve obedecer a uma hierarquia, assim como a empresa se baseia nas instituições – sociais, políticas, econômicas, religiosas – para estabelecer suas normas internas. Essas instituições são mudadas à medida que costumes, tradições e leis do povo mudam;
- teoria da aceitação da autoridade: nesse caso, a origem da autoridade é a aceitação das ordens, desde que sejam compreendidas e estejam dentro das funções do subordinado. É uma teoria discutível, porque na prática o subordinado, pressionado pela equipe à qual pertence, acabará obedecendo à ordem; e
- teoria da competência: estabelece que a autoridade pode provir de qualidades pessoais e de competência técnica. Dentro da equipe de subordinados, pode existir um que se sobressaia e acabe transforman-

do os outros em subordinados, apesar de não possuir a autoridade devida.

E, finalmente, devem-se considerar os tipos de autoridade, a saber:

- hierárquica e
- funcional.

A autoridade hierárquica segue as linhas de comando estabelecidas pela estrutura hierárquica da empresa. Na Figura 2.6, "A" tem autoridade hierárquica sobre "B" e "C". Por outro lado, "B" tem autoridade hierárquica sobre "D" e "E".

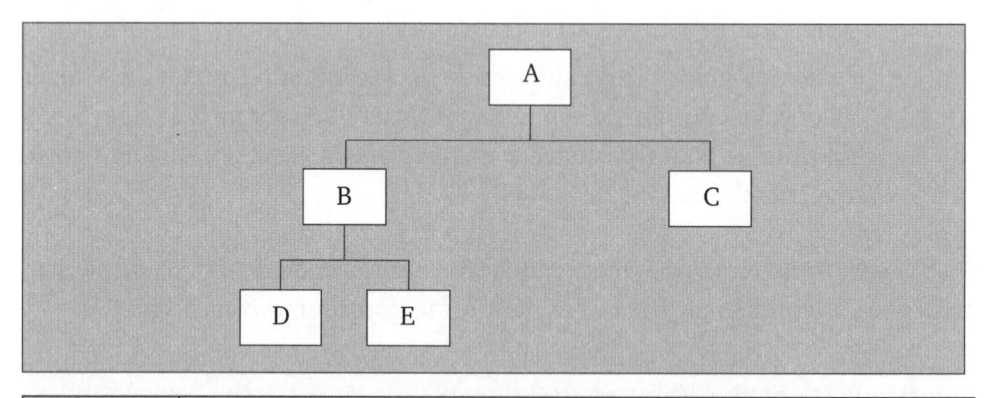

| Figura 2.6 | Autoridade hierárquica. |

A autoridade funcional corresponde à autoridade estabelecida pela função exercida pelas unidades organizacionais. Na Figura 2.7, a Diretoria de Marketing tem autoridade funcional – na função marketing/vendas – sobre o Setor de Vendas da regional norte. E a Diretoria Financeira tem autoridade funcional – na função finanças/caixa – sobre o Setor de Caixa da referida regional.

Metodologia para o desenvolvimento, implementação e avaliação da estrutura organizacional **61**

```
                    ┌─────────────┐
                    │  Presidente │
                    └──────┬──────┘
         ┌─────────────────┼─────────────────┐
┌────────┴────────┐ ┌──────┴──────┐  ┌───────┴────────┐
│   Diretoria de  │ │  Diretoria  │  │  Diretoria das │
│    Marketing    │ │  Financeira │  │    Regionais   │
└─────────────────┘ └─────────────┘  └───────┬────────┘
                                     ┌───────┴────────┐
                                     │    Regional    │
                                     │      Norte     │
                                     └───────┬────────┘
                                     ┌───────┴────────┐
                              ┌──────┴─────┐  ┌───────┴────┐
                              │  Setor de  │  │  Setor de  │
                              │   Vendas   │  │    Caixa   │
                              └────────────┘  └────────────┘
```

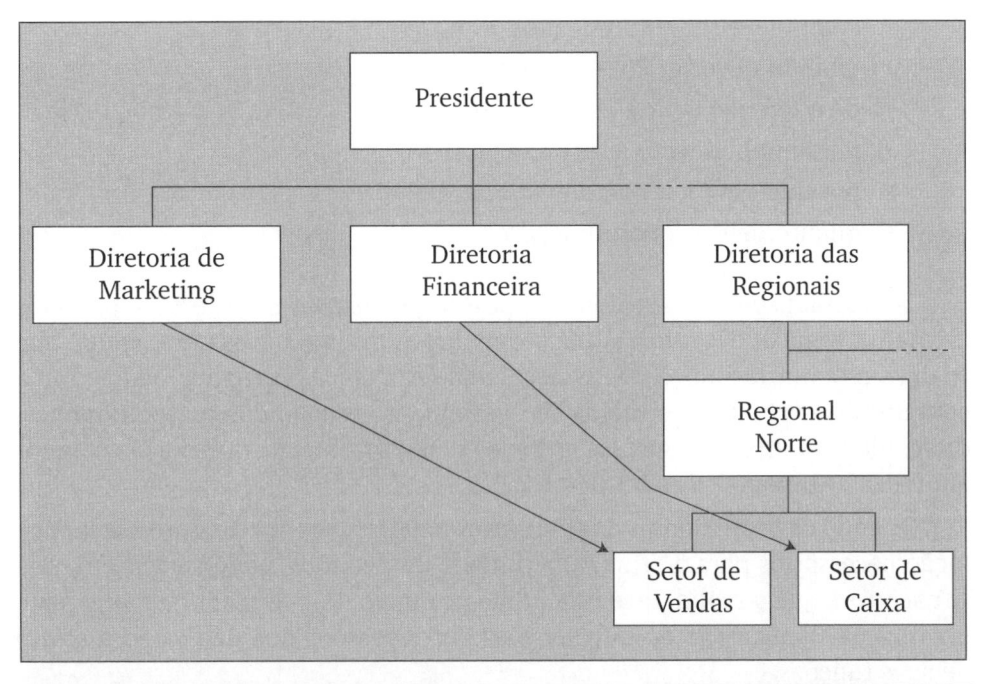

Figura 2.7 | *Autoridade funcional.*

A autoridade funcional deve ser muito bem estabelecida pela empresa para evitar possíveis problemas de duplicidade de comando. O ideal é a autoridade funcional estar correlacionada apenas ao estabelecimento de políticas administrativas, ou seja, para disciplinar, orientar e agilizar o processo decisório nas empresas.

2.3.2.7 **Etapa 2.7:** *Estruturação do processo de comunicação entre as unidades organizacionais*

Comunicação é o processo interativo em que dados, informações, consultas e orientações são transacionados entre pessoas e/ou unidades organizacionais e/ou agentes externos da empresa.

No processo de comunicação, devem ser considerados os seguintes itens:

- o que deve ser comunicado;

- como deve ser comunicado;
- quando deve ser comunicado;
- de quem deve vir a informação;
- para quem deve ir a informação;
- por que deve ser comunicado; e
- quanto deve ser comunicado.

Como numa empresa se lida com pessoas, devem-se considerar os aspectos de dramaturgia que levam à situação em que as discrepâncias entre aquilo que se deve esperar das funções e as necessidades técnicas correlacionadas com a conquista dos objetivos e metas são geralmente escondidas ou, pelo menos, dissimuladas com estratagemas, artifícios e conduta *fingida*, que são tão comuns em todas as organizações burocráticas.

Quando os profissionais das empresas não têm o conhecimento e a capacitação necessários para a otimizada tomada de decisões, pode-se cair em uma situação em que a realidade é escondida por meio de *conversa fiada*, que pode provocar a transmissão de informações entre pessoas que não estão à altura de suas funções.

Num caso desse, o ruído nas comunicações pode atingir uma situação bastante desagradável. Na transmissão de informação, deve-se considerar a interferência denominada *ruído*, que compreende qualquer coisa que se mova no canal que não sejam os sinais ou mensagens reais desejados pelo emissor.

Portanto, nesse momento deve-se verificar até que ponto a forma da estrutura organizacional atende às necessidades de comunicação na empresa.

Para tanto, são apresentados alguns aspectos básicos do sistema de comunicação nas empresas, a saber:

- esquemas de comunicação;
- fluxos de comunicação;
- custo da comunicação; e
- processos de sustentação da comunicação.

De maneira genérica, existem dois tipos diferentes de formação de esquemas de comunicação numa empresa.

São eles:

- o formal, que é conscientemente planejado, facilitado e controlado. Ele segue a corrente de comando numa escala hierárquica; e

- o informal, que surge espontaneamente na empresa, em reação às necessidades de seus membros.

As relações informais não devem ser combatidas. Isso, porém, não implica que o formal deva ceder ao informal.

Dois pontos devem ser salientados para o adequado equilíbrio entre os aspectos formais e informais das comunicações nas empresas:

- a oposição ao informal não destruirá a informalidade; isso servirá apenas para forçar o informalismo a uma posição mais afastada do formalismo; e
- por meio do estudo do informal, em que a informalidade existente é eficaz, as lições podem ser aplicadas para fortalecer o formal e julgar, mais eficientemente, o que é e o que não é formal.

Na realidade, a comunicação informal pode ser ruim para a empresa, quando, por exemplo, propaga muitos boatos, ou ser boa, quando facilita a ajuda entre seus membros.

Uma boa estratégia para amortizar os efeitos negativos da comunicação informal é cada chefe fazer parte de seu fluxo.

E deve-se considerar que a alta administração da empresa pode aumentar ou diminuir a comunicação informal, com o uso de determinados artifícios, entre os quais são citados:

- alteração de arranjo físico;
- utilização de pequenas salas de reunião ou de café;
- prática de competições esportivas; e
- alteração da estrutura organizacional, que é o assunto abordado neste livro.

Mais detalhes, a respeito das estruturas formal e informal, são apresentados na seção 2.2.

As comunicações na empresa podem ser realizadas por intermédio dos seguintes fluxos:

- horizontal: realizado entre unidades organizacionais diferentes, mas do mesmo nível hierárquico;

- diagonal ou transversal: realizado entre unidades organizacionais e níveis diferentes; e
- vertical: realizado entre níveis hierárquicos diferentes, mas de mesma área de atuação.

As principais vantagens das comunicações horizontal e diagonal são:

- propiciam maior rapidez no processo de comunicação;
- apresentam menor distorção no processo de comunicação entre as pessoas;
- aproximam pessoas por meio da comunicação direta;
- proporcionam visão mais integrada da empresa, pois cada indivíduo passa a conhecer, de maneira mais adequada, as várias atividades desenvolvidas e os responsáveis; e
- evitam sobrecarga nas chefias, pois determinados problemas são resolvidos, diretamente, pelas pessoas envolvidas.

As principais desvantagens das comunicações horizontal e diagonal são:

- apresentam informação menos confiável;
- podem reduzir a autoridade da chefia;
- podem prejudicar o planejamento, a coordenação e o controle, porque o chefe tem menos informações; e
- podem provocar conflitos e antagonismos.

Em muitas empresas, as comunicações horizontal e diagonal são uma necessidade e não devem ser eliminadas e nem estimuladas, mas devem ser administradas.

No estudo das comunicações entre pessoas ou unidades organizacionais, deve-se levar em consideração o aspecto do custo para a empresa, pois a análise da transmissão das informações mostra que essa é muito mais custosa do que se poderia pensar, não tanto devido às despesas de apoio necessárias, mas principalmente em função do tempo que ela absorve e das demoras que acarreta (Litterer, 1970, p. 82).

Outro aspecto a ser analisado é referente à *lei* de N. C. Parkinson: "todo o trabalho se dilata de maneira a ocupar todo o tempo disponível".

E, finalmente, deve-se lembrar do fato de alguns empresários terem a idolatria da dimensão.

Apresentando de maneira resumida o que Parkinson considerou como causas do aumento de custos na estrutura organizacional, temos (citado em Lodi, 1972, p. 51):

- demasiado número de níveis hierárquicos envolvidos na supervisão de atividades correntes a curto prazo;
- demasiado número de estágios na elaboração das decisões;
- existência de grandes serviços funcionais ou de assessoria;
- complexidade da estrutura, responsabilidades diluídas, comissões de coordenação etc.;
- unidades organizacionais sem objetivos mensuráveis, existência de função vaga e qualitativa, chefias com atuação passiva;
- unidades organizacionais sem meios completos e autônomos para alcançarem seus objetivos; e
- unidades organizacionais que trabalham abaixo da dimensão necessária.

Um aspecto importante é que, normalmente, se consideram somente as comunicações que levam a ações. Nesse ponto, deve-se verificar que tipo de ação a comunicação está provocando; portanto, é fundamental a administração de comunicação.

Dentro do sistema de comunicações, devem-se considerar também os processos de sustentação das comunicações nas empresas, que é o resultado da definição das formas pelas quais as atividades são desenvolvidas (métodos utilizados) e suas inter-relações (sequências, dependências e tramitações).

Essa é uma questão que a técnica de administração de processos tem proporcionado para melhorar o sistema de comunicações nas empresas, mas que, entretanto, as empresas não têm utilizado na plenitude. Para detalhes a respeito desse assunto ver o livro *Administração de processos*: conceitos, metodologia e práticas, dos mesmos autor e editora.

De forma irônica apresenta-se, no Quadro 2.1, um comunicado interno que pode evidenciar a importância de adequado sistema de comunicações.

| Quadro 2.1 | Comunicados internos sobre o Cometa de Halley. |

DE: **GERENTE GERAL** PARA: **GERENTE DE DIVISÃO** Na sexta-feira, às 17 horas aproximadamente, o Cometa de Halley estará visível nesta área. Trata-se de um evento que ocorre somente a cada 76 anos. Assim, por favor, reúna os funcionários no pátio da fábrica, todos usando capacetes de segurança, e explicarei a eles o fenômeno. Se estiver chovendo, não poderemos ver nada. Nesse caso, reúna os funcionários no refeitório e mostrarei a eles um filme sobre o cometa.
DE: **GERENTE DE DIVISÃO** PARA: **GERENTE DE FÁBRICA** Por ordem do Gerente Geral, na sexta-feira, às 17 horas, o Cometa de Halley vai aparecer sobre a fábrica. Se chover, por favor, reúna os funcionários, todos usando capacetes de segurança, e os encaminhe ao refeitório, onde o raro fenômeno terá lugar, o que acontece a cada 76 anos.
DE: **GERENTE DE FÁBRICA** PARA: **CHEFE DE PESSOAL** Por ordem do Gerente Geral, às 17 horas de sexta-feira, o fenomenal Cometa de Halley vai aparecer no refeitório, usando capacete de segurança. Se chover, o Gerente Geral dará outra ordem, o que ocorre uma vez a cada 76 anos.
DE: **CHEFE DE PESSOAL** PARA: **SUPERVISOR** Na sexta-feira, às 17 horas, o Gerente Geral vai aparecer no refeitório com o Cometa de Halley, o que acontece a cada 76 anos. Se chover, o Gerente Geral levará o cometa para o pátio da fábrica, usando capacete de segurança.
DE: **SUPERVISOR** PARA: **FUNCIONÁRIOS** Na sexta-feira, às 17 horas, quando chover, o fenomenal Bill Halley, usando capacete de segurança e acompanhado pelo Gerente Geral, vai passar pela fábrica com seus cometas.

2.3.2.8 Etapa 2.8: *Estruturação do processo decisório ideal*

> Processo decisório é a escolha entre vários caminhos alternativos que levam a determinado resultado.

Existe relação interativa de causa e efeito quando se consideram o processo decisório e a estrutura organizacional; ou seja, o processo decisório influencia a estruturação organizacional, e essa influencia o processo decisório.

Parece ser lógico que o ideal é o processo decisório influenciar o delineamento da estrutura organizacional, e não vice-versa.

O executivo é, antes de tudo, um tomador de decisões, independentemente de seu nível hierárquico na empresa. Portanto, esse executivo ou tomador de decisões precisa de elementos que lhe permitam:

- caracterizar o problema que está exigindo uma ou mais decisões para sua solução;
- compreender o ambiente que cerca as decisões; e
- identificar os impactos que essas decisões poderão provocar para a empresa.

Portanto, o processo administrativo apresenta a tomada de decisões como elemento básico; e, para um adequado processo decisório, é necessário ter um sistema de informações eficiente.

O processo decisório implica a necessidade de uma racionalidade objetiva que traz, como consequência, a necessidade de o tomador de decisão ajustar seu comportamento a um sistema integrado, por meio de uma visão ampla de alternativas que se lhe afiguram antes da tomada de decisão, da consideração de todo o conjunto complexo de consequências que poderá ser gerado como resultado da escolha de uma alternativa e da própria escolha em face das alternativas disponíveis.

O processo de tomada de decisão implica o conhecimento prévio das condições básicas da empresa e de seu ambiente, bem como a avaliação das consequências futuras advindas das decisões tomadas; e esse conhecimento é propiciado pelas informações de que o tomador dispõe sobre as operações da empresa, de seus concorrentes, fornecedores, mercado financeiro, mercado de mão de obra, políticas governamentais etc.

Outro aspecto a salientar é que a forma de apresentação da informação pode afetar sua utilização e, portanto, a própria utilização de um sistema para a tomada de decisão. Esta questão da apresentação das informações para o processo decisório é evidenciada na etapa seguinte (ver seção 2.3.2.9).

O sucesso de uma decisão pode depender de um processo de escolha adequado, inclusive quanto a suas fases básicas.

Uma forma de estabelecer as fases do processo decisório é apresentada a seguir:

- identificação do problema;
- análise do problema, com base na consolidação das informações sobre ele. Para tanto, é necessário tratá-lo como um sistema, ou seja, interligar todas as partes do problema;
- estabelecimento de soluções alternativas;
- análise e comparação das soluções alternativas, por meio de levantamentos das vantagens e desvantagens de cada alternativa, bem como da avaliação de cada uma dessas alternativas em relação ao grau de eficiência, eficácia e efetividade no processo decisório;
- seleção de alternativas mais adequadas, de acordo com critérios preestabelecidos;
- implantação da alternativa selecionada, incluindo o devido treinamento e capacitação das pessoas envolvidas; e
- avaliação da alternativa selecionada por meio de critérios devidamente aceitos pela empresa.

As decisões podem ser classificadas em:

a) Decisões programadas

São as caracterizadas pela rotina e repetitividade, para as quais é possível estabelecer um procedimento-padrão para ser acionado cada vez que ocorra sua necessidade.

São decisões permanentes e caracterizam-se por situações bem definidas, muito repetitivas e rotineiras para as quais existem informações adequadas; e, geralmente, servem como guia da atividade administrativa, tais como objetivos, desafios, metas, políticas e procedimentos.

b) Decisões não programadas

São as não estruturadas e caracterizam-se, basicamente, pela novidade, isso porque não é possível estruturar o método-padrão para serem acionadas, dada a inexistência de referenciais precedentes, ou então porque o problema a ser resolvido, devido a sua estrutura, é ambíguo e complexo, ou ainda porque é importante que sua solução implique na adoção de medidas específicas.

Normalmente, estão inseridas num contexto de ambiente dinâmico, que se modifica rapidamente com o decorrer do tempo.

Alguns dos elementos que os executivos podem considerar no processo decisório são:

- a incerteza, que ocorre tanto no conhecimento da situação do ambiente que envolve a decisão, quanto na identificação e valoração das consequências decorrentes da opção por um curso de ação em detrimento de outras alternativas; e
- os recursos do tomador de decisão, que normalmente são limitados, prejudicando a correspondente ação. Essa é uma das razões da necessidade de estabelecer planos de ação inerentes às principais decisões da empresa. Isso porque os cursos alternativos de que a empresa dispõe competem entre si, apesar de, hipoteticamente, estarem voltados para o mesmo propósito, objetivo, meta ou desafio estabelecidos.

Na realidade, os executivos das empresas têm visualizado uma situação de crescente dificuldade na tomada de decisões.

Uma tomada de decisão pode ser considerada como uma seleção criteriosa de um curso preferencial de ação, com base em duas ou mais alternativas viáveis.

O processo de tomada de decisão tem alguns fatores de influência, entre os quais podem ser citados:

- complexidade evolutiva do mundo moderno, apresentando, cada vez mais, variáveis complexas;
- redução do tempo disponível para a tomada de decisão, pela influência de algumas variáveis, tais como a concorrência;
- velocidade das comunicações; e
- melhoramentos nos processos de informações e com expectativa de resultados a curto prazo.

A decisão pode ser tomada sob determinadas condições.

Considera-se a tomada de decisão como a busca de alternativas que satisfaçam a determinado nível mínimo objetivo, não buscando, necessariamente, a maximização dessa situação.

As situações em que as decisões são tomadas podem ser:

- tomada de decisão sob condição de certeza, em que cada curso de ação possível conduz, invariavelmente, a um resultado específico;
- tomada de decisão em condições de risco, em que cada alternativa possível conduz a um conjunto de resultados específicos associados a probabilidades conhecidas; e
- tomada de decisão em condições de incerteza, quando as probabilidades associadas aos resultados são desconhecidas.

Drucker (1962, p. 88) considera que deve ser efetuada uma análise das decisões para se estabelecer a estrutura organizacional ideal, e, para tanto, devem-se considerar os seguintes aspectos:

- que decisões são necessárias para consolidar o desempenho indispensável à realização dos objetivos da empresa;
- de que espécie são essas decisões;
- em que nível da empresa as decisões devem ser tomadas;
- que atividades elas acarretam ou afetam as decisões;
- que executivos devem participar dessas decisões, ou, pelo menos, quais devem ser previamente consultados; e
- que executivos devem ser informados, depois de tomadas as decisões.

Também deve ser analisado o aspecto do ponto mais baixo em que deve e pode ser tomada a decisão. De maneira resumida, existem duas regras relacionadas ao aspecto mencionado:

- a decisão deve ser sempre tomada no nível mais baixo possível e o mais perto possível da cena de ação; e
- a decisão deve ocorrer sempre em nível que assegure a consideração plena de todos os objetivos e atividades da empresa que sejam afetados pelos resultados da decisão tomada.

2.3.2.9 Etapa 2.9: *Estruturação dos relatórios gerenciais*

> Relatório gerencial é o documento que consolida, de forma estruturada, as informações para o tomador de decisões.

Os relatórios gerenciais sofrem influência de quatro fatores:

- da estruturação do processo decisório;
- da qualidade das informações que são alocadas nos relatórios;
- da qualidade do decisor que toma a decisão; e
- do modelo de gestão da empresa.

E o modelo de gestão sofre influência do estilo administrativo dos principais executivos da empresa, bem como dos instrumentos administrativos existentes na empresa; lembramos que a estrutura organizacional é um desses instrumentos administrativos.

O executivo, em suas tarefas diárias, tem de ajustar os dados, pois, em geral, esses nunca são insuficientes ou abundantes de forma absoluta; o que ocorre é a escassez de alguns dados relevantes e o excesso de outros dispensáveis.

À medida que aumenta a complexidade interna na empresa e no ambiente em que ela atua, o processo de tomada de decisão tende a tornar-se, também, o mais complexo. Para atender a essa situação de maneira adequada, o executivo necessita de sistemas de informação eficientes e eficazes, que processem o grande volume de dados gerados e produzam informações válidas.

Deve-se distinguir dado de informação. O que distingue um dado ou um conjunto de dados de uma informação, que auxilia no processo decisório, é o conhecimento que ela propicia ao tomador de decisões.

> Dado é qualquer elemento identificado em sua forma bruta que, por si só, não conduz a uma compreensão de determinado fato ou situação e, portanto, não possibilita a adequada tomada de decisão.

Portanto, o executivo deve obter o conhecimento com base no dado transformado, o que lhe propicia um processo dinâmico ou um elemento de ação. Essa situação dinâmica permite ao executivo posicionar-se diante de um problema ou de uma situação qualquer.

> Informação é o dado trabalhado que permite ao executivo tomar uma decisão.

Como exemplo de dados numa empresa, citam-se a quantidade de produção, o custo de matéria-prima, o número de empregados. A informação seria o resultado da análise desses dados, ou seja, a capacidade de produção, o custo de venda do produto, a produtividade do funcionário etc.

Essas informações, ao serem utilizadas pelo executivo, podem afetar ou modificar o comportamento existente na empresa, bem como o relacionamento entre as várias unidades organizacionais.

É importante salientar que essas informações devem propiciar a identificação dos problemas e das necessidades organizacionais nos vários níveis da empresa – estratégico, tático e operacional –, bem como fornecer subsídios para avaliar o impacto das diversas decisões a serem tomadas pelos executivos das empresas. Entretanto, nem sempre esse ideal tem sido obtido, apesar do volume de recursos aplicados à concepção e à operação desses sistemas.

Todo esse contexto deve estar sustentado por adequado sistema de informações.

> Sistema de informações é o processo de transformação de dados em informações. E, quando esse processo está voltado para a geração de informações que são necessárias e utilizadas no processo decisório da empresa, diz-se que esse é um sistema de informações gerenciais.

O resultado do sistema de informações gerenciais é a decisão e a base de sustentação são os relatórios gerenciais.

Geralmente, tem-se dificuldade de avaliar, de forma quantitativa, qual o efetivo benefício de um sistema de informações gerenciais e dos correspondentes relatórios gerenciais, ou seja, a melhoria no processo decisório.

Entretanto, pode-se trabalhar com base numa lista de hipóteses sobre os impactos dos sistemas de informações gerenciais na empresa, o que propicia aos executivos um entendimento, ainda que genérico, de sua importância.

Nesse sentido, pode-se afirmar que o sistema de informações gerenciais pode, sob determinadas condições, trazer os seguintes benefícios para as empresas:

- redução dos custos das operações;
- melhoria no acesso às informações, propiciando relatórios mais precisos e rápidos, com menor esforço;
- melhoria na produtividade;

- melhoria nos serviços realizados e oferecidos;
- melhoria na tomada de decisões, por meio do fornecimento de informações mais rápidas e precisas;
- estímulo para a maior interação entre os tomadores de decisão;
- fornecimento de melhores projeções dos efeitos das decisões;
- melhoria na estrutura organizacional, para facilitar o fluxo de informações;
- melhoria na estrutura de poder, proporcionando maior poder para aqueles que entendem e controlam o sistema;
- redução do grau de centralização de decisões na empresa; e
- melhoria na adaptação da empresa para enfrentar os acontecimentos não previstos.

Pelas várias questões apresentadas, verifica-se que existe um contexto interativo de influência entre o sistema de informações gerenciais e a estrutura organizacional das empresas.

2.3.3 Fase 3: Análise da capacitação profissional

> Capacitação profissional é a habilidade de identificar, adquirir e aplicar conhecimentos – conceituais, metodológicos e técnicos – em processos e atividades de sua área de atuação e/ou em toda a empresa ou negócio.

Todo executivo deve trabalhar com e por meio de pessoas. E essas pessoas realizam os trabalhos que permitem que os objetivos estabelecidos para a empresa sejam alcançados.

A eficiência de uma estrutura organizacional depende de sua qualidade intrínseca, do valor proporcionado, bem como da integração das pessoas que ela organiza.

Portanto, no desenvolvimento de uma estrutura organizacional eficiente devem-se levar em consideração o comportamento e os conhecimentos das pessoas que terão de desempenhar as funções que lhes serão atribuídas.

A questão do nível de capacitação profissional é tão importante no processo de delineamento e operacionalização das estruturas organizacionais nas empresas que surgiu, no bom sentido, o termo *personograma*, em que pode ocorrer, em maior ou menor escala, a adequação estrutural para se utilizar a plena capacitação dos profissionais existentes na empresa, naturalmente, desde que essas capacitações sejam necessárias para a empresa consolidar a sua vantagem competitiva e sustentar o seu desenvolvimento.

Mais detalhes a respeito da capacitação profissional são apresentados no Capítulo 11.

2.3.4 Fase 4: Elaboração do manual de organização com as fichas de funções

> Manual de organização é o conjunto estruturado e formal de como a empresa aloca as atribuições, os níveis de alçada e o processo decisório e de integração entre as diversas unidades organizacionais.

Esse assunto é tratado, com detalhes, no Capítulo 8.

2.3.5 Fase 5: Plano de implementação da estrutura organizacional

Pode-se afirmar que um problema de estrutura acarreta sempre um problema humano: o de preenchimento dos cargos, o qual deve ser resolvido, primeiramente, sob o seu aspecto teórico; e, abstraindo-se das características pessoais, procura-se enquadrar as qualidades e aptidões das pessoas às responsabilidades e às autoridades de cada cargo, abordadas nas unidades organizacionais da empresa.

Cada profissional da empresa tem a responsabilidade de zelar por sua unidade organizacional, procurando atualizá-la, a fim de que corresponda, em qualquer ocasião, aos objetivos fixados.

A adequada estruturação organizacional elimina duplicidade de esforços, funções desnecessárias e atritos; possibilita melhor coordenação entre as diferentes atividades, bem como atende à especialização, contribuindo para diminuir os erros e colocando os atos de decisão mais próximos dos problemas.

Com referência ao plano de implantação da estrutura organizacional, devem-se considerar três aspectos básicos:

- a mudança na estrutura organizacional;
- o processo de implantação; e
- as resistências que podem ocorrer.

Apesar da possível existência de integração dos funcionários envolvidos no processo com os técnicos responsáveis pelos trabalhos, sugere-se reforçar os aspectos inerentes aos modernos princípios de participação e desenvolver a implantação efetiva da estrutura organizacional da seguinte forma:

- análise e aprovação pela diretoria da empresa (aspectos conceituais);
- análise e aprovação pelos responsáveis das várias unidades organizacionais (aspectos conceituais e, principalmente, descritivos);
- implantação efetiva; e
- acompanhamento e avaliação do processo.

Os possíveis acertos devem ser realizados nas fases intermediárias.

Os detalhes inerentes ao plano de implementação da estrutura organizacional são apresentados na seção 9.2.

2.3.5.1   Etapa 5.1: *Atuação dos agentes de mudanças*

> Agente de mudanças é o profissional capaz de desenvolver comportamentos, atitudes e processos que possibilitem à empresa transacionar, proativa e interativamente, com os diversos instrumentos administrativos da empresa, bem como com os fatores externos não controláveis pela empresa.

Os detalhes inerentes aos agentes de mudanças que atuam no processo de estruturação organizacional são apresentados na seção 9.3.

2.3.5.2   Etapa 5.2: *Otimização do processo de mudança organizacional*

Alguns dos aspectos que devem ser considerados no processo de mudança na estrutura organizacional são:

- ter ciência de que a estrutura organizacional mais adequada depende da atual;
- atentar para a necessidade de antecipar forças restritivas e propulsoras que podem ter influência no processo de mudança da estrutura;
- considerar a importância do fator humano, principalmente quanto aos níveis de conhecimento, capacitação e habilidade profissional;

- atentar se a qualidade técnica da nova estrutura organizacional é insuficiente para o sucesso da mudança;
- considerar a importância do planejamento da mudança, para evitar ou minimizar possíveis problemas maiores em sua efetivação;
- ter conhecimento de que antes de mudar a estrutura organizacional, é necessário verificar se não há uma situação alternativa mais adequada;
- ter sempre em mente a importância do processo participativo, embora essa importância seja relativa, pois durante uma reunião participativa para discutir uma mudança as forças podem estar contra suas ideias básicas; e
- ter conhecimento de que, antes de efetivar a mudança, é necessário identificar e analisar o problema, bem como o que será mudado e quais as variáveis a serem consideradas.

Para reforçar os aspectos apresentados, devem-se:

- elaborar a estrutura organizacional em cooperação com seus principais responsáveis; e
- considerar que antes da promulgação da nova estrutura organizacional, é necessário submeter o texto à apreciação das equipes de responsáveis de mesmo nível hierárquico.

Com referência aos detalhes do processo de mudança organizacional, ver seções 9.4, 9.5 e 9.6.

2.3.6 Fase 6: Interligação da estrutura organizacional com outros instrumentos administrativos das empresas

Esse é um assunto de elevada importância, pois proporciona os seguintes benefícios para as empresas:

- mais sustentação para a estrutura organizacional, pois as realidades dos outros instrumentos administrativos são transferidas para a estrutura organizacional, e vice-versa;
- maior rapidez e qualidade no processo de capacitação profissional, pois a abrangência das tarefas e dos processos se torna maior;

- maior visualização do todo pela efetiva interação entre as diversas atividades e processos da empresa; e
- forte sinergia positiva, em que o todo é maior que a soma das partes e, portanto, o processo decisório fica otimizado.

Para facilitar o entendimento, são apresentadas, de forma resumida, interligações de cinco instrumentos administrativos com a estrutura organizacional:

- planejamento estratégico;
- orçamento;
- relatórios gerenciais;
- avaliação de desempenho; e
- análise da capacitação.

É importante notar que os instrumentos administrativos exemplificados se interligam entre si, antes e/ou após a interligação com a estrutura organizacional. Essa situação consolida uma realidade da empresa como um sistema global integrado, o qual é um princípio básico da moderna administração.

A. Interligação da estrutura organizacional com o planejamento estratégico

Essa interligação é considerada, na prática, como a principal premissa da otimizada estruturação organizacional.

Essa questão foi elaborada na seção 2.3.1, quando do estabelecimento da Fase 1 e das seis etapas correspondentes, na metodologia de desenvolvimento, implementação e avaliação da estrutura organizacional das empresas.

O foco básico dessa interligação se inicia no estabelecimento das estratégias, as quais são fundamentais para a consolidação dos objetivos e das metas das empresas.

Foi verificado que toda e qualquer estratégia – a qual pode ser representada por uma simples frase – deve se consolidar em um ou mais projetos, os quais possibilitam a implementação das estratégias anteriormente estabelecidas.

A identificação dos projetos é de suma importância, pois neles é que estão relacionados os profissionais responsáveis, as datas de início e de término de cada um dos trabalhos a serem realizados, os resultados finais esperados, bem como os recursos a serem alocados ao longo do desenvolvimento dos trabalhos.

Posteriormente, todas as partes comuns dos diferentes projetos são agrupadas, constituindo os planos de ação, os quais são alocados nas diversas unidades organizacionais da empresa.

Essa situação pode ser visualizada na Figura 2.8:

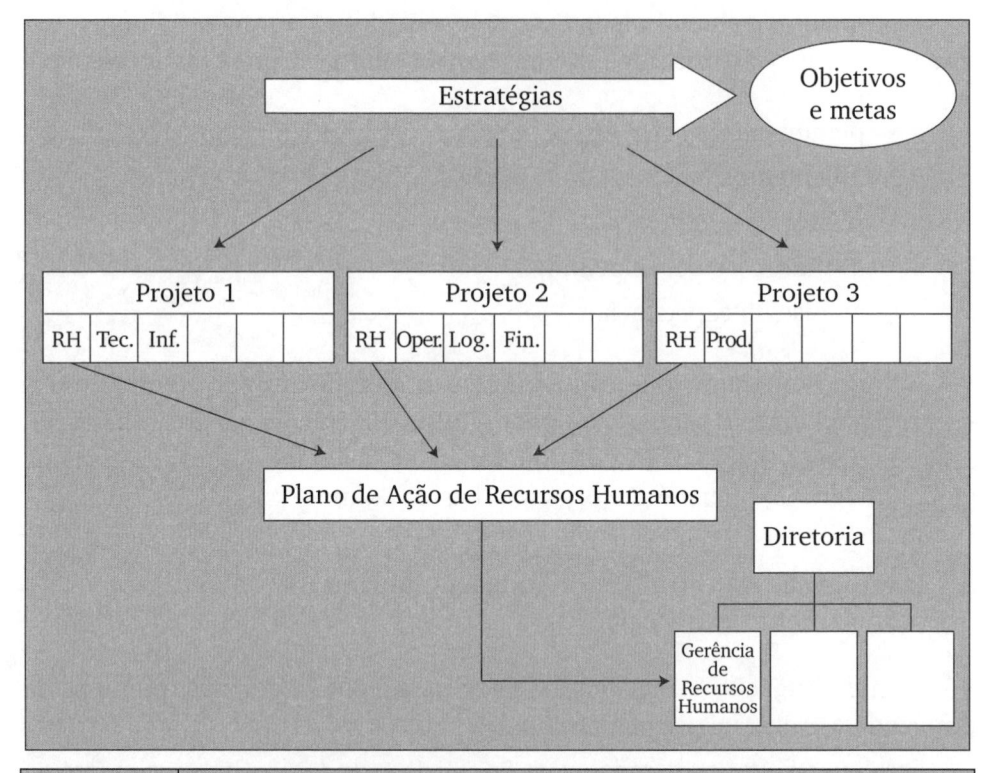

Figura 2.8 | *Interligação da estrutura organizacional com o plano estratégico.*

B. Interligação da estrutura organizacional com o orçamento

A interligação da estrutura organizacional com o orçamento é uma complementação da interligação anterior.

Nesse caso, os vários projetos decorrentes das estratégias estabelecidas são alocados ao longo do tempo; e lembrando que os projetos, pela própria definição, têm os seus recursos distribuídos em contas contábeis de receitas, despesas e investimentos, o que possibilita fácil alocação das atividades – partes do projeto – nas contas orçamentárias, que devem ser idênticas às dos projetos ao longo do tempo.

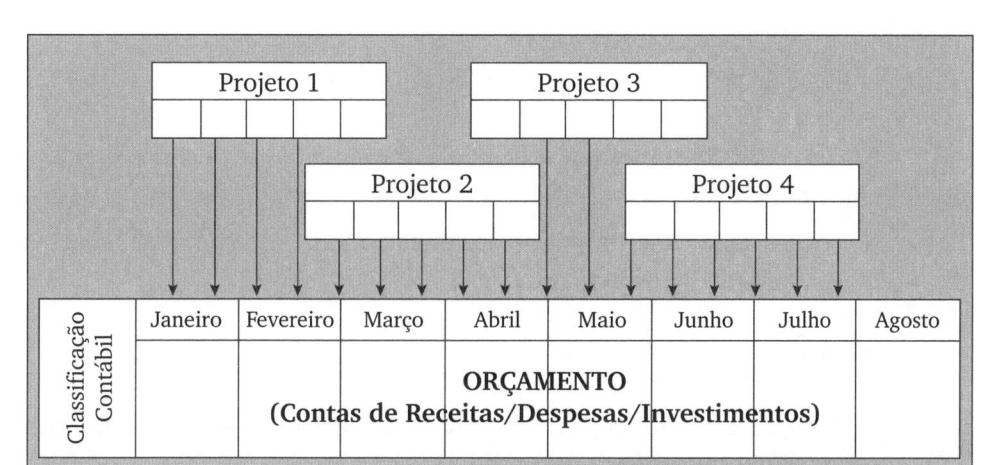

Essa situação pode ser visualizada na Figura 2.9:

Classificação Contábil	Janeiro	Fevereiro	Março	Abril	Maio	Junho	Julho	Agosto
				ORÇAMENTO (Contas de Receitas/Despesas/Investimentos)				

Com Projeto 1, Projeto 2, Projeto 3 e Projeto 4 alocados acima dos meses.

Figura 2.9 | *Interligação da estrutura organizacional com o orçamento.*

Verifica-se que os projetos podem ser realocados ao longo do tempo, de acordo com a alteração de suas prioridades, propiciando uma atualização, em *tempo real*, do orçamento empresarial.

Deve-se lembrar que o orçamento empresarial tem dois grandes grupos de contas:

- as contas-correntes, que se referem a receitas e, principalmente, a despesas correntes, as quais podem ser orçadas, independentemente das realizações das empresas, tais como aluguéis, salários e encargos, e outras; e
- as contas esporádicas, as quais são originárias principalmente dos projetos, que devem ser decorrentes das estratégias das empresas.

Salienta-se que, a partir do orçamento, pode-se extrapolar a interligação da estrutura organizacional com o sistema de custos, bem como o fluxo de caixa projetado e o balanço projetado.

E, para o caso de se interligar a estrutura organizacional com o orçamento em nível de centro de resultados ou centro de custos, correspondentes às unidades organizacionais, devem-se utilizar os planos de ação decorrentes das partes comuns dos diferentes projetos, conforme explicado no item anterior (planejamento estratégico).

C. Interligação da estrutura organizacional com os relatórios gerenciais

Nesse aspecto, o ideal é recorrer a dois grupos de informações:

- de um lado, dos objetivos, estratégias e políticas decorrentes do plano estratégico; e
- de outro lado, das unidades organizacionais das empresas, com os seus executivos responsáveis.

Isso porque:

- os objetivos e metas proporcionam as informações básicas a respeito dos resultados a serem alcançados;
- as estratégias – e os projetos correspondentes – proporcionam informações a respeito das ações que devem ser desenvolvidas para alcançar os objetivos e metas;
- as políticas fornecem as informações inerentes aos assuntos que devem ser respeitados pela empresa;
- as unidades organizacionais fornecem informações a respeito das responsabilidades e autoridades, bem como do processo decisório e das comunicações a serem operacionalizadas pela empresa; e
- a análise dos executivos da empresa fornece as informações básicas a respeito da individualidade e do *jeito* de administrar de cada profissional da empresa.

Portanto, o ideal é que os relatórios gerenciais estejam no *meio de campo* entre as questões estratégicas e as questões organizacionais das empresas.

Neste contexto, os relatórios gerenciais também servem como foco de análise da qualidade administrativa das empresas.

Essa situação pode ser visualizada na Figura 2.10:

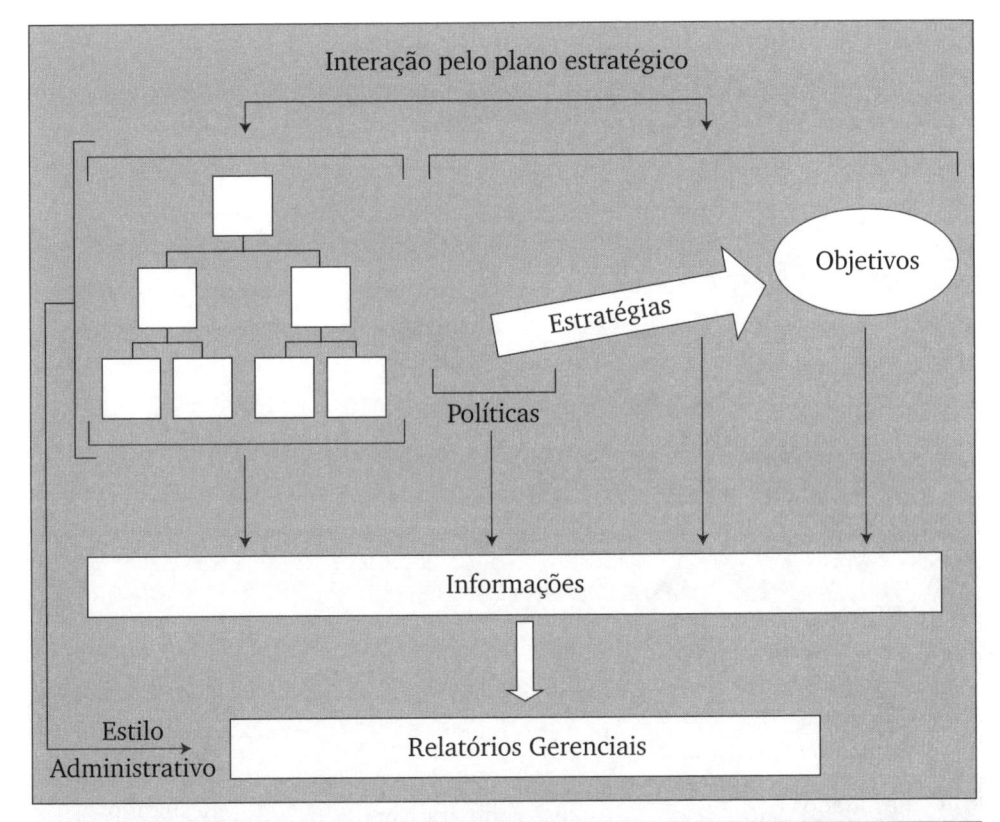

Figura 2.10 | *Interligação da estrutura organizacional com os relatórios gerenciais.*

D. Interligação da estrutura organizacional com a avaliação de desempenho

Para fazer essa interligação, obrigatoriamente deve-se recorrer ao plano estratégico.

Isso porque as avaliações de desempenho de forma subjetiva, em que se verifica se o profissional é criativo ou não, sabe ou não se comunicar, sabe ou não trabalhar em equipe, está caindo em desuso, para dar lugar a avaliações mais objetivas, as quais estejam correlacionadas aos resultados esperados pela empresa, a partir dos objetivos e das metas estabelecidos no plano estratégico.

Essa situação pode ser visualizada na Figura 2.11:

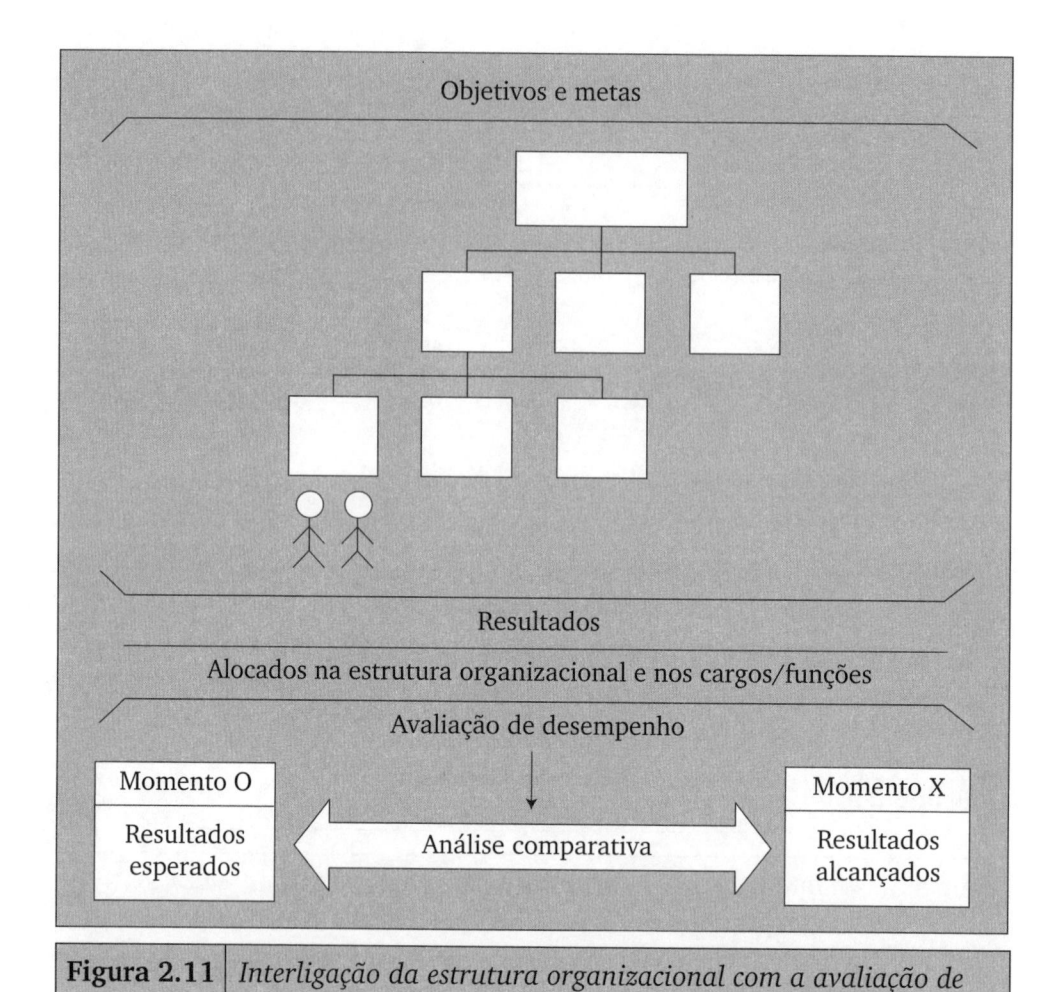

Figura 2.11 | *Interligação da estrutura organizacional com a avaliação de desempenho.*

É inquestionável o maior nível de motivação proporcionado por avaliação de desempenho sustentado por questões objetivas, ao invés de questões subjetivas.

E. Interligação da estrutura organizacional com a análise da capacitação

Nesse caso, a interligação também deve se originar das estratégias estabelecidas no plano estratégico.

Isso porque se está, dessa forma, correlacionando o nível de capacitação desejada com as ações e estratégias que a empresa vai desenvolver e operacionalizar ao longo do tempo.

Com base nas estratégias, são estabelecidos os projetos – indicando as atividades a serem desenvolvidas – e os processos – estabelecendo a normatização das atividades –, os quais permitem identificar as capacitações que serão necessárias ao longo do tempo na empresa.

Essa situação pode ser visualizada na Figura 2.12:

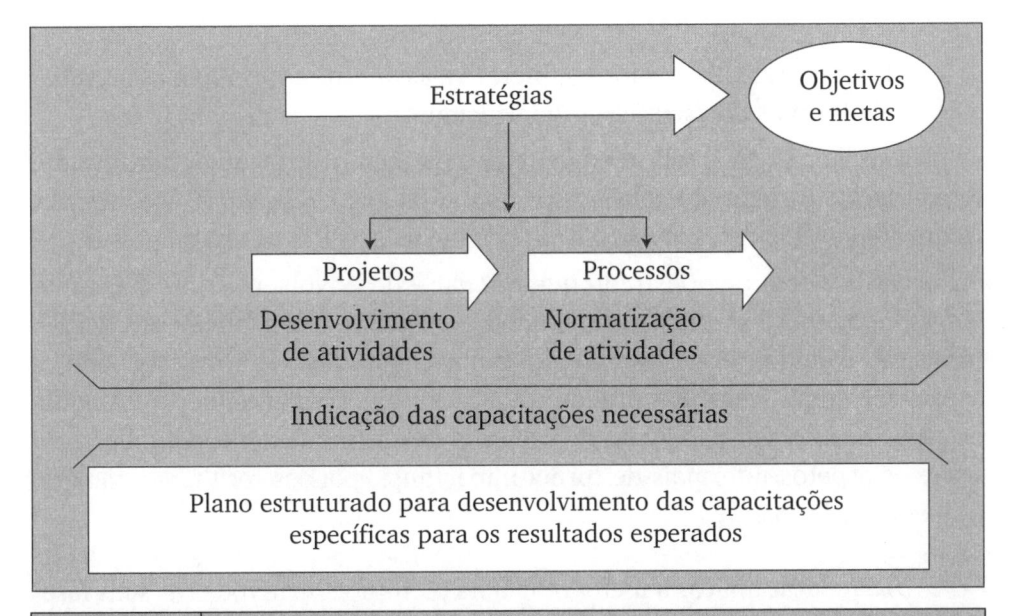

```
Estratégias ──────▶ Objetivos e metas
    │
    ▼
Projetos          Processos ──────▶
Desenvolvimento   Normatização
de atividades     de atividades

Indicação das capacitações necessárias

Plano estruturado para desenvolvimento das capacitações
específicas para os resultados esperados
```

Figura 2.12 | *Interligação da estrutura organizacional com a análise da capacitação*

2.3.7 Fase 7: Avaliação e aprimoramento da estrutura organizacional

Avaliação e aprimoramento são processos de efetuar comparações com padrões previamente estabelecidos, para medir o desempenho e o resultado das ações, com a finalidade de realimentar os tomadores de decisão, de forma que possam corrigir e, preferencialmente, melhorar esse desempenho e os resultados correlacionados, de forma evolutiva, gradativa, acumulativa e sustentada.

Os detalhes inerentes ao processo de avaliação e de aprimoramento da estrutura organizacional são apresentados no Capítulo 10.

2.4 ALGUMAS PRECAUÇÕES NA APLICAÇÃO DA METODOLOGIA

A seguir, são apresentadas algumas precauções, sem qualquer ordem de prioridade, que podem ser consideradas por você, com base em experiência do autor em serviços de consultoria em empresas de diversos ramos.

São elas:

a) Saber trabalhar de forma interativa as questões formais e as questões informais da estrutura organizacional

Na seção 2.2, foi explicado que toda e qualquer estrutura organizacional tem aspectos formais – estabelecidos no manual de organização – e aspectos informais, muitos deles invisíveis aos principais executivos das empresas.

A prática tem demonstrado que o ideal é desenvolver as sete fases e as correspondentes 17 etapas da metodologia para o desenvolvimento, implementação e avaliação da estrutura organizacional das empresas, focando os aspectos formais, mas procurando identificar, analisar, entender e trabalhar os aspectos informais ao longo de cada um desses momentos, evitando atuar sobre os aspetos informais de forma impactante, pois os resultados são, geralmente, inócuos.

b) Procurar aplicar a metodologia na plenitude, com todas as suas fases e etapas

A metodologia apresentada na seção 2.3 deve ser aplicada na plenitude; caso contrário, os resultados podem ser inadequados.

Se você não gostou da metodologia apresentada, deve aplicar uma outra, desde que essa seja completa e sua operacionalização seja plena.

Muitas metodologias administrativas são questionadas quanto aos resultados apresentados, mas deve-se perguntar, no mínimo:

- a metodologia utilizada é completa e já foi testada com sucesso?
- a metodologia está sendo aplicada na plenitude?
- todos os envolvidos entendem a metodologia (seus conceitos, sua abordagem, sua amplitude, suas partes, suas interligações, suas técnicas auxiliares)?
- foram feitas as possíveis adaptações para a realidade da empresa, mas sem se perder o contexto geral da metodologia básica?

c) Criar processo de análise e de debate ao longo do desenvolvimento das diversas fases e etapas da metodologia

Essa questão fortalece a precaução anterior, pois toda metodologia administrativa é um processo e, portanto, deve ser desenvolvida em partes interligadas e evolutivas, propiciando amplo debate ao longo de sua operacionalização.

Lembre-se! Uma das melhores maneiras de se aprender algo é *na tarefa* – fazendo! – e em *tempo real* – quando os fatos estão acontecendo.

E se esse processo de análise e debate for amplo, envolvendo o maior número de profissionais da empresa, melhores e mais rápidos serão os resultados e menores serão as resistências à nova estrutura organizacional.

d) Implementar o resultado de cada fase de forma gradativa e evolutiva, com elevado grau de questionamento

Essa precaução é apresentada como reforço às precauções anteriores.

e) Tomar especial cuidado na interligação da estrutura organizacional com os outros instrumentos administrativos da empresa

Na Fase 6 – ver seção 2.3.6 – da metodologia, foram apresentadas, de forma resumida, as interligações da estrutura organizacional com cinco instrumentos administrativos: planejamento estratégico, orçamento, relatórios gerenciais, avaliação de desempenho e análise da capacitação.

Essas interligações citadas – e outras, dentro do princípio do máximo de interligações possível – devem ser bem elaboradas, no mínimo porque cada instrumento administrativo estará "ajudando" os outros, atuando como entrada e/ou como saída de informações dos outros instrumentos administrativos.

f) Ficar atento ao nível de capacitação das pessoas quanto às atribuições de cada unidade organizacional

Um erro muito comum é desenvolver uma otimizada estrutura organizacional e, no momento de cuidar de sua operacionalização, trabalhar com profissionais que não tenham o nível de capacitação necessário para que os resultados esperados pela empresa se consolidem.

Ocorrendo essa situação, há duas hipóteses básicas:

- desacelerar a velocidade do processo de mudança organizacional e investir na adequação da capacitação profissional; ou
- efetuar as trocas necessárias dos profissionais que não se enquadram no nível de capacitação necessário.

Sem entrar no mérito das particularidades e necessidades específicas de cada empresa, pode-se afirmar que a primeira hipótese, desde que viável e bem administrada, tem-se apresentado a mais interessante e, principalmente, a mais sustentada ao longo do tempo, além da questão de maior nível motivacional e de comprometimento para com os resultados da empresa.

> g) Ter otimizados indicadores de desempenho da estrutura organizacional que sejam adequadamente incorporados pela empresa

Na seção 2.3.7 – Fase 7 da metodologia – foram abordadas algumas questões inerentes à avaliação da estrutura organizacional, sendo que os detalhes são apresentados no Capítulo 10, principalmente na seção 10.7.

Embora geralmente exista alguma dificuldade no estabelecimento de indicadores de desempenho da estrutura organizacional das empresas, deve-se fazer um esforço para a sua consolidação e análise, ainda que, principalmente nos primeiros momentos, surjam alguns questionamentos – válidos ou não – quanto à forma e ao conteúdo do processo de avaliação da estrutura organizacional.

Mas apenas através desse processo evolutivo – e, muitas vezes, tentativo – de avaliação é que a estrutura organizacional das empresas poderá se consolidar como importante instrumento administrativo de sustentação das vantagens competitivas das empresas de sucesso.

RESUMO

Neste capítulo, foi apresentada uma metodologia – com 7 fases e 17 etapas – para o adequado desenvolvimento, implementação e avaliação das estruturas organizacionais das empresas.

Foi demonstrado que o ideal é as empresas trabalharem, juntamente com as estruturações formais e informais, usufruindo as vantagens de cada um desses tipos.

QUESTÕES PARA DEBATE

1. Pesquisar outras metodologias de desenvolvimento, implementação e avaliação da estrutura organizacional nas empresas, bem como identificar e

analisar os pontos comuns e divergentes com a metodologia apresentada neste capítulo.
2. Com base na questão anterior, identificar e analisar as vantagens e as desvantagens de cada metodologia.
3. Aprofundar a questão da metodologia de desenvolvimento, implementação e avaliação da estrutura organizacional e delinear uma metodologia que melhor se adapte à empresa ou faculdade em que você atua.

CASO: ELABORAÇÃO DO PLANO DE DESENVOLVIMENTO, IMPLEMENTAÇÃO E AVALIAÇÃO DA ESTRUTURA ORGANIZACIONAL DA ALPHA PECUÁRIA, AGRÍCOLA, INDÚSTRIA E COMÉRCIO LTDA.

Ao final do capítulo anterior você realizou uma análise – com o nível de detalhes inerente ao seu conhecimento atual – da estrutura organizacional da Alpha Pecuária, Agrícola, Indústria e Comércio Ltda.

Apesar de a Alpha ter uma estrutura organizacional formal, a estrutura informal *corre solta*, principalmente quando lembramos que a Alpha é uma empresa familiar.

O nível de influência da estrutura informal tem aumentado na medida em que as novas gerações vão assumindo cargos na empresa.

E essa situação de influência da estrutura informal extrapola os parentes profissionais da Alpha, pois os parentes que não estão ocupando cargos na empresa procuram dar palpites para todas as questões, o que está gerando um clima organizacional – e familiar – bastante problemático.

Nesse contexto, o Presidente da Alpha colocou em debate e conseguiu a aprovação de se iniciar um processo de plena profissionalização na empresa, sendo que os representantes das famílias passariam a ocupar, a médio prazo, dois conselhos:

- Conselho de Família, com a responsabilidade básica de administrar os bens das três famílias, assim como identificar e analisar o desenvolvimento de novos negócios; e
- Conselho de Administração, com a responsabilidade básica de estabelecer os principais objetivos – resultados –, estratégias – ações – e políticas – leis – da Alpha.

Para consolidar essa nova realidade, foi decidido que o primeiro passo seria contratar você, consultor em questões organizacionais e estratégicas, para coordenar o processo de desenvolvimento, implementação e avaliação de uma nova estrutura organizacional na Alpha.

Para tanto, você seguiu, passo a passo, a metodologia apresentada na seção 2.3.

Ainda que o faça de forma resumida, é muito importante que você siga, na ordem apresentada, cada fase e etapa da metodologia evidenciada, pois só assim você terá certeza de que analisou todos os assuntos necessários.

Inclusive, esse procedimento proporcionará condições para você fazer uma autoavaliação do seu nível de conhecimento de cada assunto, além de entender a lógica de todo o processo apresentado na referida metodologia.

Naturalmente, serão necessárias várias complementações – de sua parte – quanto à realidade da Alpha; mas deve ir alocando essas situações idealizadas por você de acordo com o desenvolvimento das fases e etapas da metodologia.

Essa situação de *caso aberto* é de elevada importância para o processo de aprendizado e assimilação do assunto *estrutura organizacional*, de acordo com o seu prévio nível de conhecimento.

Salienta-se que alguns aspectos da realidade da Alpha são apresentados no *caso* do Capítulo 3, os quais você pode considerar agora, mas também começar a analisar os próximos passos do trabalho, que são apresentados nos capítulos subsequentes.

3
Departamentalização

"Não se preocupe com quem é o pai da ideia; escolha as melhores e vá em frente."

Steve Jobs

3.1 INTRODUÇÃO

Neste capítulo, são apresentados os aspectos básicos da departamentalização das empresas, correspondentes à etapa 2.1 da metodologia de desenvolvimento, implementação e avaliação da estrutura organizacional das empresas.

A departamentalização pode ser considerada como a parte da estrutura organizacional que é a mais conhecida e utilizada pelas empresas.

Muitas vezes, quando se pergunta a respeito da estrutura organizacional de uma empresa, a única resposta que se obtém é quanto à sua departamentalização, com base na apresentação do organograma. Portanto, a resposta geralmente é incompleta e, algumas vezes, irreal quanto à realidade da estruturação organizacional da empresa considerada.

> Departamentalização é o agrupamento, de acordo com um critério específico de homogeneidade, das atividades e correspondentes recursos – humanos, financeiros, tecnológicos, materiais e equipamentos – em unidades organizacionais.

Essa questão do processo de agrupamento de atividades e recursos é fundamental para a otimizada coordenação dos trabalhos nas empresas.

Pode-se considerar que esses agrupamentos, representados pela departamentalização, podem apresentar, pelo menos, quatro contribuições para as empresas:

- estruturação do sistema de supervisão comum entre as funções e entre as unidades organizacionais da empresa;
- obrigam as funções e as unidades organizacionais a compartilharem recursos e conhecimentos comuns;
- criam medidas de desempenho comuns, aprimorando a coordenação das funções; e
- encorajam o ajuste mútuo, principalmente através de interações informais (Mintzberg, 2003, p. 59).

A estrutura é representada graficamente pelo organograma, o qual, entretanto, não apresenta todos os aspectos da estrutura organizacional.

> Organograma é a representação gráfica de determinados aspectos da estrutura organizacional.

No fim deste capítulo, você estará em condições de responder a algumas perguntas, tais como:

- Quais os tipos de departamentalização que uma empresa pode utilizar?
- Quais são os tipos de departamentalização que podem ser considerados mais tradicionais? E mais modernas?
- Quais as vantagens de cada tipo de departamentalização?
- Quais as precauções a serem evidenciadas no uso de cada tipo de departamentalização?
- Como estabelecer a melhor departamentalização para uma empresa específica?

3.2 DEPARTAMENTALIZAÇÕES MODERNAS

Alguns tipos de departamentalização podem ser considerados mais modernos que outros, principalmente no contexto de poder provocar maior impacto e atuar com maior abrangência nas empresas.

As departamentalizações modernas estão mais voltadas para a inovação do que para as atividades de rotina e, portanto, apresentam as seguintes características gerais:

- maior enfoque em atividades não repetitivas;
- maior imprevisibilidade de análise e de decisão;
- maior amplitude de análise;
- problemas mais complexos;
- tecnologia mais complexa;
- ciclos mais longos de desenvolvimento e consolidação das atividades nas empresas;
- elevada criatividade;
- elevado grau de incertezas; e
- maior desenvolvimento da motivação e da capacitação profissional.

Naturalmente, essas características são apresentadas em termos comparativos com as departamentalizações mais tradicionais, bem como não são todas as departamentalizações modernas que apresentam todas as características anteriormente evidenciadas.

A divisão de departamentalizações apresentada pelo autor pode gerar questionamentos, principalmente quanto à departamentalização por processos, mas, ao ser avaliada a seção 3.2.4, vai-se verificar que a abrangência e a amplitude da departamentalização por processos apresentada são bem maiores do que as normalmente evidenciadas nos livros, o que cria outro contexto de análise.

Existem algumas departamentalizações que podem ser consideradas mais modernas do que outras, entre as quais se podem considerar:

- governança corporativa;
- rede de integração entre empresas;
- unidade estratégica de negócios; e
- departamentalização por processos.

A seguir são apresentados os aspectos principais – características, vantagens e precauções na aplicação – de cada um desses quatro tipos mais modernos de departamentalização.

3.2.1 Governança corporativa

Esse tipo de departamentalização está bem mais detalhado, pelo simples fato de que estão ocorrendo algumas dúvidas no seu desenvolvimento e implementação.

Na realidade, essas dúvidas são *saudáveis*, pois decorrem, principalmente, da elevada amplitude e abordagem de sua aplicação pelas empresas, proporcionando os mais diversos e interessantes resultados para o modelo de gestão das empresas.

A questão da aplicação prática da governança corporativa deve passar, antes, por profundo debate, pois, embora esse assunto esteja na moda, podem surgir dúvidas, inclusive algumas de forma desnecessária, por causa das seguintes razões principais:

- o assunto *governança corporativa* é relativamente recente e pode provocar dúvidas gerais e específicas, quanto à sua efetiva realidade. Essa dúvida será sanada nesta seção do livro;

- a aplicação da governança corporativa nas empresas pode ter diferentes origens e necessidades, tais como questões administrativas – como o desenvolvimento da capacitação profissional –, questões estratégicas – como o desenvolvimento de novos negócios –, questões legais – como o processo sucessório – e questões societárias – como as interações das empresas com os sócios minoritários. Essa dúvida será sanada por este livro a partir de uma abordagem genérica de governança corporativa, mas sem entrar nos detalhes específicos de cada assunto; e
- a forma ideal de desenvolver e implementar a governança corporativa nas empresas. Essa dúvida será resolvida pela apresentação de uma metodologia, ainda que de forma resumida, para o desenvolvimento e a implementação de governança corporativa nas empresas.

Para dar foco a esse debate, o primeiro passo é consolidar um conceito de governança corporativa, mas que tenha uma amplitude adequada, para considerar todos os componentes e fatores de influência da governança corporativa nas empresas.

> Governança corporativa é o modelo de gestão que, a partir da otimização das interações entre acionistas ou cotistas, conselhos – administração, fiscal, deliberativo e consultivo –, auditorias – externa e interna –, comitês e diretoria executiva, proporciona a adequada sustentação para o aumento da atratividade da empresa no mercado – financeiro e comercial – e, consequentemente, incremento no valor da empresa, redução do nível de risco e maior efetividade da empresa ao longo do tempo.

Considerando as partes dessa definição de governança corporativa, podem-se analisar e debater – com maiores ou menores detalhes – os seguintes assuntos:

a) Modelo de gestão

> Modelo de gestão é o processo estruturado, interativo e consolidado de desenvolver e operacionalizar as atividades de planejamento, organização, direção e avaliação dos resultados, visando ao crescimento e ao desenvolvimento sustentado da empresa.

O modelo de gestão agrega o estilo administrativo e o conjunto dos instrumentos administrativos consolidados na empresa.

A sugestão é que ocorra amplo debate do modelo de gestão a ser consolidado na empresa e que esse processo seja perfeitamente assimilado por todos os profissionais envolvidos na questão.

A prática tem demonstrado que todas as vezes em que o modelo de gestão é perfeitamente entendido e assimilado por todos os envolvidos, o processo administrativo se torna muito mais fácil e de melhor qualidade.

Infelizmente, muitas vezes se pergunta aos principais executivos de uma empresa: "Qual é o modelo de gestão?", e essas pessoas não sabem responder.

Não é necessário debater as consequências decorrentes dessa situação.

b) Interações e relacionamentos com os acionistas ou cotistas

Nesse ponto, as empresas devem consolidar, de forma estruturada e sustentada, um processo sistemático e transparente de informações a todos os acionistas ou cotistas, independentemente da sua representatividade e atuação para com a empresa.

Essas informações devem considerar dois momentos:

- o atual e sua análise comparativa para com os resultados antecipadamente estabelecidos; e
- o futuro e sua análise dos projetos a serem consolidados e dos resultados esperados.

As informações devem ser verdadeiras e, preferencialmente, comentadas, pois essa é uma forma de *trazer o leitor* para a realidade administrativa da empresa.

Tem-se observado que a transparência e a veracidade nas informações, de forma sistemática, representam o principal fator de sustentação para a atratividade das empresas.

c) Interações e relacionamentos do conselho de administração

Esse pode ser considerado, em significativa parte das vezes, o *calcanhar de Aquiles* da eficácia da governança corporativa nas empresas.

Na realidade, essa situação poderia ser resolvida se as empresas estivessem atentas a algumas precauções, tais como:

- ênfase cada vez maior nos conselheiros independentes, ou seja, que não tenham qualquer tipo de ligação de interesse de negócio com a

empresa, quer seja no passado, quer no presente. A finalidade dessa precaução é que não ocorram conflitos de interesses;
- como decorrência da realidade do item anterior, e pelo fato de os conselheiros serem profissionais de "meio-período" nas empresas, o seu nível de conhecimento da realidade da empresa geralmente é baixo e, portanto, a sua qualidade decisória é, em significativa parte das vezes, problemática, quer seja sob o ponto de vista das demoras, quer seja sob o ponto de vista das decisões distorcidas da realidade;
- essa situação anterior leva a outro problema, que é a falta de estruturação de informações entre o Conselho de Administração e a Diretoria Executiva, pois as realidades administrativas dessas duas unidades organizacionais podem ser bem diferentes;
- uma quarta precaução é quanto à falta de definição das atribuições e do *papel* que os diversos órgãos, como o Conselho de Administração, devem assumir nas empresas. Muitas vezes se observa que os estatutos sociais e os regimentos internos das empresas são altamente descritivos quanto às atribuições dos diversos órgãos da alta administração, mas não explicam, via processos estruturados, como se deve consolidar a interação entre essas unidades organizacionais. Salienta-se que esse problema também é realidade quando se consideram a Assembleia Geral, o Conselho Fiscal, o Conselho Consultivo e outros órgãos que possam existir na empresa;
- a existência de uma *inércia criativa*, em que os conselheiros continuam fazendo o que sempre fizeram, sem se preocupar com a criatividade, a inovação, o diferenciado, o impactante. Isso é uma realidade para todo ser humano, pois as pessoas gostam de opinar, com responsabilidade, sobre o que já conhecem, quanto à sua aplicação e aos resultados alcançados;
- a dificuldade de se trabalhar em uma equipe com diferentes realidades, experiências, conhecimentos e expectativas. O trabalho em um ambiente de diversidade é altamente válido e produtivo, desde que existam tempo disponível, informações estruturadas e, principalmente, líderes habilidosos; e
- diante do apresentado, como um conselheiro pode, efetivamente, atuar no delineamento das estratégias das empresas?

Essa é a principal questão para a qual o conteúdo dessa seção do livro procura apresentar uma proposta de solução para esse que é o grande problema da atuação dos conselheiros de administração.

d) Interações e relacionamentos do Conselho Fiscal

Os comentários quanto ao Conselho Fiscal são parecidos com os comentários quanto ao Conselho de Administração, quando se trata da governança corporativa, salvo a questão do tipo de conhecimento básico do conselheiro fiscal, que deve estar direcionado:

- à controladoria e seus aspectos de contabilidade, custos, orçamento, tesouraria e relatórios gerenciais;
- aos processos administrativos, inclusive em suas interações estruturadas; e
- às questões legais, em suas várias abordagens.

A prática tem demonstrado que o grande problema na adequada atuação dos conselheiros fiscais é a falta de conhecimentos específicos que possibilitem suas otimizadas atuações nas empresas.

Inclusive, essa falta de conhecimento específico tem provocado um viés problemático para as empresas, que é o trabalho conjunto – e único – do Conselho Fiscal e da auditoria externa e/ou interna.

Isso porque o ideal, dentro da abordagem da governança corporativa, é:

- a auditoria interna realizar suas análises e pareceres e apresentá-los para o Presidente Executivo (ou outro título do principal cargo executivo da empresa);
- a auditoria externa realizar suas análises e pareceres e apresentá-los para o Conselho de Administração; e
- o Conselho Fiscal realizar suas análises e pareceres e apresentá-los para a Assembleia Geral.

Mais que tudo, esse processo deve ser realizado de forma independente e acumulativa, além de questionadora e verificadora.

Essa é a forma ideal de as empresas consolidarem a atuação dos órgãos verificadores do nível de respeito aos processos estabelecidos e às leis vigentes.

e) Interações e relacionamentos da auditoria externa ou independente

Nessa questão é referenciado o apresentado no item anterior – Conselho Fiscal – quanto à efetiva independência de atuação da auditoria externa e sua interação com o Conselho de Administração – quanto à apresentação de suas análises e pareceres – e com o Conselho Fiscal – quanto à apresentação de relatórios que serão complementados e detalhados pelos conhecimentos e pela abordagem de análise dos conselheiros fiscais.

f) Interações e relacionamentos da auditoria interna

Nessa questão, também é referenciado o apresentado na questão do Conselho Fiscal, mas com os seguintes comentários extras:

- a análise da auditoria interna deve ser bem mais detalhada e processual que a auditoria externa; e
- a auditoria interna também deve atuar na abordagem de auditoria de gestão.

> Auditoria de gestão é o processo estruturado de análise da adequada aplicação do estilo administrativo e dos instrumentos administrativos desenvolvidos na busca de resultados estabelecidos no plano estratégico – através de estratégias, políticas, projetos e planos de ação –, sustentado pela estrutura organizacional – representada pelas responsabilidades, autoridades, comunicações e processo decisório – e de acordo com os indicadores de desempenho e os processos implementados na empresa.

Quando a auditoria interna amplia o seu papel nas empresas e chega a atuar na auditoria de gestão, tem a oportunidade de consolidar o seu melhor modelo de atuação nas empresas.

g) Interações e relacionamentos da diretoria executiva

A diretoria executiva pode ser considerada a parte central da governança corporativa e, portanto, deve ser a unidade organizacional que esteja melhor funcionando nas empresas.

A razão básica dessa situação está centrada em dois aspectos:

- a diretoria executiva como o centro catalisador das informações da empresa; e
- a diretoria executiva como o centro catalisador do processo decisório da empresa.

Pode-se afirmar que o adequado funcionamento e atuação da diretoria executiva é a razão do sucesso – ou não – da governança corporativa.

h) Aumento da atratividade da empresa no mercado financeiro – acesso ao capital externo – e comercial

A governança corporativa, sustentada pela adequada transparência de informações, pode ser considerada a razão básica do aumento da atratividade de uma empresa, quer seja no mercado financeiro, quer no mercado comercial.

Na realidade, a transparência de informações deve se consolidar como um processo, como uma *personalidade* da empresa.

Mas não é fácil uma empresa consolidar esse processo de transparência de informações; e as que conseguem essa situação têm um diferencial competitivo – baseado no modelo de gestão – bastante forte, sustentado e interessante.

i) Redução do nível de risco da empresa

Embora alguns leitores possam não concordar – por causa de modelos tradicionais de administração –, a governança corporativa efetivamente pode reduzir o nível de risco das empresas, entre outras razões por:

- apresentar uma forma transparente de informações, lembrando que só consegue essa situação quem efetivamente se autoconhece;
- propiciar uma interação estruturada e lógica entre todas as unidades organizacionais da empresa; e
- forçar o incremento da capacitação profissional de todos os envolvidos.

j) Mais efetividade, perenidade e perpetuidade da empresa

À medida que as empresas se conhecem, bem como passam a conhecer os seus diversos públicos – funcionários, acionistas/cotistas, governo, clientes, fornecedores –, fica mais fácil entender seus negócios, produtos e serviços, bem como seus concorrentes, e ainda a sua realidade própria, ou seja, o mundo em que as empresas vivem e, portanto, conseguem visualizar o futuro de maneira mais lógica, transparente, fácil e, como consequência, administrável.

A partir da conceituação de governança corporativa e do seu detalhamento, pode-se estabelecer uma metodologia geral para o seu desenvolvimento e implementação nas empresas.

Essa metodologia é apresentada pelas suas partes gerais, pois o seu desenvolvimento pode ser realizado por todas as partes de maneira conjunta ou de forma sequencial, independentemente da ordem específica das partes apresentadas a seguir.

Salienta-se, também, que essa metodologia específica para o desenvolvimento da governança corporativa deve estar interligada com a metodologia geral para o desenvolvimento, a implementação e a avaliação da estrutura organizacional, apresentada na seção 2.3.

Nesse contexto, considera-se que a metodologia para o desenvolvimento e a implementação da governança corporativa nas empresas tem três partes, a saber:

Parte I: **Estruturação geral da governança corporativa nas empresas**

Para facilitar o entendimento dessa questão, pode-se considerar o organograma da alta administração de uma empresa, conforme a Figura 3.1:

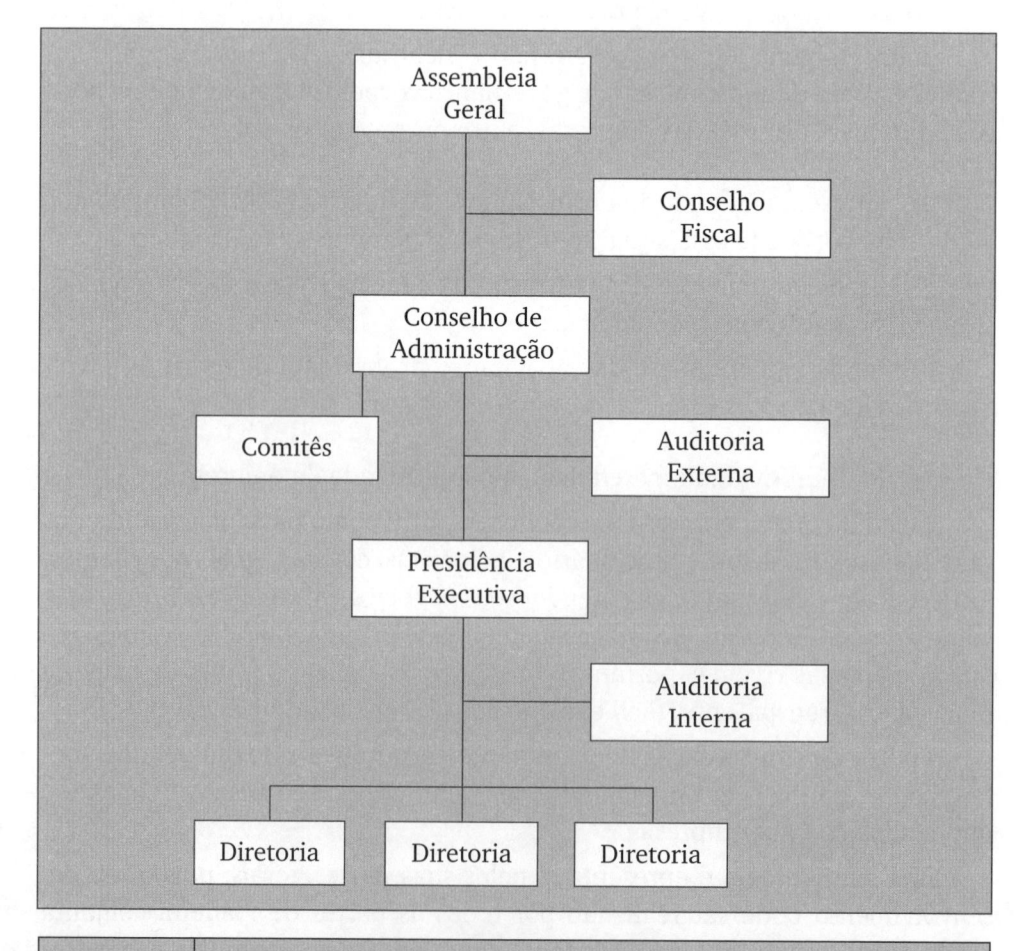

Figura 3.1 | *Organograma da governança corporativa.*

Verifica-se que a governança corporativa tem a preocupação de estruturar, da melhor maneira possível, a alta administração da empresa, pois, desta forma, as principais diretrizes e orientações estratégicas se consolidam e, portanto, o modelo de gestão fica mais fácil e sustentado.

Parte II: Componentes da governança corporativa

São seis os componentes ou partes integrantes da governança corporativa nas empresas, para os quais os executivos devem estar atentos.

Sem a preocupação com a ordem de importância para os resultados da governança corporativa, deve-se considerar:

a) Estrutura de direitos

Esse componente da governança corporativa se preocupa em preservar e maximizar os direitos dos acionistas ou cotistas, principalmente os minoritários.

A prática tem demonstrado que a estruturação e a consolidação efetiva dos direitos dos acionistas ou cotistas, principalmente os minoritários, é um importante fator para a maior atratividade da empresa e, consequentemente, para a valorização de seus negócios, produtos e serviços.

Os acionistas e os cotistas podem criar problemas para as empresas se não concordarem com as suas estratégias, vendendo suas ações e cotas e podendo tornar a empresa vulnerável no mercado.

b) Atuação do governo

Esse componente da governança corporativa se envolve com a gestão e o controle das empresas, incluindo suas interações com os outros participantes do processo global de governança corporativa no país.

Isso porque o governo estabelece e pode fazer cumprir as regras e as instruções gerais de governança corporativa, criando normas e procedimentos para os negócios internacionais, bem como intervenções no processo de globalização.

c) Estrutura de poder

Esse componente ou parte integrante de toda e qualquer governança corporativa se preocupa com o modelo de gestão das empresas, bem como com as decorrentes decisões inerentes aos objetivos, estratégias, políticas e resultados efetivados ou realocados nas operações da empresa.

Na estrutura de poder, podem ser visualizados os funcionários e suas organizações coletivas, como sindicatos e conselhos de funcionários, os quais têm diversos direitos por lei, estatutos sociais, contratos e negociações em geral.

A estrutura de poder está, ao longo do tempo, se deslocando, cada vez mais, para o final do processo interativo com o mercado, ou seja, o cliente final.

Algumas políticas a serem consideradas na estrutura de poder são:

- ter as responsabilidades, as autoridades e os *papéis* definidos quanto às atuações dos profissionais na empresa;
- ter decisões compartilhadas; e
- ter sucessões planejadas.

d) Estrutura de valores

Esse componente de governança corporativa se preocupa com o estabelecimento e a consolidação de valores culturais, éticos e operacionais na empresa, tendo em vista a otimização das relações externas e internas dela.

Portanto, a estrutura de valores proporciona a sustentação básica para a governança corporativa nas empresas.

Pode-se afirmar que o quanto mais forte for a estrutura de valores de uma empresa, mais fácil se torna o processo de desenvolvimento e consolidação da governança corporativa.

Alguns valores que podem ser considerados são:

- ter plena transparência dos atos estabelecidos pela empresa;
- ter senso de justiça;
- ter responsabilidade na prestação de contas; e
- ter conformidade legal.

e) Estrutura de relacionamento

Esse componente da governança corporativa cuida da estruturação, aplicação e aprimoramento contínuo e sustentado dos relacionamentos entre acionistas/cotistas, conselheiros, auditores e diretores executivos, visando ao maior valor agregado possível para as operações da empresa nos mercados atuais e potenciais.

Algumas políticas de sustentação para a estrutura de relacionamento são:

- ter interação, equilíbrio e equidade dos interesses externos e internos da empresa; e
- ter interação otimizada entre gestores e acionistas/cotistas.

f) Estrutura dos instrumentos e processos administrativos

Esse sexto componente ou parte integrante da governança corporativa cuida de todas as metodologias e técnicas administrativas, bem como de processos, normas e procedimentos que devem sustentar, de forma estatutária e legal, a excelência do modelo de gestão da empresa e a proteção dos direitos de todas as partes interessadas na maximização dos resultados da empresa.

Parte III: Condicionantes da governança corporativa

Os condicionantes da governança corporativa são fatores externos ou internos a uma empresa, que provocam algum tipo de influência – positiva ou negativa – nos resultados dela.

Alguns dos fatores condicionantes podem até se confundir com determinados componentes da governança corporativa, e isso ocorre quando o nível de influência desse fator considerado for muito elevado.

Mas a sugestão deste autor é de que sejam identificados, analisados e debatidos os diversos fatores condicionantes em um momento específico, principalmente para que esse debate seja o mais amplo possível e, portanto, da mais alta validade para a qualidade final da governança corporativa nas empresas.

Sem qualquer ordem de prioridade, podem-se considerar os seguintes fatores condicionantes da governança coporativa:

a) Mudanças nos cenários e no macroambiente

Essas mudanças, identificadas e analisadas através do planejamento estratégico das empresas, alteram o delineamento da governança corporativa, pois determinados elementos do ambiente externo ou não controlável das empresas apresentam novas possibilidades futuras e, portanto, a empresa tem que se preparar antecipadamente para essas mudanças.

Na realidade, as mudanças não ocorrem na forma estrutural da governança corporativa – ver Figura 3.1 –, mas na forma de atuação.

O efetivo processo de monitoramento dos cenários e fatores do macroambiente das empresas é, na realidade, uma premissa para os adequados planejamento estratégico e governança corporativa das empresas.

b) Mudanças no ambiente dos negócios atuais

Negócios, produtos e serviços atuais representam a interação atual da empresa com os diversos segmentos de mercado.

Possíveis mudanças nessas realidades atuais podem provocar alterações no contexto e na amplitude de atuação da governança corporativa, consolidando, por exemplo:

- novas interações com o mercado;
- novas unidades organizacionais na governança, tais como comitês e conselho consultivo; e
- novas formas de atuação dos órgãos de governança corporativa.

c) Mudanças no ambiente dos negócios potenciais

Nesse caso, pode-se considerar a análise do item anterior acrescido da:

- análise e desenvolvimento de novas tecnologias; e
- desenvolvimento de novas interações com o mercado, principalmente os novos segmentos.

Nota-se que é relativamente difícil a alteração estrutural da governança corporativa nesses casos.

d) Mudanças societárias na empresa

Embora não seja o caso de efetiva necessidade, tem-se observado, no caso de mudanças societárias nas empresas, a ocorrência de alterações na estrutura organizacional da governança corporativa.

Pode-se considerar que esse procedimento está ligado a duas causas:

- incremento na sistemática – ainda que momentânea e específica – de controle da empresa, provocando situação de maior centralização decisória; e
- vocação – e vontade – das pessoas para consolidar alterações estruturais nas empresas, independentemente da necessidade efetiva.

Mas talvez se possa considerar essas mudanças estruturais decorrentes de questões societárias como algo saudável para as empresas, pelo simples fato de que, nesse momento, o nível de criatividade e de questionamento esteja elevado e, portanto, algumas sugestões interessantes possam surgir.

e) Mudanças na regulação e atuação institucional

Outro condicionante da governança corporativa é a questão institucional das empresas.

Pode-se afirmar que quanto mais institucional for a atuação de uma empresa, mais forte e reconhecida será a sua governança corporativa. E que uma forte abordagem institucional obriga a empresa a ter uma adequada governança corporativa. E, finalmente, que uma adequada governança corporativa proporciona sustentação e segurança para que a empresa tenha abordagem, amplitude e atuação institucional otimizadas.

f) Mudanças de diretrizes estratégicas

> Diretrizes estratégicas representam o conjunto estruturado e integrado dos objetivos – resultados a serem alcançados –, estratégias – ações a serem desenvolvidas para alcançar os resultados esperados – e políticas – leis a serem respeitadas e que sustentam as estratégias.

Como as diretrizes estratégicas representam o fator central dos planos estratégicos, qualquer alteração em cada uma de suas três partes – objetivos, estratégias e políticas –, conjunta ou individualmente, pode provocar mudanças no contexto geral da governança corporativa das empresas.

Das três partes integrantes das diretrizes estratégicas, a de maior influência são as estratégias, embora as políticas possam sustentar alterações de mais longo prazo na governança corporativa das empresas.

g) Mudanças no modelo de gestão da empresa

Foi verificado que modelo de gestão é o processo estruturado, interativo e consolidado de desenvolver e operacionalizar as atividades de planejamento, organização, direção e avaliação dos resultados, visando ao crescimento e ao desenvolvimento sustentado da empresa.

Como o modelo de gestão considera o conjunto do estilo administrativo e dos instrumentos administrativos da empresa, pode-se entender que qualquer alteração mais forte no modelo de gestão provoca, diretamente, mudanças na governança corporativa das empresas.

Pode-se considerar que o modelo de gestão é a causa e a consequência da realidade da governança corporativa de uma empresa.

h) Mudanças nas capacitações e nos conhecimentos da empresa

Estudos têm demonstrado que as empresas devem priorizar, nos seus planos de consolidar a governança corporativa, um forte e sustentado programa de incremento na capacitação e nos conhecimentos dos seus diversos profissionais, principalmente os da alta administração.

Portanto, a capacitação e os conhecimentos, tal como o modelo de gestão, aparecem na *entrada* e na *saída* da governança corporativa das empresas e, consequentemente, representam benefícios complementares a essa importante estruturação da alta administração das empresas.

Isso é muito importante, pois *força* a empresa a repensar os seus conhecimentos e capacitações, inclusive de maneira direcionada a determinados assuntos específicos que sejam os mais importantes para o processo de governança corporativa, o qual tem elevada amplitude e, consequentemente, apresenta alto impacto nos resultados das empresas.

Nesse momento, são válidas algumas considerações a respeito da amplitude de aplicação da governança corporativa pelas empresas.

Embora a sua aplicação básica esteja direcionada para as empresas de capital aberto, de acordo com orientação da Comissão de Valores Mobiliários – CVM –, na prática, pela abrangência e qualidade dos resultados apresentados pelas empresas – de capital aberto – que aplicam em seu modelo de gestão a governança corporativa, essa tem sido extrapolada para toda e qualquer empresa que queira apresentar moderna administração.

Essa situação ocorreu quando se observou que as empresas que apresentavam modelos de gestão sustentados por governança corporativa – com todos os seus princípios básicos consolidados – tiveram maior valorização de suas ações no mercado.

Ou seja, a atratividade de mercado das empresas com governança corporativa é maior; e essa atratividade pode ser entendida também nos contextos mercadológico, financeiro e tecnológico.

Existem alguns outros benefícios para as empresas, quando se considera a governança corporativa, a saber:

a) Otimização da atuação estratégica

A governança corporativa, quando adequadamente estruturada – ver Figura 3.1 –, consolida para a empresa, de forma natural, a melhor abordagem de atuação estratégica que cada empresa, em sua realidade, pode conseguir, pois todas as atribuições da alta administração – de maneira ampliada – ficam bem definidas, estabelecidas e interligadas entre si e, principalmente, com relação aos fatores e variáveis externos, os quais não são controláveis pela empresa.

E deve ser lembrado que as questões estratégicas são as que interligam os assuntos externos ou não controláveis pela empresa com os assuntos internos ou controláveis.

b) *Contrapartida* do debate do modelo de gestão da empresa

Este debate é altamente construtivo, pois a governança corporativa, para cumprir o seu papel, deve debater o modelo de gestão da empresa, de forma sistemática, gradativa e acumulativa, buscando o nível de excelência administrativa, pois só dessa maneira a empresa terá a sua atratividade elevada a níveis interessantes.

A governança corporativa, para ser implementada, também necessita de vários novos instrumentos administrativos, os quais, em situações mais cômodas de gestão, possivelmente não seriam pensados, estruturados e implementados.

A questão da interligação da estrutura organizacional com outros instrumentos administrativos é apresentada na seção 2.3.6.

c) Ampliação da equipe administrativa da empresa, principalmente pela consolidação de novos e fortes conhecimentos

A governança corporativa representa a melhor forma de estruturar a alta administração de uma empresa e, como consequência, a definição das responsabilidades e autoridades nesse nível fica mais clara e melhor aplicada.

Um exemplo dessa ampliação de conhecimentos e de atuação estratégica pode ser visualizado na Figura 3.2, onde é evidenciada a alocação de algumas questões estratégicas e organizacionais.

O elenco de questões estratégicas e organizacionais apresentado na Figura 3.2 representa o que esse autor mais tem encontrado na realidade das empresas. Entretanto, a distribuição dessas questões estratégicas e organizacionais pelo Conselho de Administração e pela Diretoria Executiva tem variado de empresa para empresa, como resultado do seu modelo de gestão.

Se houver dificuldade de se estabelecer os assuntos a serem debatidos, podem-se considerar a relação dos principais instrumentos administrativos da empresa, bem como as partes componentes da metodologia de planejamento estratégico utilizada pela empresa.

```
┌─────────────────────────────────────────────────────────────┐
│                    ┌──────────────┐                          │
│                    │ Conselho de  │                          │
│                    │ Administração│                          │
│  – Visão           └──────────────┘    – Informações estruturadas
│  – Valores                ↓↑           – Objetivos alcançados
│  – Macropolíticas                      – Principais projetos
│  – Diretrizes                                                │
│                    ┌──────────────┐                          │
│                    │  Diretoria   │                          │
│                    │  Executiva   │                          │
│  – Missão          └──────────────┘    – Metas              │
│  – Cenários               ↓↑           – Estratégias         │
│  – Objetivos                           – Projetos            │
│  – Políticas                                                 │
│  – Modelo de gestão                                          │
│  – Estrutura organizacional                                  │
│  – Premissas orçamentárias  ┌──────────┐                     │
│                             │ Gerências│                     │
│                             └──────────┘                     │
└─────────────────────────────────────────────────────────────┘
```

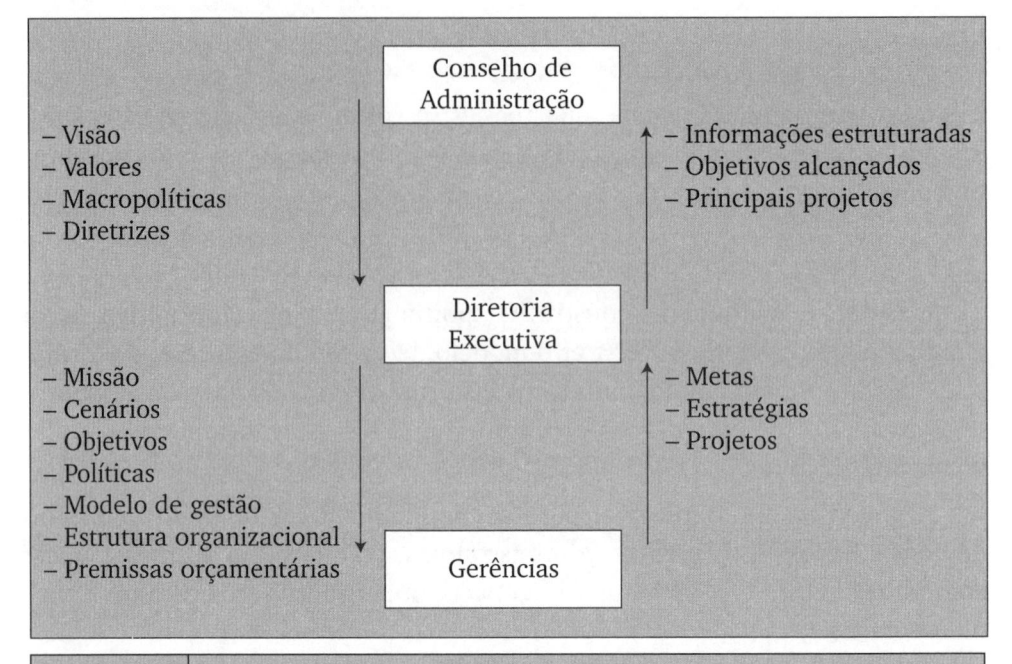

Figura 3.2 | *Interação de conhecimentos e responsabilidades.*

Pela Figura 3.2, observa-se que o Conselho de Administração pode estabelecer a visão, os valores, as macropolíticas e as diretrizes da empresa, os quais são apresentados, debatidos e consolidados pela Diretoria Executiva.

Com base nessas orientações, a Diretoria Executiva pode estabelecer a missão, os cenários, os objetivos, as políticas, o modelo de gestão, a estrutura organizacional e as premissas orçamentárias para as diversas gerências, as quais têm a responsabilidade de consolidar e enviar para a Diretoria Executiva as metas, as estratégias e os projetos correspondentes.

A partir destas informações e dos trabalhos inerentes às análises e consolidações, a Diretoria Executiva apresenta para o Conselho de Administração as informações estruturadas, os objetivos alcançados e os principais projetos em desenvolvimento.

Portanto, de forma interativa, a troca de conhecimentos se realiza de maneira estruturada e, consequentemente, mais completa e criativa, levando o contexto estratégico ao maior nível de qualidade.

E não se pode esquecer de que toda essa interação de conhecimentos proporciona mais sustentação ao processo decisório nas empresas e, portanto, maior segurança na transferência de informações ao mercado, a qual é importante premissa para a adequada governança corporativa nas empresas.

d) Facilitar o direcionamento da administração para as expectativas dos diversos públicos da empresa

As empresas têm diversos públicos, representados pelos clientes, fornecedores, funcionários, acionistas ou cotistas e o governo.

Como a governança corporativa é um modelo de gestão que procura ter elevada interação e transparência para com os diversos públicos das empresas, o resultado é o otimizado conhecimento e consequente direcionamento às necessidades e expectativas desses públicos.

e) Maior equidade no tratamento e na interação junto aos diversos públicos da empresa

Como decorrência do item anterior, as empresas que dispõem de otimizadas governanças corporativas têm condições de consolidar um tratamento e uma interação mais equitativos perante os diversos públicos.

Isso é uma realidade importante, principalmente quando se aborda a questão dos acionistas ou cotistas minoritários.

Portanto, as empresas podem consolidar elevados níveis de atratividade perante o mercado pelo tratamento equitativo de seus diversos públicos.

Lembre-se: quem informa bem os que têm menos poder ganha muito mais espaço e transparência para com os que têm elevado poder, pois identifica-se que a forma de atuação é intrínseca ao modelo de gestão da empresa, e não simplesmente algo de interesse específico e momentâneo.

f) Maior segurança no processo de transparência de informações

Esse item é consequência de tudo que foi aparentado anteriormente.

Para mais detalhes a respeito desta importante maneira de estruturar as empresas, ver o livro *Governança corporativa na prática*, dos mesmos autor e editora.

3.2.2 Rede de integração entre empresas

Essa abordagem de elevada amplitude começa a ser realidade no contexto mundial, principalmente para consolidar fortes e internacionais vantagens competitivas.

> Rede de integração entre empresas é a cooperação estruturada visando consolidar fortes e internacionais vantagens competitivas, sustentadas por otimizadas tecnologias, melhor utilização dos ativos, bem como maiores produtividade, flexibilidade, qualidade, rentabilidade e lucratividade das empresas participantes.

Naturalmente, por mais ampla que seja a rede de integração, o estudo da estruturação organizacional deve extrapolar as empresas participantes, interagindo com outros agentes nesse processo, tais como os clientes, os fornecedores, os governos e as comunidades onde as empresas participantes da rede atuam e/ou pretendem atuar.

Essa maior amplitude é resultado dos estudos inerentes à técnica do encadeamento para o estabelecimento de cenários estratégicos, bem como dos princípios da nova economia das instituições.

A técnica do encadeamento para desenvolvimento de cenários estratégicos procura identificar os vínculos entre o sistema produtivo das empresas e o ambiente externo dessas empresas.

Os vínculos *para trás* referem-se aos insumos e fatores de produção que cada empresa obtém do ambiente, tais como recursos humanos, materiais, tecnologias, matérias-primas etc. Fatores no ambiente que afetam a disponibilidade, qualidade e preços desses insumos e fatores de produção devem ser identificados.

Nas vinculações *para frente*, os produtos e os serviços de cada empresa são colocados no ambiente onde disputam clientes em mercados nos quais diversos fatores, como a concorrência, a regulamentação governamental e a economia, afetam a venda desses produtos e serviços.

A técnica do encadeamento para o estabelecimento de cenários está correlacionada aos princípios da nova economia das instituições. Embora essa teoria tenha se desenvolvido no final da década de 1930, a atual realidade dos negócios, em que os processos administrativos têm que apresentar perfeita interação, torna esse assunto bastante atual.

Nesse contexto, quando se considera a economia brasileira com seus diversos setores de atuação – *agribusiness*, automotivo, embalagens, petroquímico etc. –, deve-se lembrar da abordagem da economia dos custos de transação, que objetiva analisar os contratos, formais ou não, que ocorrem nas transações entre agentes de um setor de atuação em particular ou da economia em sua totalidade.

Essa abordagem, cujo estudo proporcionou dois Prêmios Nobel de Economia nos últimos anos – Douglas North e Ronald Coase, em 1993 –, procura a consolidação dos custos de transação, os quais ocorrem em qualquer processo interativo de troca, e devem ser acrescentados no processo de estrutura de formação e de análise de custos industriais, bem como servem para otimizar o processo decisório dos agentes atuantes na escolha da melhor transação entre os envolvidos no assunto considerado.

Essa transação, que não ocorre sem a incidência de custos, pode ser visualizada nos extremos do mercado e da integração vertical entre empresas, bem como na situação mista de relacionamento, em que são desenvolvidos contratos, *joint ventures*, franquias, parcerias etc.

A teoria dos custos da transação procura o enquadramento otimizado das diferentes transações que ocorrem ao longo das etapas da cadeia produtiva de uma empresa ou de um setor econômico. Ao se preocupar com essa abordagem, também se preocupa com a economia dos recursos utilizados (Williamson, 1985, p. 38).

Um exemplo brasileiro de aplicação da teoria da economia de custos de transação foi evidenciado ao longo de 1996, em que empresas do porte da Ceval, Coca-Cola, Gessy Lever, Kraft, Sadia, Perdigão, União, Nestlé, Quaker, Bombril, Colgate e Procter & Gamble, além das redes de supermercados, criaram o movimento Efficient Consumer Response (ECR) do Brasil.

Deve-se lembrar de que o ECR foi criado em 1993 nos EUA, com o objetivo de, automatizando os processos, reduzir os custos da indústria até o consumidor final. Nos EUA, a redução foi de US$ 25 bilhões no primeiro ano de efetiva operação.

No Brasil, foi criado um fórum formado pelas empresas do setor, constituído por três grupos perfeitamente interligados: os insumos, as indústrias e o varejo.

Talvez se possa afirmar que a consideração de ambientes muito amplos proporciona uma análise das mais interessantes para o processo de planejamento nas empresas, mas pode sofrer influência da qualidade das informações necessárias.

De qualquer forma, essa não deve ser considerada uma restrição muito forte na análise do ambiente empresarial, mas um incentivo na busca de informações em um contexto maior e, consequentemente, mais estratégico.

A teoria dos custos de transação, que procura consolidar novos modelos de cooperação, interação e parcerias entre empresas, tem representado grande desafio para as empresas norte-americanas e europeias, cuja prática comercial é, tradicionalmente, caracterizada por negociações estratégicas e concorrenciais, muitas vezes antagônicas, com seus fornecedores. As indústrias automobilísticas britânicas e norte-americanas são exemplos frequentes dessa problemática (Matthyssens; Vanden Bulte, 1994, p. 74).

E deve-se lembrar que essa é uma realidade que está afetando, em maior ou menor intensidade, as empresas brasileiras.

Em conjunto com a economia dos custos de transação, deve-se, também, considerar a análise da economia dos gastos com contratos, os quais representam as ligações entre os agentes econômicos que realizam as transações em uma rede de integração de empresas.

Talvez o principal aspecto desses contratos seja o nível de complexidade, visto que se pode ter, de um lado, um contrato altamente complexo e formal e, de outro lado, um contrato psicológico entre as partes, tal como um contrato informal – mas forte – de um consumidor para com determinada marca de produto.

Quando a teoria da economia dos custos de transação e de contratos é aplicada na rede de integração de empresas, pode-se considerar a ocorrência de troca de valores entre os agentes de um setor econômico envolvidos no processo. Esses valores não estão restritos a produtos, serviços e recursos, mas envolvem também objetivos, estratégias e políticas, os quais podem ser compartilhados de maneira direta ou indireta.

Entretanto, a estruturação da rede de integração entre empresas ao longo da cadeia produtiva de determinado setor econômico – *agribusiness*, automotivo etc. – não é uma questão simples, e tem sido assunto de debate de estudiosos das estratégias empresariais.

Nesse contexto, pode-se considerar a teoria dos recursos da empresa, que aborda o foco básico dos recursos exclusivos de uma empresa, os quais são difíceis de ser copiados e imitados por outras empresas e, portanto, contribuem diretamente para a manutenção do adequado desempenho da empresa no longo prazo (Mahoney; Pandian, 1992, p. 373).

Como corolário dessa abordagem, pode-se considerar que a capacidade de construir a cooperação entre empresas depende da habilidade de identificar, cultivar e explorar competências essenciais da empresa.

As competências essenciais oferecem a base tecnológica sobre a qual ocorre o aprendizado organizacional, que determina o desempenho superior da empresa. Elas referem-se ao conjunto de funções tecnológicas fundamentais que constituem a essência da empresa a longo prazo. Por essa razão, essas funções não podem ser desenvolvidas fora dos limites da empresa. Basicamente, as competências essenciais constituem o aprendizado coletivo que ocorre no interior da empresa, especialmente a capacidade de coordenar especializações produtivas diversas e de integrar múltiplas correntes de tecnologias (Prahalad; Hamel, 1990, p. 89).

Alguns anos depois, os referidos autores já afirmavam que a empresa começava a ser visualizada como um portfólio de competências essenciais, e não apenas como um portfólio de negócios (Hamel; Prahalad, 1995, p. 49).

Por outro lado, essa abordagem interativa da teoria de recursos da empresa foi questionada por Porter (1991, p. 99), quanto ao que é fundamental e primeiro: o sucesso da empresa ou a existência dos recursos únicos. Isso porque uma empresa é bem-sucedida se tiver recurso único e, por outro lado, deve consolidar este recurso único para poder ser uma empresa bem-sucedida.

Para Porter (1986, p. 17), cuja abordagem básica está sustentada no poder de mercado, o desempenho diferenciado e superior de uma empresa depende, basicamente, das vantagens competitivas que essa empresa consegue consolidar, as quais são delineadas com base em sua correta inserção no ambiente econômico setorial, de seu poder de negociação e barganha frente a seus clientes e fornecedores, de sua capacidade de reagir às ameaças provocadas pelo processo de inovação tecnológica, bem como pela entrada de novos concorrentes no setor econômico considerado.

Nessa abordagem de Porter (1991, p. 104), a cooperação entre empresas de um mesmo setor econômico só deve ocorrer para facilitar o delineamento e a consolidação de vantagens competitivas resultantes da integração vertical dentro do setor econômico considerado.

Já na teoria dos custos de transação, as interações comerciais entre as empresas estão limitadas pelos contratos existentes e pelos custos de transação *ex ante* e *ex post*.

Williamson (1985, p. 98) procura apresentar uma situação conciliatória para essas abordagens, ao afirmar que os principais componentes da estratégia empresarial são estrategizar (consolidar posição de poder no mercado) e economizar (consolidar posição de eficiência da empresa). Essa abordagem pode consolidar a estratégia empresarial como uma ação que, inclusive, interliga fatores externos de mercado (não controláveis pela empresa) e fatores internos da empresa (controláveis pela mesma), afetando a sua estrutura organizacional.

Também é válido lembrar o conceito de cadeia de valor, o qual decompõe a empresa em suas atividades de relevância estratégica, de forma interdependente, para que se possa compreender o comportamento dos custos, bem como as fontes existentes e potenciais de diferenciação dos produtos ou serviços oferecidos ao mercado. E uma empresa consolida vantagem competitiva executando essas tarefas, estrategicamente importantes, de forma barata e melhor do que a concorrência.

Administrar os elos entre as atividades de uma cadeia de valor é tão importante quanto administrar as próprias atividades de valor. E lembramos que valor é o montante que os compradores estão dispostos a pagar por aquilo que uma empresa lhes oferece.

Porter (1986, p. 48) apresentou um conceito mais amplo que a cadeia de valores de uma empresa, que é o sistema de valores, que representa a composição estruturada da cadeia de valores dos fornecedores, cadeia de valores da empresa, cadeia de valores dos canais de distribuição e cadeia de valores dos clientes. Portanto, a obtenção e a sustentação de uma vantagem competitiva dependem da compreensão não só da cadeia de valores da empresa, mas também do modo como essa se enquadra no sistema geral de valores, com todos esses fatores influenciando a estrutura organizacional da empresa.

O escopo competitivo, que é formado pelo conjunto de atividades de uma cadeia de valor de uma empresa, pode ter abordagem de foco em um segmento específico, criando uma vantagem competitiva, ou utilizar um escopo amplo, utilizando a vantagem competitiva por meio de inter-relações de cadeias de valores que atendam a diferentes segmentos, indústrias ou áreas geográficas.

O modelo apresentado por Porter (1986, p. 5) foi consolidado como resultado de sua experiência na análise da concorrência e da vantagem competitiva em muitas empresas; e suas ideias têm sido utilizadas como padrão de referência para muitos planejadores da atualidade, na formulação do planejamento estratégico, independentemente de alguns questionamentos que têm surgido.

Pelo exposto, verifica-se que os princípios da nova economia das instituições e das teorias correlacionadas proporcionam nova e elevada amplitude ao processo estratégico e organizacional das empresas. Por exemplo, considerando-se uma empresa do segmento de autopeças, a amplitude de seu plano estratégico e organizacional fica muito maior, pois interage a referida empresa de autopeças, de um lado, com todos os fornecedores dos insumos básicos e, de outro lado, com as montadoras, o mercado de reposição, o mercado de exportação, bem como com as revendas autorizadas de veículos e as oficinas, até o cliente final.

Existe uma outra vertente de influência na estruturação de redes de integração de empresas, representada pela questão do poder, ou seja, quem é quem no processo decisório na rede.

Normalmente, o poder maior está em uma das duas pontas do processo maior: ou nos compradores ou nos fornecedores dos insumos.

Em menor número de vezes, mas com elevada intensidade de poder, aparecem as empresas que estão no meio, geralmente representadas pelas empresas produtoras dos produtos e serviços.

Portanto, quando se consideram as redes de integração entre as empresas, é fundamental a identificação das empresas líderes, incluindo o entendimento de seu modelo de gestão.

Nesse contexto, é importante a análise da gestão dos conhecimentos na rede de integração entre empresas, incluindo a identificação dos focos de conhecimentos, bem como a interação e a disseminação desses conhecimentos. E, naturalmente, a influência, direta e indireta, dos principais conhecimentos para a consolidação da vantagem competitiva de cada empresa e, principalmente, de toda a rede de empresas.

Existem algumas premissas que devem ser respeitadas para se alcançarem os melhores resultados possíveis da rede de integração entre empresas.

São elas:

a) Os mecanismos de interação e de cooperação entre as empresas devem estar bem definidos e estruturados

Essa premissa é de elevada importância para se consolidar uma situação de equilíbrio e, possivelmente, de igualdade e de equidade dos interesses e vantagens entre as empresas participantes da rede de integração.

Se essa parte inicial estiver adequada, é bem provável que toda a sequência de atividades entre as empresas transcorra da melhor maneira possível.

b) Deve existir transparência e transferência de conhecimentos, bem como complementaridade estruturada de sinergias

Essas questões envolvem cooperação e compartilhamento de tecnologias e conhecimentos, bem como programas de desenvolvimento e inovação, podendo chegar, em significativa parte das vezes, na consolidação de infraestruturas e operações produtivas em comum.

Pode-se considerar que, tal como ocorre em uma equipe multidisciplinar de trabalho, o conhecimento específico de cada empresa – e seu nível de influência no resultado final da rede de empresas – é o fator determinante de sua influência no conjunto de empresas participantes da rede de integração.

Talvez se possa afirmar que o nível de conhecimento necessário para o sucesso da rede seja a principal *moeda de troca* no processo negocial de consolidação de uma rede de integração de empresas.

    c) Toda a estruturação organizacional da rede de integração de empresas deve estar, preferencialmente, baseada na governança corporativa

Isso é particularmente verdade pelo fato de a governança corporativa apresentar a mais elevada amplitude de atuação das questões da alta administração de uma empresa ou de uma rede de empresas integradas.

A prática também tem demonstrado que os diversos negócios que uma rede de empresas aborda devem estar estruturados por Unidades Estratégicas de Negócios (UEN) (ver seção 3.2.3) e as suas atividades devem estar estruturadas por processos (ver seção 3.2.4).

    d) O resultado final da operacionalização da rede de integração entre empresas é o incremento sustentado da vantagem competitiva das empresas participantes

Cada empresa participante da rede deve entender, de forma bastante clara que, individualmente, não tem condições de alcançar os níveis de competitividade a serem consolidados pela rede; ou seja, é altamente válido que as vantagens competitivas das empresas participantes da rede de integração apresentem algum nível de sinergia.

    e) A aplicação da rede de integração entre empresas é válida para qualquer tipo e tamanho de empresa

Embora uma grande empresa, principalmente multinacional, possa ter sob seus domínios diretos todas as tecnologias, processos e infraestrutura de que necessite para consolidar seus negócios, não é válido – ou necessário – que seja ótima em todos os assuntos administrativos e atividades operacionais, o que leva a crer que a concentração em especialidades que se ampliam pela simples interação com outras empresas torna tudo mais fácil e barato, bem como de menor risco.

3.2.3 Unidade estratégica de negócio

A departamentalização por unidade estratégica de negócio foi a primeira a, efetivamente, se consolidar como uma estrutura organizacional voltada para resultados.

Pode-se afirmar que, após a consolidação da estruturação por Unidade Estratégica de Negócio (UEN), as outras formas de departamentalização foram aprimoradas, cada uma em sua realidade específica e, portanto, com maior ou menor sucesso, no direcionamento e na busca de resultados efetivos para as empresas.

Esse tem sido um processo evolutivo, pois cada vez mais se observa que as empresas estão voltadas para a busca de resultados efetivos. Essa situação está relacionada a vários aspectos, tais como constantes mutações ambientais, as ações dos concorrentes atuais e potenciais, a forma de remuneração dos executivos, a busca de novos desafios, a filosofia de atuação do *intrapreneur* ou empreendedor interno.

> Unidade Estratégica de Negócio (UEN) é uma unidade ou divisão da empresa responsável por consolidar os resultados esperados de um negócio e por desenvolver uma ou mais Áreas Estratégicas de Negócios (AENs).

> Área Estratégica de Negócio (AEN) é uma parte ou segmento de mercado com a qual a empresa, por meio de suas UENs, se relaciona de maneira estratégica, ou seja, de forma otimizada.

O executivo deve avaliar se, efetivamente, a empresa está atuando na filosofia de Unidade Estratégica de Negócio (UEN). Esse aspecto é importante, pois não se deve visualizar a administração por UEN simplesmente como uma experiência da empresa, mas como um processo de alta importância para a concretização de uma situação otimizada de seus resultados, considerando suas interações, tanto internas quanto externas.

A filosofia de administração por UEN já é uma realidade no e para o desenvolvimento empresarial.

Alguns dos resultados que podem ser alcançados pelas empresas quando da utilização otimizada de UEN são:

- incremento do faturamento, pelo maior foco nos negócios da empresa e suas interações com os segmentos de mercado;
- otimização na utilização dos vários recursos existentes;
- ter melhor interação com as oportunidades de mercado, pois cada UEN pode desenvolver seu próprio plano estratégico e mercadológico;
- auxiliar na operacionalização do planejamento fiscal e tributário, inclusive pela interação operacional de diferentes UENs da mesma empresa;
- desenvolver o nível de qualidade dos projetos, processos e das atividades, pela maior interação dos fatores externos e internos de cada UEN;
- ter um saudável clima competitivo interno, pela possível disputa de melhores resultados por cada UEN;
- ter uma situação otimizada de sinergia empresarial, pela melhor utilização da forças e potencialidades de cada UEN de maneira conjunta perante o mercado e os concorrentes;
- consolidar um processo de planejamento com mais qualidade nas questões estratégicas; e
- aprimorar o modelo de gestão da empresa.

Salienta-se que, por outro lado, quando da definição de uma UEN, deve-se, também, fazer uma análise da estrutura organizacional, principalmente pela passagem de uma especialização por função para uma especialização por finalidade.

Verifica-se, portanto, que a implementação de uma administração por UEN deve ser muito bem planejada, pois também envolve aspectos comportamentais.

Normalmente, esses aspectos comportamentais estão relacionados às seguintes questões:

- será que os executivos de alta e média administração da empresa estão dispostos a aceitar uma administração por resultados em sua forma mais ampla?
- será que esses executivos aceitam uma remuneração por resultados, dentro de uma filosofia de risco empresarial?
- será que esses executivos aceitam debater uma reestruturação na atual escala de poder formal distribuído?

- será que os executivos da empresa aceitam debater cenários, parâmetros e maneiras de atuação que alterem a atual situação estratégica e operacional da empresa?
- será que os executivos da empresa percebem que a estrutura por UEN representa uma evolução administrativa? E qual o esforço que se tem feito para consolidar uma evolução administrativa?

Se as respostas a essas perguntas forem basicamente *sim*, a empresa pode estar apresentando uma *postura pró-UEN*, e o resultado desse trabalho será otimizado.

Na Figura 3.3, é apresentado um organograma representativo de uma estruturação na filosofia de UEN.

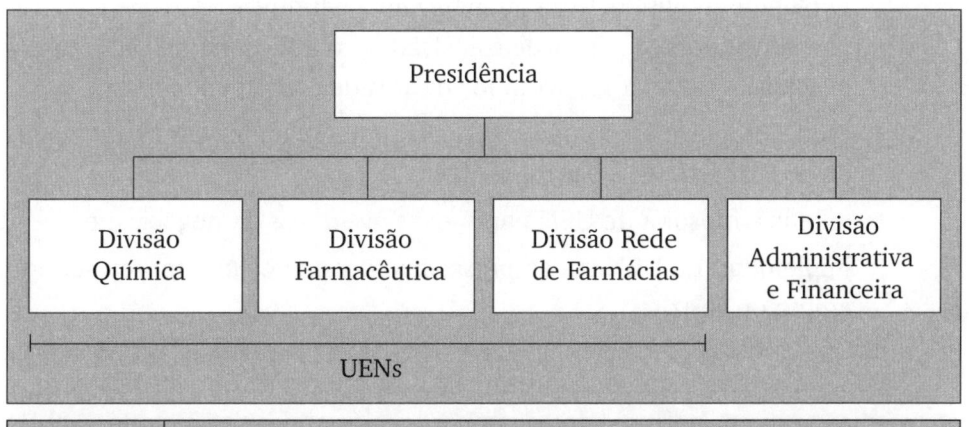

Figura 3.3 | *Departamentalização por unidades estratégicas de negócios.*

No organograma da Figura 3.3, existem três divisões da empresa que funcionam como UEN, a saber: Química, Farmacêutica e Rede de Farmácias. Portanto, cada uma delas funciona como um negócio, podendo ter ou não, dentro de cada divisão, uma ou mais empresas específicas.

Como toda e qualquer forma de departamentalização, as UENs apresentam algumas vantagens, mas também existem determinadas precauções para as quais os executivos das empresas devem estar atentos.

Entre as principais vantagens que a empresa deverá obter, inerentes ao estabelecimento de UEN de maneira adequada, citam-se:

- maior facilidade de análise e de atuação sobre o ambiente estratégico;
- melhor balanceamento das atividades frente aos objetivos gerais da empresa/UEN ou, mesmo, em nível de corporação;
- ter o processo de planejamento estruturado e simplificado; e
- ter, na maior parte das vezes, melhor qualidade nas estratégias formuladas.

Entretanto, os executivos devem estar atentos a determinados problemas que podem ocorrer na utilização de UEN, entre os quais podem ser citados:

- adotar a departamentalização por UEN de maneira generalizada;
- considerar que a utilização de UEN é algo altamente válido em si, independentemente dos resultados apresentados;
- não considerar os custos de transição para a filosofia de UEN, a qual necessita de executivos com fortes atitudes empreendedoras;
- esquecer que as UENs não são, normalmente, aplicáveis às atividades de P&D (pesquisa e desenvolvimento);
- adotar a filosofia de UEN para novas *aventuras* de negócios; e
- implementar a UEN em empresas não diversificadas, em seu sentido amplo ou restrito.

Mediante vários aspectos apresentados sobre as UENs, verifica-se que as mesmas surgem, normalmente, quando ocorre um nível considerável de sinergia negativa nos negócios, ou seja, o resultado final dos vários negócios da empresa é menor do que se esses negócios fossem administrados de forma independente.

Por outro lado, a sinergia positiva, ou seja, quando o resultado final dos vários negócios da empresa é maior do que se esses negócios fossem administrados de forma independente, pode ocorrer em termos de algumas funções da empresa, tais como finanças, suprimentos e recursos humanos. Portanto, essas funções devem ficar concentradas na alta administração, ou administração corporativa da empresa.

A sinergia também deve considerar os aspectos de nível de risco – não colocar *todos os ovos no mesmo cesto* – e de flexibilidade empresarial, bem como estar perfeitamente coerente com os objetivos da empresa.

Para o delineamento das UENs, é válido que o executivo da empresa considere as respostas a algumas perguntas, tais como:

a) Quanto à definição do negócio da UEN:
- qual é seu ramo? (está dentro ou fora da missão da empresa?)
- quais são seus mercados e onde eles estão?
- o que seus mercados valorizam?
- como podem seus mercados mudar com o tempo?

b) Quanto à definição dos fatores-chave para o sucesso da UEN:
- o que, realmente, faz a diferença entre o sucesso e o fracasso em seu negócio?
- esses fatores-chave podem ser adequadamente identificados?
- como se podem diferenciar os vencedores dos perdedores?
- como poderão esses fatores-chave mudar com o tempo?
- como a UEN pode influenciar ou modificar esses fatores-chave?

c) Quanto à análise do posicionamento competitivo da UEN e de seus maiores concorrentes:
- diante dos fatores de sucesso, onde a UEN se situa em relação a seus concorrentes?
- a UEN, ou algum de seus concorrentes, tem alguma vantagem competitiva exclusiva?
- como melhor tratar essa vantagem competitiva?
- como sua posição competitiva poderá mudar com o tempo?

d) Quanto ao desenvolvimento de estratégias para alcançar os objetivos da UEN:
- como a UEN pode dispor melhor de suas vantagens competitivas contra as de seus concorrentes e desenvolver ou adquirir uma vantagem sólida e conhecida pelo mercado?
- como ela pode criar seu próprio futuro?
- as estratégias são, perfeitamente, definidas dentro da UEN?
- as estratégias da UEN são consistentes com a filosofia administrativa da corporação como um todo?

e) Quanto à construção do plano de diversificação de negócios:
- quais as necessidades da UEN em termos de desenvolvimento do produto, marketing, produção etc.?

- há ROI (retorno sobre investimento) satisfatório? Pode a UEN arcar com os investimentos?
- o que ela deve fazer para implementar sua estratégia?

Nesse ponto, vale uma pergunta: a empresa já tem, de forma efetiva, uma estrutura organizacional por UEN?

Essa pergunta é válida porque o autor deste livro tem encontrado executivos afirmando que suas empresas atuam na filosofia de UEN, quando isso não é uma realidade. Antes de responder a essa pergunta, são necessárias algumas considerações.

A estrutura por UEN pressupõe, na maior parte das vezes, todas as premissas da estrutura organizacional por produtos e serviços, ou família de produtos e serviços acrescida de outras premissas que são, basicamente, específicas da estrutura organizacional por UEN.

Dentro da realidade que se verifica na maior parte das empresas, o aspecto básico é a falta de uma premissa de atuação administrativa voltada para resultados, incluindo os aspectos inerentes à remuneração de seus executivos da alta administração.

Outra premissa que as empresas devem considerar no estabelecimento de uma filosofia de administração por UEN é ter melhor interação na relação dos seus produtos e serviços com os segmentos de mercado.

Nessa relação produtos ou serviços *versus* segmentos de mercado, a empresa deve debater algumas formas para o estabelecimento de uma UEN, as quais estão mais vinculadas às características de mercado, tais como:

- preços e qualidade vinculados;
- clientes semelhantes;
- mesmos concorrentes; e
- mesmas necessidades fundamentais de mercado que estejam sendo atendidas.

Para cada uma dessas situações, é necessário desenvolver estudos e considerações específicas.

O executivo deve segmentar o mercado em Áreas Estratégicas de Negócios (AENs).

A UEN estabelece uma forma de relação da empresa com o mercado. Entretanto, de maneira inversa, o mercado relaciona-se com a empresa por meio das AENs.

Pode-se considerar que uma AEN geral pode ser dividida em outras AENs dentro desse segmento.

A AEN é uma área de oportunidades com necessidades atendidas em função do tipo de cliente, distribuição geográfica ou tecnologia utilizada. Sobre esses aspectos, nota-se que o mesmo mercado atendido por duas tecnologias diferentes se caracteriza como constituído por duas AENs.

A cada AEN, a empresa deve identificar e avaliar oportunidades segundo alguns critérios:

a) Para a identificação de oportunidades, considerar alguns aspectos, tais como:
- poder de compra existente no segmento de mercado;
- estágio de ciclo de vida do produto ou serviço;
- intensidade competitiva;
- turbulência política;
- turbulência econômica; e
- turbulência tecnológica.

b) Para a avaliação de oportunidades, considerar aspectos, tais como:
- crescimento a curto, médio e longo prazos do segmento de mercado;
- risco dos investimentos a serem realizados;
- rentabilidade esperada a curto, médio e longo prazos;
- turbulências do ambiente empresarial; e
- fatores críticos de sucesso para o negócio, produto ou serviço considerado.

Verifica-se que o estabelecimento das UENs baseia-se em atividades da empresa que precisam ser entendidas e segmentadas estrategicamente no mercado, de forma que os recursos possam ser alocados da melhor maneira para se conseguirem vantagens competitivas efetivas, sustentadas e duradouras.

Embora ocorra determinada dificuldade em seu estabelecimento, existem algumas premissas que podem ser utilizadas para o delineamento das UENs, a saber:

- ter faturamento médio de 10% das outras UENs da empresa ou corporação;
- ter quantidade produzida média de 10% das outras UENs;
- apresentar sinergia tecnológica em alto nível;
- ter vantagem competitiva real, sustentada e duradoura;
- estar relacionada a um segmento de mercado em crescimento;
- ter melhor adequação geográfica;
- ter resultado líquido efetivo proporcionado pelo negócio considerado;
- ter uma única missão ou negócio, independentemente de outras UENs ou, preferencialmente, estar na missão do grupo empresarial;
- ter um conjunto de concorrentes claramente definidos;
- competir em mercados específicos;
- ser capaz de desenvolver um planejamento integrado, independentemente de outras UENs;
- ter um responsável pelo planejamento e resultados da UEN;
- ser capaz de administrar recursos de forma otimizada;
- fornecer produtos e serviços que requerem habilidades e recursos similares;
- operar em um único segmento de mercado com estratégia concentrada;
- ser suficientemente grande para manter atenção da alta administração da empresa; e
- parecer e agir como um negócio independente.

Verifica-se que, ao se estruturar uma UEN, deve-se ter características próprias de negociação e de aproveitamento de oportunidades de mercado.

Fica evidente que uma UEN deve ter uma filosofia de atuação competitiva, pois, caso contrário, não existe razão nenhuma para a existência dessa UEN.

De maneira geral, pode-se afirmar que, à medida que se aumenta o nível de diversificação da empresa, fica mais difícil estabelecer suas estratégias e, portanto, é necessário criar novas UENs.

Para o início do estudo das UENs e AENs, é valida a utilização de um processo de cruzamento dos focos de tecnologia com os nichos de mercado identificados.

Por meio desse processo, procura-se obter algumas vantagens, tais como:

- melhor conhecimento dos recursos da empresa;
- descoberta de um grande número de ideias potenciais que permaneceriam ignoradas sem essa análise;
- melhor qualidade e maior originalidade das ideias a explorar; e
- melhor conhecimento das possibilidades de desenvolvimento dos negócios atuais e potenciais.

Portanto, essa análise constitui-se em um interessante instrumento de trabalho para uma administração estratégica dinâmica. Deve haver, ainda, correlação com o plano de diversificação em que aparecem critérios do ciclo de vida dos produtos ou serviços, análise de investimentos e de riscos etc.

Nesse momento, deve surgir uma importante questão: Qual a amplitude ideal de uma UEN?

De forma geral, pode-se considerar que a amplitude deve estar num contínuo, atuando desde como unidade de vendas até atuando como unidade mais completa (P&D, suprimentos, produção, marketing e apoio administrativo-financeiro).

Entretanto, na maior parte das vezes, tem-se considerado como ideal que a UEN englobe as seguintes atividades:

- P&D – Pesquisa e Desenvolvimento;
- produção; e
- vendas.

Isso porque:

- suprimentos deve ser, na maior parte das vezes, centralizado;
- apoio administrativo-financeiro deve ser centralizado; e
- marketing, em seu sentido mais amplo, deve ser centralizado, abordando o delineamento das estratégias mercadológicas, análise de mercado, propaganda, promoção etc.

Salienta-se que essa é uma afirmação genérica e que cada empresa deve ter uma análise específica.

Cada uma das UEN deve ser desmembrada, para facilitar sua administração, em termos de produto ou grupo de produtos. Essa decomposição facilitará melhor interação de cada um dos produtos e serviços ou famílias de produtos e serviços em diferentes segmentos de mercado.

Mais detalhes são apresentados no livro *Holding, administração corporativa e unidade estratégica de negócio*, dos mesmos autor e editora.

3.2.4 Departamentalização por processos

A departamentalização por processos é a forma estrutural que deverá ter maior evolução e amplitude de aplicação nos próximos anos.

Na realidade, a departamentalização por processos deverá aparecer como a básica nas empresas, sendo facilmente visualizada em seus organogramas ou será utilizada como auxiliar de outros tipos de departamentalização.

Por exemplo, a departamentalização funcional pode ser representada no organograma de uma empresa, mas, pelos diversos problemas administrativos – ver seção 3.3.1 –, a referida empresa pode ter, em sua atuação operacional, as suas atividades estruturadas por processos e, portanto, direcionadas para resultados específicos e bem definidos, o que aumenta significativamente os níveis de produtividade e de qualidade das empresas.

> Processo é um conjunto estruturado de atividades sequenciais que apresentam relação lógica entre si, com a finalidade de atender e, preferencialmente, suplantar as necessidades e as expectativas dos clientes externos e internos da empresa.

Nesse tipo de departamentalização, as atividades são agrupadas de acordo com as etapas de um processo. Portanto, considera a maneira pela qual são executados os trabalhos ou processos para a consecução de uma meta ou objetivo específico.

Em sua origem, foi basicamente empregado nos estabelecimentos industriais, de modo especial nos níveis hierárquicos mais baixos da empresa.

Na Figura 3.4, é apresentado um organograma representativo da departamentalização por processo, considerando-se a área de produção de uma empresa industrial.

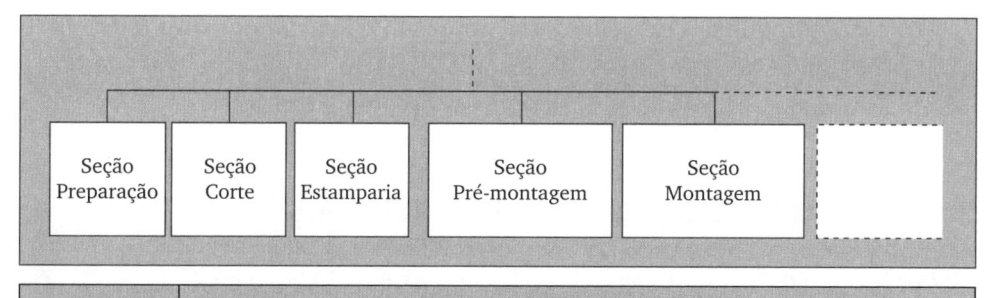

```
┌─────────────────────────────────────────────────────────────────────────┐
│                                   │                                     │
│   ┌─────┬─────┬─────┬─────┬─────┐ ┌─────┐                               │
│   │Seção│Seção│Seção│Seção│Seção│ │     │                               │
│   │Prep.│Corte│Estam│Pré-m│Mont.│ │     │                               │
│   └─────┴─────┴─────┴─────┴─────┘ └─────┘                               │
└─────────────────────────────────────────────────────────────────────────┘
```

Figura 3.4 | *Departamentalização por processos.*

As principais vantagens desse tipo de departamentalização são:

- maior direcionamento da empresa para as necessidades de mercado;
- maior especificação dos recursos alocados;
- possibilidade de comunicação mais rápida de informações técnicas;
- melhor coordenação e avaliação de cada parte do processo; e
- maiores níveis de produtividade e de qualidade.

Normalmente, as empresas que utilizam esse tipo de departamentalização procuram agrupar em unidades organizacionais – centros de custos e de resultados – os recursos necessários a cada etapa de um processo produtivo, resultando em melhor coordenação e avaliação de cada uma de suas partes, bem como do processo total.

É evidente que essa situação só ocorrerá se o coordenador do processo tiver liderança, bem como conhecimento adequado das atividades do processo.

Por outro lado, as principais desvantagens da departamentalização por processo são:

- possibilidade de perda da visão global da interligação entre diferentes processos; e
- flexibilidade restrita para ajustes no processo.

Atualmente, a administração de processos está consolidando esse tipo de departamentalização em âmbito global da empresa, e não apenas nos processos industriais de níveis hierárquicos mais baixos da empresa.

Para mais detalhes a respeito desse importante instrumento administrativo que corresponde aos processos, analisar o livro dos mesmos autor e editora *Administração de processos*: conceitos, metodologia e práticas.

3.3 DEPARTAMENTALIZAÇÕES TRADICIONAIS

Estão sendo consideradas tradicionais as departamentalizações que têm sido utilizadas pelas empresas, mas cujos resultados proporcionados, do ponto de vista da otimização do modelo de gestão dessas empresas, não têm sido mais fortes.

Essa situação tem ocorrido, inclusive, quando se considera o tipo de departamentalização mais utilizado pelas empresas, que é a funcional.

Existem algumas formas, que podem ser consideradas tradicionais, em maior ou menor escala, de a empresa departamentalizar suas atividades, a saber:

- departamentalização funcional;
- departamentalização por quantidade;
- departamentalização por turno;
- departamentalização territorial ou por localização geográfica;
- departamentalização por clientes;
- departamentalização por produtos ou serviços;
- departamentalização por projetos;
- departamentalização matricial; e
- departamentalização mista.

A seguir, são apresentados os aspectos principais – características, vantagens e desvantagens – de cada um dos tipos básicos mais tradicionais de departamentalização das atividades de empresa.

3.3.1 Departamentalização funcional

Nesse caso, as atividades são agrupadas de acordo com as funções da empresa, podendo ser considerado o critério de departamentalização mais usado pelas empresas.

Para melhor conceituação, apresenta-se a Figura 3.5:

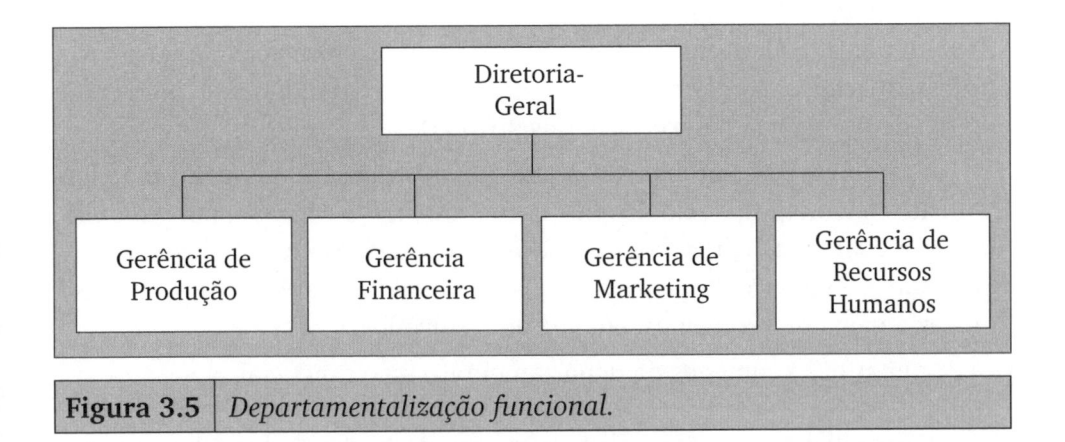

```
                    ┌──────────────┐
                    │  Diretoria-  │
                    │    Geral     │
                    └──────┬───────┘
        ┌────────────┬─────┴──────┬────────────┐
┌───────┴──────┐ ┌───┴────┐ ┌─────┴──────┐ ┌───┴──────┐
│  Gerência de │ │Gerência│ │ Gerência de│ │Gerência de│
│   Produção   │ │Financeira│ │ Marketing  │ │ Recursos │
│              │ │        │ │            │ │ Humanos  │
└──────────────┘ └────────┘ └────────────┘ └──────────┘
```

Figura 3.5 | *Departamentalização funcional.*

Na Figura 3.5, a departamentalização funcional apresentada considerou as quatro áreas funcionais clássicas das empresas.

Entretanto, esse tipo de departamentalização também pode ser feito considerando as funções de administração; e, nesse caso, a empresa pode ficar com as seguintes unidades organizacionais:

- gerência de planejamento;
- gerência de organização; e
- gerência de controle e avaliação.

Na prática, essa departamentalização por funções de administração não deve ser considerada adequada, pois as referidas funções devem ser alocadas em todas as unidades organizacionais das empresas.

Também pode ser departamentalizada por área de conhecimento, ficando a empresa, por exemplo, com as seguintes unidades organizacionais:

- gerência de hidráulica;
- gerência de elétrica;
- gerência de eletrônica; e
- gerência de mecânica.

Desde que a empresa esteja numa situação de padrão de desempenho adequado, a departamentalização funcional é um tipo bastante racional e interessante para ela.

Entretanto, podem surgir atritos provenientes de formação de *igrejinhas*, *impérios* ou *feudos*, problemas de comunicação e de entendimento, bem como excesso de burocracia na execução das atividades.

Para resolver esses problemas, a alta administração deve fazer uso de instrumentos adequados, e não dos que estiverem *mais à mão*. Se, por exemplo, utilizar os comitês ou comissões – ver seção 5.4 – para resolver esses problemas, e seu estabelecimento e implementação forem inadequadamente feitos, poderá ampliar a gama de problemas, em vez de resolvê-los.

Algumas das vantagens da departamentalização funcional são:

- especialização do trabalho, sendo que esse aspecto é vantagem quando se consideram a estabilidade e as definições claras e precisas das tarefas. Talvez essa vantagem seja uma das mais importantes para as empresas;
- maior estabilidade, sendo que essa situação está relacionada em termos relativos a outros tipos de departamentalização, tais como de projetos, matricial;
- maior segurança, baseada tanto na execução das tarefas, como no relacionamento de colegas, pois cada funcionário tem maior facilidade de saber sobre sua área de atuação;
- maior concentração e uso de recursos especializados, pois esses estão alocados em unidades organizacionais específicas. Por exemplo, a área de finanças terá todos os analistas e profissionais especialistas dos assuntos financeiros – tesouraria, custos, orçamento etc. – da empresa;
- influências positivas sobre a satisfação dos profissionais pela proximidade com elementos de mesma especialidade, pela estabilidade da equipe e por ter um chefe da mesma área técnica (Vasconcellos, 1980, p. 3);
- permite economia pela utilização máxima de máquinas e de produção em massa;
- orienta as pessoas para uma atividade específica, concentrando e focando sua competência de maneira eficaz;
- indicada para circunstâncias estáveis e de pouca mudança que requeiram desempenho continuado de tarefas rotineiras; e

- aconselhada para empresas que tenham poucas linhas de produtos ou serviços, os quais permaneçam inalterados por longo tempo.

Algumas das desvantagens da departamentalização funcional são:

- especialização do trabalho, sendo que esse aspecto aparece como desvantagem quando cada chefe funcional estabelece que sua função é a mais importante da empresa. Esse aspecto leva à situação de possível isolamento da área funcional considerada dentro do sistema *empresa*;
- insegurança das pessoas, aspecto esse relacionado à situação da empresa com grande crescimento e consequente aumento de complexidade, provocando a transformação do que antes era uma vantagem em uma grande desvantagem;
- a responsabilidade pelo desempenho total está somente na alta administração, já que cada executivo fiscaliza apenas uma função específica;
- a comunicação é geralmente deficiente, isso porque as decisões são, normalmente, centralizadas nos níveis mais elevados das empresas. Essa situação, desde que não seja muito bem estruturada, definida e estabelecida, pode provocar vários problemas para as empresas;
- baixa adaptabilidade, relacionada ao possível estabelecimento de *feudos* de especialização dentro da empresa;
- visão parcial da empresa, pois, de maneira genérica, apenas os profissionais lotados nos níveis mais elevados de empresa têm uma visão de conjunto. Esse aspecto pode provocar problemas de compreensão e de operacionalização das decisões superiores;
- resistência ao ambiente proinovação, pois esse critério de departamentalização tem alta estabilidade e baixa adaptabilidade. Portanto, algumas ideias novas podem ser destruídas no início, em vez de serem discutidas e analisadas; e
- inadequado cumprimento de prazos e orçamentos, pois esse tipo de departamentalização não cria condições para uma perfeita interligação das várias atividades da empresa.

Em resumo, essas são algumas das vantagens e desvantagens da departamentalização funcional.

Portanto, esse tipo de departamentalização pode ser utilizado em empresas ou áreas da empresa cujas atividades sejam:

- bastante repetitivas;
- altamente especializadas; e
- pouco integradas.

Embora esse tipo de departamentalização seja o mais utilizado pelas empresas, pode-se considerar que o seu uso exclusivo vai diminuir ao longo do tempo, pois aparecerá basicamente em uma departamentalização mista, em que dois ou mais tipos de departamentalização serão utilizados pela mesma empresa.

3.3.2 Departamentalização por quantidade

Para uma empresa trabalhar com esse tipo de departamentalização, deve agrupar certo número de pessoas não diferenciáveis que, a partir dessa situação, têm obrigação de executar tarefas sob as ordens de um superior.

Um exemplo de departamentalização por quantidade é apresentado na Figura 3.6, onde se verifica que cada gerente tem três supervisores.

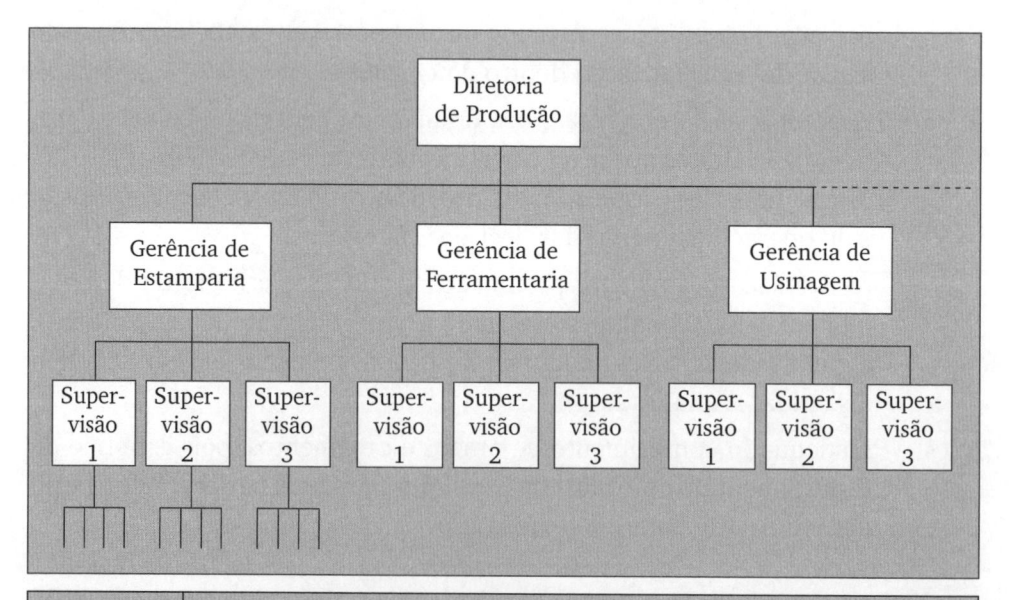

Figura 3.6 | *Departamentalização por quantidade.*

A maior aplicação da departamentalização por quantidade está correlacionada às seguintes situações:

- atividades desenvolvidas em processos estruturados, os quais possam ser agrupados em equipes com o mesmo número de funcionários; e
- situações em que a empresa quer equilibrar o nível de poder entre unidades organizacionais de mesmo nível hierárquico, independentemente do grau de complexidade das atividades.

O autor coloca essa forma de departamentalização, única e exclusivamente, porque, infelizmente, algumas vezes – ainda que bem poucas – tem encontrado essa situação em algumas empresas.

Entretanto, a utilidade da departamentalização por quantidade tem diminuído, principalmente devido aos seguintes aspectos:

- o desenvolvimento da capacitação dos profissionais das empresas;
- os trabalhos de equipes especializadas são mais eficientes que os baseados em número de pessoas; e
- não serve para os níveis intermediários e mais elevados das empresas. E, mesmo para os níveis mais baixos da hierarquia empresarial, sua validade restringe-se a determinados setores do processo produtivo.

3.3.3 Departamentalização por turno

Uma variante da departamentalização por quantidade é a departamentalização por turno, em que um conjunto de atividades similares é alocado em diferentes unidades organizacionais, tendo em vista o turno em que essas atividades similares são realizadas.

No exemplo da Figura 3.7, pode-se considerar como departamentalização por turno se as três unidades de supervisão subordinadas a cada uma das três gerências atuarem em três turnos de trabalho diferentes.

Portanto, a departamentalização por turno, no exemplo considerado, fica representada pela Figura 3.7:

```
                        Diretoria
                      de Produção
    ┌───────────────────┼───────────────────┐
 Gerência de         Gerência de         Gerência de
 Estamparia         Ferramentaria         Usinagem
  ┌──┼──┐            ┌──┼──┐             ┌──┼──┐
 S1 S2 S3           S1 S2 S3            S1 S2 S3
```

Figura 3.7 | *Departamentalização por turno.*

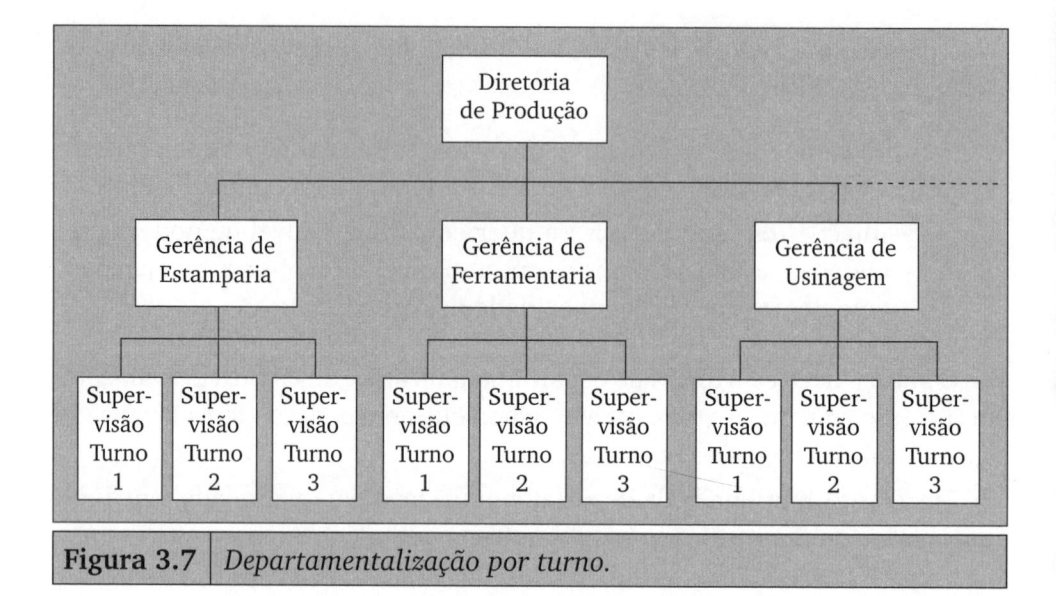

A utilização desse tipo de departamentalização está correlacionada às seguintes situações:

- quando os trabalhos similares, repetitivos e, principalmente, contínuos são desenvolvidos ao longo de todo o dia ou, pelo menos, em períodos que ultrapassem os horários normais de trabalho;
- quando a demanda dos produtos da empresa está elevada, em relação aos recursos – máquinas e equipamentos – disponibilizados para a produção da quantidade necessária;
- quando a empresa tem processos produtivos simples e padronizados e elevado nível de produção com baixo custo administrativo; e
- quando não quer pagar horas extras de trabalho.

Entretanto, a utilização desse tipo de departamentalização obriga as empresas a tomarem alguns cuidados, tais como:

- desenvolver e consolidar processos estruturados que sustentem a homogeneidade de operacionalização das atividades ao longo de todo o dia, mesmo em horários fora do expediente normal;
- consolidar uma disciplina e uma equidade de atuação dos responsáveis por cada turno;

- consolidar um nível otimizado de liberdade e de iniciativa de decisão e ação de cada responsável por turno, principalmente para os períodos fora do expediente normal; e
- operacionalizar um sistema de comunicação com as chefias para as ocorrências, extra expediente normal, de maior gravidade.

3.3.4 Departamentalização territorial ou por localização geográfica

Geralmente, é usada em empresas territorialmente dispersas. Baseia-se no princípio de que todas as atividades que se realizam em determinado território devem ser agrupadas e colocadas sob as ordens de um executivo.

Um exemplo desse tipo de departamentalização aparece na Figura 3.8:

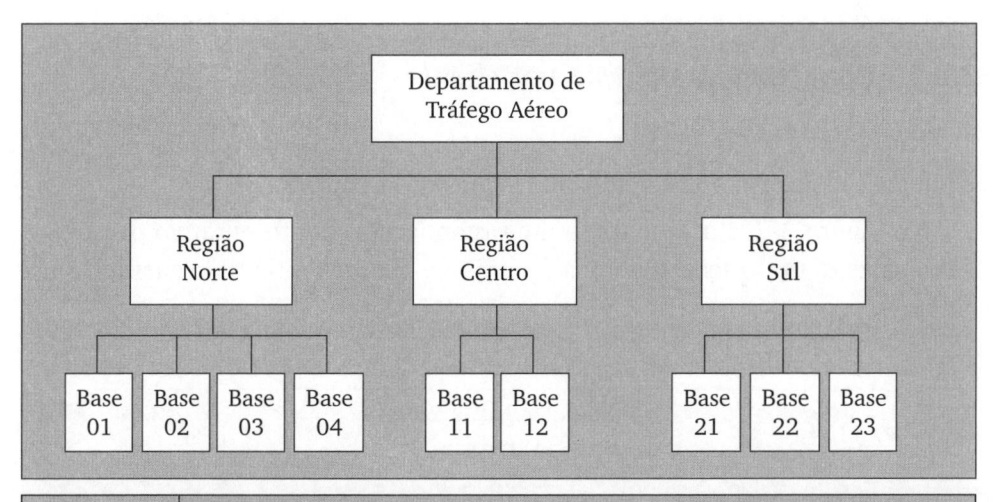

Figura 3.8 *Departamentalização territorial.*

Geralmente, seu uso prende-se aos seguintes aspectos:

- obter as vantagens econômicas de determinadas operações locais;
- possibilidade de melhor treinamento e capacitação de pessoal pela atuação direta no território considerado;
- possibilidade de ações mais rápidas em determinada região; e
- maior facilidade de conhecer os fatores de influência e os problemas locais por ocasião das decisões tomadas pela empresa.

As desvantagens básicas da departamentalização territorial prendem-se a:

- duplicação de instalações e de pessoas, se não houver um planejamento muito efetivo;
- pode deixar em segundo plano a coordenação, tanto nos aspectos de planejamento, execução ou controle da empresa, como nos aspectos de processos, em face do grau de liberdade e autonomia colocado nas regiões ou filiais; e
- a preocupação estritamente territorial concentra-se mais nos aspectos mercadológicos e de produção ou de operação, e quase não requer especialização. As outras áreas da empresa tornam-se, geralmente, secundárias, provocando um desequilíbrio no processo administrativo da empresa.

3.3.5 Departamentalização por clientes

Nesse caso, as atividades são agrupadas de acordo com as necessidades variadas e especiais dos clientes ou fregueses da empresa.

Na Figura 3.9, é apresentado um organograma representativo desse tipo de departamentalização (clientes femininos, clientes infantis e clientes masculinos).

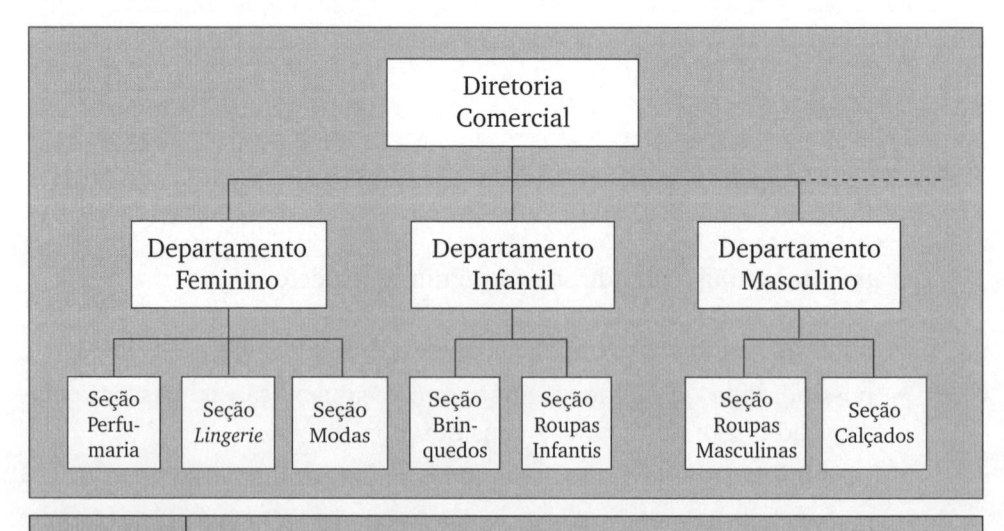

Figura 3.9 *Departamentalização por clientes.*

As principais vantagens desse tipo de departamentalização são:

- propiciar para a empresa situação favorável para tirar proveito das condições de grupos de clientes bem definidos; e
- assegurar conhecimento e atendimento contínuo e rápido às necessidades específicas de diferentes tipos e classes de clientes.

As principais desvantagens da departamentalização por clientes são:

- podem existir dificuldades de coordenação entre esse tipo de departamentalização e outros tipos – ver departamentalização mista na seção 3.3.9 –, devido aos gerentes dos departamentos por clientes exigirem, em boa parte das vezes, um tratamento especial; e
- provoca a utilização inadequada de recursos humanos e de equipamentos, em termos de grupos de clientes.

Verifica-se que as vantagens da departamentalização por clientes são bem mais fortes do que as desvantagens.

Outro aspecto é que a departamentalização por clientes estrutura a empresa "de fora para dentro", enquanto a departamentalização por produtos ou serviços estrutura a empresa no sentido inverso, ou seja, "de dentro para fora".

Essa é uma situação em que a departamentalização por unidades estratégicas de negócios – ver seção 3.2.3 – apresenta-se na sua plenitude, considerando as duas direções, ou seja, de dentro para fora da empresa, pelas UENs, e de fora para dentro da empresa, pelas AENs.

Essa interação entre o interno ou controlável pela empresa e o externo ou não controlável pela empresa é que caracteriza a abordagem estratégica da estrutura organizacional das empresas.

3.3.6 Departamentalização por produtos ou serviços

Nesse caso, o agrupamento é feito de acordo com as atividades inerentes a cada um dos produtos ou serviços da empresa.

Na Figura 3.10, apresenta-se uma parte do organograma representativo da departamentalização por produtos ou serviços de uma empresa.

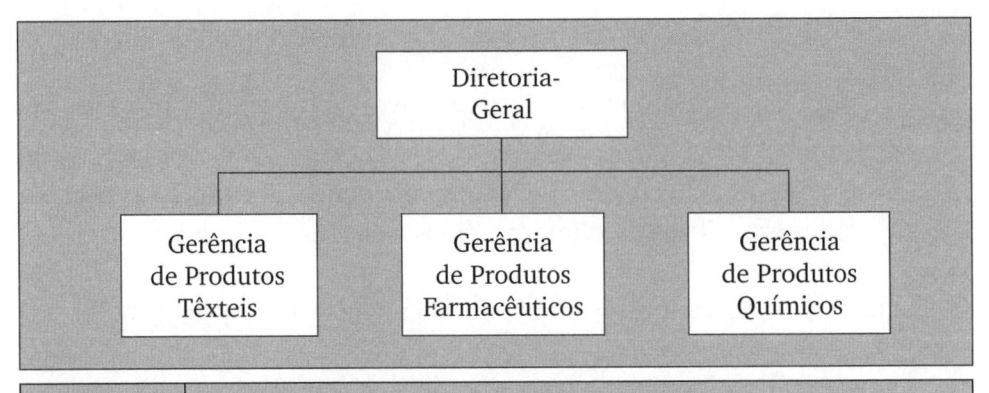

```
                    ┌──────────────┐
                    │  Diretoria-  │
                    │    Geral     │
                    └──────┬───────┘
         ┌─────────────────┼─────────────────┐
  ┌──────┴──────┐   ┌──────┴──────┐   ┌──────┴──────┐
  │  Gerência   │   │  Gerência   │   │  Gerência   │
  │ de Produtos │   │ de Produtos │   │ de Produtos │
  │   Têxteis   │   │ Farmacêuticos│  │   Químicos  │
  └─────────────┘   └─────────────┘   └─────────────┘
```

Figura 3.10 | *Departamentalização por produtos ou serviços.*

As principais vantagens desse tipo de departamentalização são:

- facilita a coordenação dos resultados esperados de cada grupo de produtos ou serviços, pois cada um desses grupos funciona como uma unidade de resultados;
- propicia a alocação de capital e de conhecimento especializado para cada um dos grupos de produtos ou serviços;
- facilita a utilização máxima da capacitação dos recursos, inclusive os humanos, por meio de seu conhecimento especializado;
- fixa a responsabilidade dos departamentos para um produto, ou linha de produtos, ou serviços. O departamento é orientado para todos os aspectos básicos de um grupo de produtos ou serviços, como comercialização, desenvolvimento etc.;
- propicia maior facilidade para a coordenação interdepartamental, uma vez que a preocupação básica é o produto ou serviço, e as diversas atividades departamentais tornam-se secundárias e precisam sujeitar-se ao objetivo principal, que é o produto ou serviço;
- permite maior flexibilidade, pois as unidades produtivas dos produtos ou serviços podem ser maiores ou menores, conforme as condições mudem, sem interferir na estrutura organizacional;
- o enfoque da empresa é, predominantemente, sobre os produtos e serviços, e não sobre toda a estrutura organizacional. Portanto, esse tipo de departamentalização apresenta maior versatilidade e flexibilidade; e
- propicia condições favoráveis para a inovação e a criatividade, já que essas requerem cooperação e comunicação das várias equipes multidisciplinares contribuintes para o produto ou serviço.

As principais desvantagens da departamentalização por produtos ou serviços são:

- pode ser de coordenação mais difícil, quando do estabelecimento das políticas gerais da empresa;
- pode propiciar o aumento dos custos pelas duplicidades de atividades nos vários grupos de produtos ou serviços;
- pode criar uma situação em que os gerentes de produtos ou serviços se tornam muito poderosos, o que pode desestabilizar a estrutura da empresa; e
- pode provocar problemas humanos de temores e ansiedades quando em situação de instabilidade externa, pois os empregados tendem a ser mais inseguros com relação a alguma possibilidade de desemprego ou retardamento em sua carreira profissional.

Nesse momento, são válidos alguns comentários a respeito da atuação e responsabilidades do gerente de produtos ou serviços.

A principal responsabilidade do gerente de produtos ou serviços é catalisar o desenvolvimento, a disseminação e a operacionalização dos objetivos, das estratégias e das políticas dos produtos e serviços sob sua responsabilidade; isto tudo dentro do ciclo de vida estabelecido e contribuindo para otimizar os resultados gerais da empresa.

O cargo e a função de gerente de produtos ou serviços podem ser mais bem entendidos quando se analisa sua forma e amplitude de atuação, bem como o conjunto de suas responsabilidades.

A forma de atuação do gerente de produtos ou serviços deve ser:

i) Matricial, pois deve cruzar praticamente toda a estrutura da empresa, preferencialmente na *contramão*, iniciando pela análise de mercado, passando por vendas, logística, produção, tecnologia e chegando até a área financeira da empresa, representada, principalmente, pela rentabilidade dos produtos e serviços sob sua responsabilidade.

ii) Negociadora, pois deve interagir com todas as áreas da empresa sem ter autoridade hierárquica. Portanto, deve saber, e muito bem, todos os aspectos principais de uma otimizada negociação.

iii) Criativa, pois a otimização e, principalmente, a alteração do ciclo de vida de um produto ou serviço depende de muita criatividade, bem como dos resultados efetivos do produto ou serviço.

A amplitude de atuação do gerente de produtos ou serviços deve considerar, no mínimo, os dois extremos básicos do processo, a saber: participação de mercado e rentabilidade do produto ou serviço, consolidando uma ampla e forte atuação nas empresas.

3.3.7 Departamentalização por projetos

No arranjo da departamentalização por projetos, as atividades e as pessoas recebem atribuições temporárias. O gerente de projeto é responsável pela realização de todo o projeto ou de uma parte dele; terminada a tarefa, o pessoal que, temporariamente, havia sido destinado a ela é designado para outros departamentos ou outros projetos.

A departamentalização por projetos baseia-se na definição de projeto.

> Projeto é um trabalho, com datas de início e término, com resultado final previamente estabelecido, em que são alocados e administrados os recursos, tudo isso sob a responsabilidade de um coordenador.

Na Figura 3.11, é apresentado um organograma representativo de uma departamentalização por projetos em uma parte da empresa.

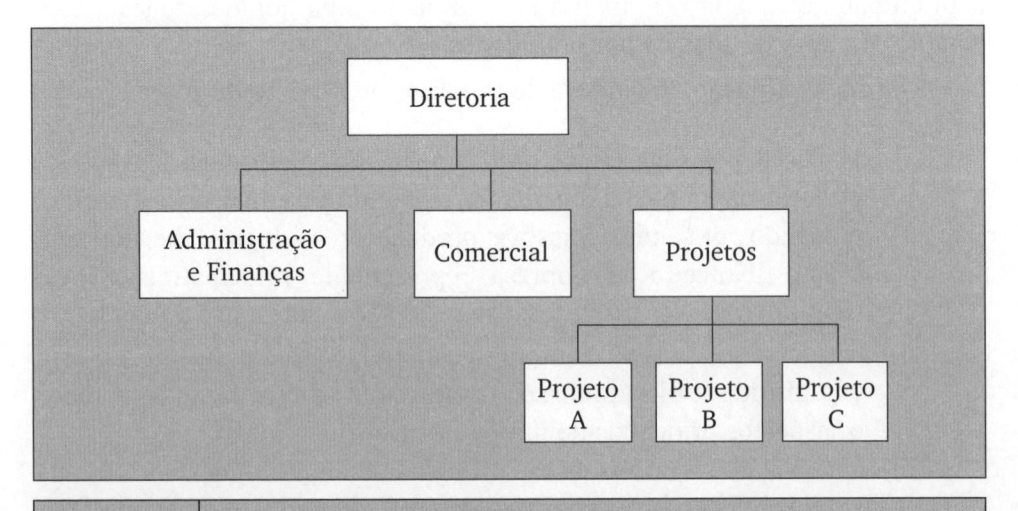

Figura 3.11 *Departamentalização por projetos.*

As principais vantagens desse tipo de departamentalização são:

- permite alto grau de responsabilidade da equipe de execução do projeto;
- possibilita que os funcionários envolvidos tenham elevado grau de conhecimento de todos os trabalhos inerentes ao projeto;
- facilita os trabalhos, pela realização de atividades em equipes multidisciplinares;
- tem alto grau de versatilidade e adaptabilidade, aceitando novas ideias e técnicas durante o desenvolvimento dos trabalhos;
- possibilita melhor atendimento ao cliente do projeto; e
- permite melhor cumprimento de prazos e orçamentos.

Por outro lado, as principais desvantagens da departamentalização por projetos são:

- se o coordenador do projeto não estiver cuidando adequadamente da parte administrativa, ou dando excessiva atenção à parte técnica, pode gerar uma situação de recursos ociosos ou mal utilizados, prejudicando a empresa do ponto de vista econômico;
- geralmente, não apresenta um sistema adequado de comunicação e de tomada de decisão, principalmente porque cada equipe procura dedicar-se ao seu próprio projeto, esquecendo que é parte integrante da empresa;
- o tamanho das equipes dos projetos tem-se apresentado, na maior parte das vezes, como um problema, pois sua eficácia e eficiência estão diretamente relacionadas com o seu tamanho, isto é, quanto maior for a equipe, menor é a probabilidade de sucesso da mesma. Se uma equipe se tornar muito numerosa, seu poder de maleabilidade, manobra, flexibilidade e seu sentido de responsabilidade coletivo tendem a ser diminuídos; por outro lado, suas limitações em termos de comunicação, preocupação com problemas internos e relacionamento humano podem ficar evidenciadas.

A seguir, são apresentadas algumas condições para utilização que maximizam as vantagens da estrutura por projetos (Vasconcellos, 1980, p. 6):

- existência de projetos multidisciplinares, em que há necessidade de interação frequente entre as especialidades técnicas;

- projeto de longa duração, com grande equipe em tempo integral, mas com pouca oscilação no nível de utilização;
- atendimento aos prazos é fundamental para o sucesso dos trabalhos;
- mudanças no ambiente exigem constantes alterações no projeto;
- equipe técnica de alto nível podendo prescindir de um chefe funcional, ou então baixo nível de diversificação, o que permite ao gerente do projeto melhor supervisão técnica;
- gerentes e equipe técnica de projetos altamente capacitados, tanto técnica como administrativamente; e
- equipe técnica com características de personalidade favoráveis para resistir ao maior nível de incerteza e à instabilidade do ambiente empresarial e da própria empresa.

Para maiores detalhes a respeito desse assunto, analisar o livro *Administração de projetos*, dos mesmos autor e editora.

3.3.8 Departamentalização matricial

Nesse caso, há a sobreposição de dois ou mais tipos de departamentalização sobre a mesma pessoa. Geralmente, essa sobreposição refere-se à fusão da estrutura funcional – ver seção 3.3.1 – com a estrutura por projetos – ver seção 3.3.7.

A departamentalização matricial não leva em consideração o princípio clássico de unidade de comando estabelecido por Fayol, em 1916, em seu livro *Administração industrial e geral*. No entanto, o conflito interno preconizado pela escola clássica pode ser evitado se existir clara definição de atribuições de cada um dos profissionais atuantes na estrutura organizacional da empresa.

Os gerentes de projetos não apreciam assumir responsabilidades sem autoridade completa sobre os elementos funcionais, e esses, por sua vez, não gostam de ter muitos chefes. Por outro lado, os gerentes funcionais também não apreciam compartilhar responsabilidades com os gerentes de projetos.

A departamentalização matricial, tendo em vista sua característica de responsabilidade compartilhada, exige nível de confiança mútua e capacidade de improvisação na solução de problemas. Dessa forma, é importante o estudo de liderança dos profissionais da alta administração, que têm grande influência em relação ao conflito inevitável desse tipo de departamentalização, que pode ser minimizado, se administrado com eficiência, eficácia e transparência.

Outra tendência dos gerentes de projetos, na departamentalização matricial, é a de tentar alocar a maior quantidade de recursos para si por meio de monopolização dos setores funcionais. Se esse processo não for evitado, as funções são enfraquecidas e, eventualmente, perderão toda a sua importância na empresa.

Por outro lado, permitir às unidades funcionais que não se envolvam com as necessidades dos gerentes de projetos anula os benefícios potenciais assegurados pela departamentalização matricial, e pode ocorrer que os gerentes de projetos desistam de levar a cabo suas tarefas e *desistam* da empresa.

Finalmente, o grande inconveniente da departamentalização matricial é a dificuldade de definir claramente as atribuições e as autoridades de cada profissional na estrutura organizacional e minimizar conflitos inevitáveis; no entanto, para as empresas que possam utilizá-la adequadamente, a departamentalização matricial proporciona vantagens interessantes.

A departamentalização matricial pode ser visualizada na Figura 3.12:

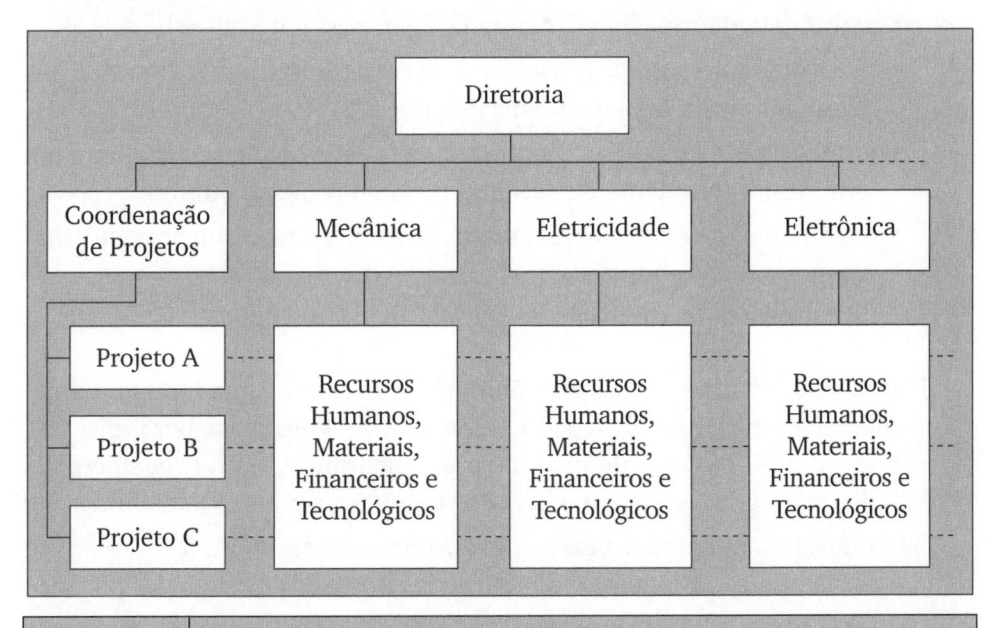

| Figura 3.12 | *Departamentalização matricial.* |

Do ponto de vista evolutivo, a departamentalização matricial surgiu porque as formas tradicionais de organizar as empresas não eram eficazes para lidar com atividades complexas, envolvendo várias áreas do conhecimento científico e com prazos determinados para sua realização.

As principais razões que levam a departamentalização funcional a fracassar nesses tipos de circunstâncias são (Vasconcellos; Hensley; Sbragia, 1977, p. 2):

- baixo grau de integração entre áreas cada vez mais especializadas;
- falta de um coordenador geral para o projeto com visão ampla para integrar as várias especificações e correlaciná-las com as necessidades dos diversos e diferentes clientes; e
- falta de motivação dos especialistas responsáveis por partes de uma atividade maior, sem entendimento satisfatório de como elas estão correlacionadas com o esforço total.

Por outro lado, a departamentalização por projetos também provou ser insatisfatória naquelas circunstâncias devido às seguintes razões:

- existência de capacidade ociosa de recursos materiais e humanos;
- falta de oportunidades para troca de experiências entre especialistas de uma mesma área de conhecimento;
- duplicação de esforços quando dois ou mais técnicos trabalham em um mesmo problema ou assunto, mas em projetos diferentes;
- baixo nível de desenvolvimento do especialista em sua área de atuação; e
- instabilidade na formação de equipes multidisciplinares de trabalho.

Portanto, a departamentalização matricial surgiu como uma forma intermediária entre esses dois tipos de departamentalização – funcional e por projetos –, reduzindo as desvantagens de cada uma e procurando, de forma sinérgica, usufruir das vantagens de cada um dos referidos tipos de departamentalização.

Salienta-se que, algumas vezes, a departamentalização matricial aparece como o cruzamento das departamentalizações dos tipos funcional e por produtos ou serviços.

As principais vantagens de estrutura matricial são:

- possibilidade de maior aprimoramento técnico da equipe de trabalho;
- coordenação da equipe de forma mais adequada e coerente;
- maior desenvolvimento da capacitação profissional;
- maior especialização nas atividades desenvolvidas;

- uso adequado dos vários recursos;
- maior cumprimento dos prazos e do orçamento inerentes às diversas atividades a serem realizadas; e
- melhor atendimento aos clientes do projeto.

As principais desvantagens da estrutura matricial são:

- dupla subordinação, gerando um clima de ambiguidade de *papéis* e de relações entre os profissionais da empresa; e
- conflitos de interesses entre os chefes funcionais e os chefes de projetos.

3.3.9 Departamentalização mista

É o tipo mais frequente, pois cada parte da empresa deve ter a estrutura que mais se adapte a sua realidade organizacional.

Na Figura 3.13, é apresentado um organograma representativo de departamentalização mista (projetos, funcional e territorial).

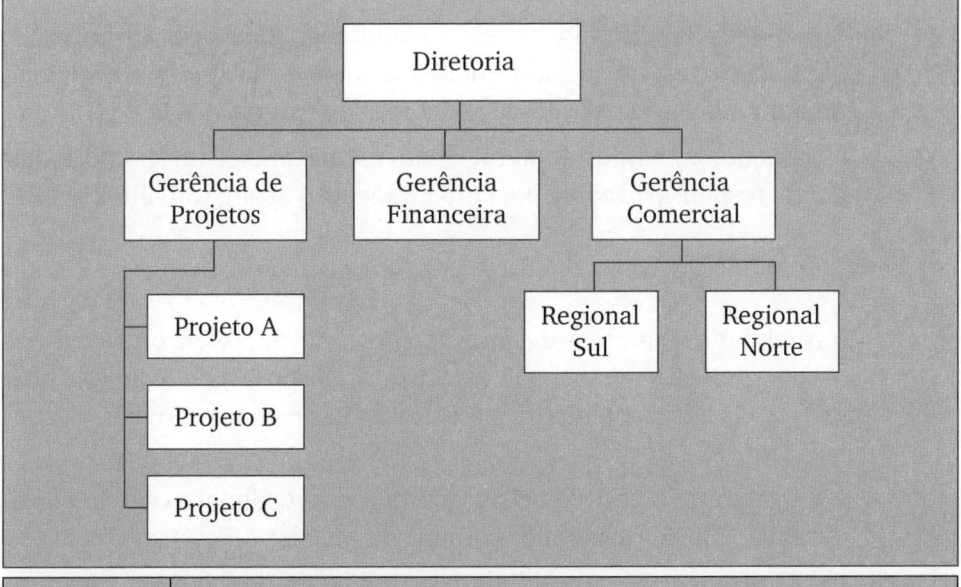

Figura 3.13 | *Departamentalização mista.*

3.4 REPRESENTAÇÃO GRÁFICA DA DEPARTAMENTALIZAÇÃO

Foi verificado que a representação gráfica da departamentalização é efetuada pelos organogramas, os quais explicitam determinados aspectos da estrutura organizacional.

A apresentação completa da estrutura organizacional só pode ser efetuada pelo manual de organização, desde que esse considere todos os aspectos de uma estrutura organizacional, conforme apresentado na seção 8.2.

Existem outras formas de representação das departamentalizações das empresas, as quais, mesmo não sendo muito utilizadas como os organogramas tradicionais apresentados nas Figuras 3.3 a 3.13, também devem ser consideradas, pois abordam algumas características interessantes.

3.4.1 Organograma linear

A principal característica deste tipo de organograma é estruturar, resumidamente, as atividades básicas e os tipos de decisão correlacionados a cada unidade organizacional da empresa.

O organograma linear revela (Vasconcellos; Kruglianskas; Sbragia, 1984, p. 14):

- a atividade ou decisão correlacionada com uma posição ou cargo organizacional, mostrando quem participa e em que grau, quando uma atividade ou decisão deve ocorrer na empresa; e
- as relações e os tipos de autoridade que devem existir quando mais de um responsável contribui para a execução de um trabalho comum.

O organograma linear apresenta as seguintes características:

- um conjunto sintético de informações relevantes encontráveis em organogramas e manuais de organização dispostos na forma de uma matriz, com cruzamento de informações nas colunas verticais e linhas horizontais;
- um conjunto de posições e/ou cargos organizacionais a serem considerados, que constituem as colunas da matriz;
- um conjunto de responsabilidades, atividades, decisões etc. dispostas de forma que constituam as linhas da matriz; e

- os símbolos que indicam o grau de extensão de responsabilidade e autoridade, de forma que explicitem as relações entre as linhas e colunas, inseridos nas respectivas células da matriz.

Um organograma linear é apresentado no Quadro 3.1:

Quadro 3.1 | *Organograma linear.*

Função/Cargo Atividade/Decisão	Gerente de Projetos	Gerente Administrativo e Financeiro	Diretor-Geral
Elabora orçamento			
Elabora proposta			
Contrata mão de obra			
Libera pagamentos			
O – Decide X – Analisa o – Aprova □ – Implementa ⊗ – Confere			

As principais vantagens do organograma linear são:

- permite a visualização geral das responsabilidades e das autoridades pelas funções estabelecidas a cada cargo da empresa, quer esse seja ou não alocado nas diferentes unidades organizacionais da empresa;
- possibilita caracterizar a forma pela qual uma função se relaciona com as demais dentro da empresa;
- permite a efetivação de análises objetivas da estrutura organizacional; e
- possibilita eliminar ambiguidades no processo decisório.

As principais desvantagens do organograma linear são:

- não considera a estrutura informal que, aliás, é uma desvantagem de todo e qualquer tipo de organograma; e
- não é de leitura fácil, pois as pessoas não estão acostumadas a trabalhar com essa forma de representação gráfica.

3.4.2 Organograma vertical

O organograma identifica, de forma sequencial, os diversos cargos de chefia de uma empresa, preferencialmente junto com o nome básico da unidade organizacional (departamento, seção).

Um exemplo de organograma vertical é apresentado no Quadro 3.2:

Quadro 3.2	Organograma vertical.

Presidente			
Diretor Financeiro			
	Gerente de Controladoria		
		Chefe do Departamento de Contabilidade Chefe do Departamento de Custos Chefe do Departamento de Orçamento	
	Gerente de Tesouraria		
		Chefe do Departamento de Operações Financeiras Chefe do Departamento de Contas a Pagar e a Receber	
Diretor Administrativo			
	Gerente de Recursos Humanos		
		Chefe de Desenvolvimento de Recursos Humanos	
			Supervisor da Seção de Recrutamento e Seleção Supervisor da Seção de Treinamento

O organograma vertical, conforme mostrado no Quadro 3.2, não é muito utilizado nas empresas, pois, normalmente, elas apresentam seus organogramas nas formas que foram expostas anteriormente nas seções 3.2 e 3.3 e suas várias divisões.

3.5 ESTABELECIMENTO DA MELHOR DEPARTAMENTALIZAÇÃO

No estabelecimento de determinado tipo de departamentalização, podem surgir problemas quanto a sua escolha; e, para evitar isso, podem-se seguir certos princípios apresentados por Koontz e O'Donnell (1973, p. 49), a saber:

- princípio de maior uso, que estabelece que a unidade organizacional que mais uso fizer de uma atividade deve tê-la sob sua responsabilidade e autoridade;
- princípio de maior interesse, para o qual a unidade organizacional que mais interesse tiver por uma atividade deve supervisioná-la;
- princípio de separação do controle, que estabelece que as atividades de controle devem ser autônomas, independentes e separadas das atividades que estão sendo controladas; e
- princípio da supressão de concorrência, que estabelece a necessidade de eliminar a concorrência entre unidades organizacionais, agrupando atividades correlatas em uma única unidade organizacional. Em certos casos, porém, a rivalidade entre unidades organizacionais é salutar quando cria uma competição natural e leal.

Salienta-se que, embora esses princípios existam há muito tempo e sejam consagrados pela administração, a maior parte das empresas parece desconhecê-los e, portanto, não os aplica, prejudicando qualquer forma de departamentalização utilizada.

Outro critério básico para departamentalização está baseado na diferenciação e na integração, cujos princípios são:

a) Diferenciação, cujo princípio estabelece que as atividades diferentes devem ficar em unidades organizacionais separadas

A diferenciação ocorre quando:

- o fator humano é diferente, com conhecimentos, habilidades e capacitações diferentes; ou
- a tecnologia e a natureza das atividades são diferentes; ou
- os fatores do ambiente externo que influenciam a atuação das unidades organizacionais consideradas são diferentes; ou
- os objetivos, as estratégias e as políticas das diversas unidades organizacionais são diferentes.

b) Integração, cujo princípio estabelece que, quanto mais as atividades trabalham integradas, maior razão há para ficarem na mesma unidade organizacional

Os fatores que levam à integração são:

- necessidades de coordenação; e
- economia de escala.

RESUMO

Neste capítulo, foram apresentadas as principais formas de as empresas departamentalizarem as suas atividades.

Para facilitar o estudo, foram estabelecidos dois grupos de departamentalização.

O primeiro considerou as departamentalizações que podem ser denominadas como mais modernas, tais como a governança corporativa, a rede de integração entre empresas, as unidades estratégicas de negócios, bem como a departamentalização por processos, sendo que este último tipo aparece neste grupo, única e exclusivamente, pela situação evolutiva e de maior amplitude pela qual está passando dentro da realidade administrativa das empresas.

No segundo grupo, o de departamentalizações mais tradicionais, foram analisadas a departamentalização funcional – muito utilizada pelas empresas –, a por quantidade – pouquíssimo utilizada –, a por turno, a territorial, a por clientes, a por produtos ou serviços, a por projetos, a matricial, bem como a departamentalização mista, que é a mais utilizada pelas empresas.

Também foram abordadas outras formas de representação gráfica da departamentalização das empresas, como os organogramas linear e vertical.

E, finalmente, foram apresentadas as principais questões a serem consideradas para a melhor departamentalização nas empresas.

QUESTÕES PARA DEBATE

1. Estabelecer, para cada tipo de departamentalização, as consequências positivas e as negativas de sua utilização.
2. Estabelecer, para cada tipo de departamentalização, as condições que favorecem sua utilização pela empresa.

3. Com base na realidade da empresa onde você trabalha, desenvolver um organograma linear para uma parte da empresa. E também um organograma vertical.
4. Discutir os aspectos básicos da estrutura para rotinas e para inovação numa empresa.
5. Debater aspectos complementares que as empresas devem considerar para a departamentalização por Unidades Estratégicas de Negócios (UENs).
6. Debater aspectos complementares da departamentalização por processos.
7. Debater aspectos complementares da governança corporativa.
8. Debater aspectos complementares da rede de integração entre empresas.

CASO: ANÁLISE E DEBATE DA MELHOR DEPARTAMENTALIZAÇÃO PARA A ALPHA PECUÁRIA, AGRÍCOLA, INDÚSTRIA E COMÉRCIO LTDA.

Com base na análise da atual realidade organizacional da Alpha e considerando todos os aspectos que você abordou na metodologia de desenvolvimento, implementação e avaliação de uma estrutura organizacional, deve ser iniciado o debate da melhor departamentalização da Alpha.

Alguns dos assuntos estratégicos definidos que vão direcionar a estruturação organizacional da Alpha são:

a) A visão da Alpha é ser referência no processo de distribuição dos seus produtos e serviços.
b) A missão da Alpha é atender às necessidades de alimentação saudável e nutritiva da comunidade onde atua.
c) Os principais valores da Alpha são:
- ter transparência absoluta em todos os seus atos;
- ter processos eficazes;
- ter sistema de trabalho participativo e integrado;
- ter adaptabilidade, flexibilidade e objetividade;
- ter atuação com plena responsabilidade social e ambiental;
- ter lideranças compartilhadas;

- ter aprendizagem contínua e sustentada; e
- ter reconhecimento das contribuições individuais e das equipes.

d) A Alpha vai sistematizar e consolidar o processo de pesquisa e de análise de mercado.

e) A tecnologia aplicada representa uma vantagem competitiva atual da Alpha, embora ela comece a perceber uma dificuldade cada vez maior de acompanhar a evolução tecnológica do seu setor de atuação.

f) Os seus principais objetivos são (você deve estabelecer as respectivas quantificações dos objetivos):

- aumentar a participação no mercado;
- aumentar os níveis de produtividade;
- aumentar a receita líquida; e
- aumentar o conjunto de produtos e serviços oferecidos.

g) As principais estratégias e políticas da Alpha – correlacionadas aos objetivos estabelecidos – devem ser redigidas por você.

Com base nos resultados dos dois casos anteriores – Capítulos 1 e 2 –, bem como no apresentado neste capítulo, você deve estabelecer três alternativas de organograma, utilizando departamentalizações modernas e tradicionais, mesclando diferentes formas de departamentalização para um mesmo organograma.

Você deve desenvolver um processo de análise e de debate das vantagens e desvantagens de cada organograma representativo da estrutura organizacional – no todo e em cada uma de suas partes – e consolidar o organograma que represente a estrutura organizacional ideal para a Alpha.

Se julgar válido, pode estabelecer o organograma ideal a ser implementado a curto prazo e o organograma representativo para a estrutura organizacional que será implementado a médio prazo na Alpha.

4
Atividades-fins e atividades de apoio

"A lei suprema da invenção humana é que só se inventa trabalhando."

Émile – Augusto Chartier Alain

4.1 INTRODUÇÃO

Neste capítulo, são apresentados os principais aspectos inerentes às atividades-fins e às atividades de apoio das empresas.

Esse não é um assunto ao qual as empresas têm proporcionado a importância devida. Entretanto, quando se efetuam o estudo e a análise desse assunto, as empresas podem ficar numa situação mais adequada para desenvolver as suas atividades.

No fim deste capítulo, você estará em condições de responder a algumas questões, tais como:

- O que representam as atividades-fins e as atividades de apoio para as empresas?
- Quais os conflitos que podem ocorrer entre os profissionais alocados nas unidades organizacionais-fins e nas unidades organizacionais de apoio?
- Como a empresa pode melhor utilizar as atividades-fins e as atividades de apoio?

4.2 DIFERENÇAS ENTRE ATIVIDADES-FINS E ATIVIDADES DE APOIO

As atividades-fins também podem ser denominadas de atividades de linha; e as atividades de apoio podem ser designadas como atividades de assessoria.

Existem duas formas de diferenciar as atividades de linha e as de assessoria nas empresas.

Na primeira forma, a mais tradicional, considera-se que as unidades organizacionais de linha têm ação de comando, enquanto as unidades organizacionais de assessoria não têm ação de comando, pois apenas aconselham as unidades de linha no desempenho de suas atividades. Nesse caso, a representação gráfica da estrutura, por meio do organograma, pode ser visualizada na Figura 4.1:

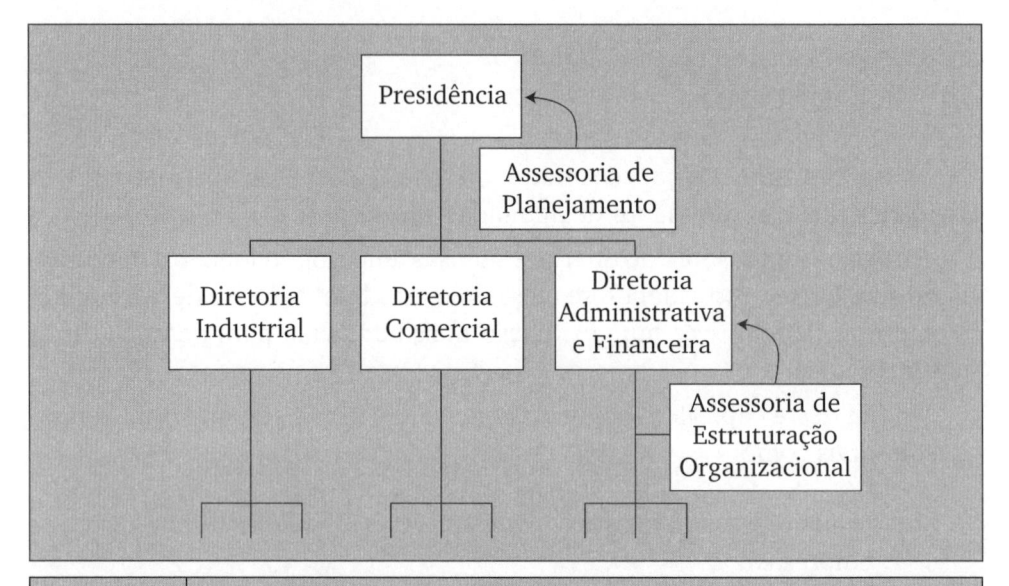

```
                    Presidência
                         |
                         +---- Assessoria de
                         |     Planejamento
                         |
    +--------------+-----+------------+
    |              |                  |
Diretoria      Diretoria         Diretoria
Industrial     Comercial         Administrativa
                                 e Financeira
                                      |
                                      +---- Assessoria de
                                            Estruturação
                                            Organizacional
```

Figura 4.1 | *Linha como executante e assessoria como conselheira.*

No exemplo apresentado, a Assessoria de Planejamento complementa a Presidência nas questões de planejamento, assim como a Assessoria de Estruturação Organizacional complementa a Diretoria Administrativa e Financeira nas questões organizacionais da empresa.

A outra forma de apresentar a diferenciação entre linha e assessoria é considerar as unidades organizacionais de linha como ligadas às atividades-fins da empresa, enquanto as unidades organizacionais de assessoria como ligadas às atividades-meios ou de apoio da empresa.

Na prática, essa segunda forma de apresentar a diferenciação entre linha e assessoria é mais interessante, quando se abordam as questões organizacionais nas empresas, pelo simples fato de se procurar estabelecer quais são as atividades mais importantes e essenciais para os negócios das empresas.

Embora possa ocorrer um questionamento por parte de você, muitas empresas que têm suas estruturas organizacionais adequadamente elaboradas utilizam esse raciocínio – simples, mas eficaz – de estabelecer os níveis de importância das atividades realizadas pela empresa. Nesse caso, pode-se ter o organograma visualizado na Figura 4.2:

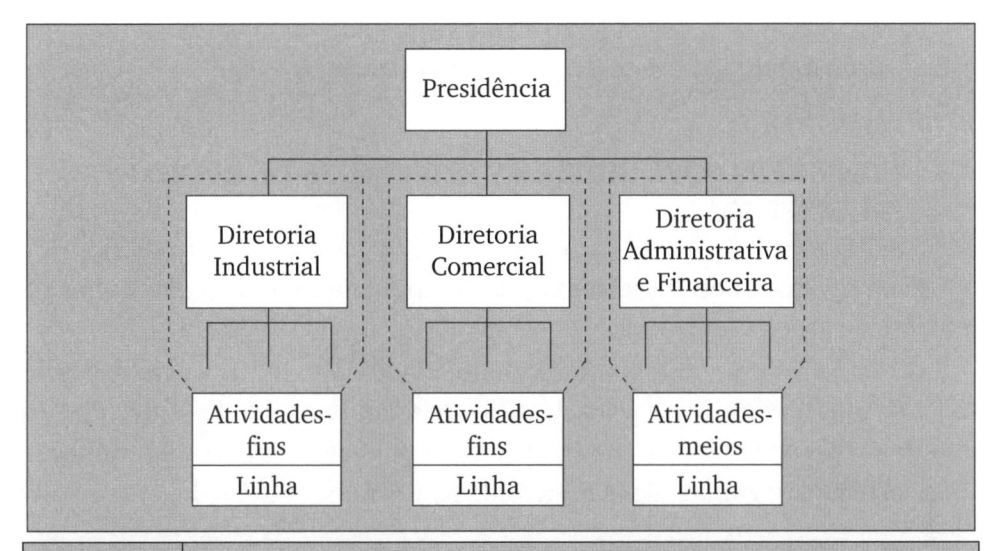

```
                        Presidência
                             |
        ┌────────────────────┼────────────────────┐
   Diretoria             Diretoria            Diretoria
   Industrial            Comercial          Administrativa
                                             e Financeira
        |                    |                    |
   Atividades-          Atividades-          Atividades-
      fins                 fins                meios
      Linha                Linha               Linha
```

Figura 4.2 | *Linha como atividade-fim e assessoria como atividade-meio.*

Na realidade, podem-se considerar as atividades de linha como as diretamente ligadas às de operacionalização da empresa, enquanto as atividades de assessoria estão mais ligadas ao aconselhamento, análise e estudos das atividades do chefe, procurando, principalmente, liberá-lo de algumas tarefas de estudos e pareceres.

Todavia, nem por isso a assessoria deixa de realizar trabalhos específicos, ligados às atividades gerais da empresa.

Em termos estruturais, é importante a consideração das unidades de linha como atividades-fins e das unidades de assessoria como atividades-meios ou de apoio, para desenvolver o processo da seguinte forma:

- as unidades organizacionais inerentes às atividades-fins devem ser as primeiras a serem estruturadas, de maneira perfeitamente integrada com os fatores ambientais ou externos da empresa (mercado, fornecedores, concorrentes, legislação etc.); e
- as unidades organizacionais inerentes às atividades-meios ou de apoio devem ser estruturadas posteriormente, tendo em vista atender às necessidades das unidades organizacionais ligadas às atividades-fins da empresa.

Entretanto, esse procedimento não é respeitado na maior parte das empresas, provocando uma série de problemas estruturais.

4.3 CONSIDERAÇÕES SOBRE AS ATIVIDADES DE APOIO OU DE ASSESSORIA

Pode-se afirmar que assessor é uma extensão do executivo em termos de tempo e de aspectos técnicos.

O tempo refere-se à falta de disponibilidade do executivo para executar todas as suas tarefas. Os aspectos técnicos referem-se à falta de conhecimento do executivo sobre todos os assuntos que tramitam sob sua área de ação.

Existem os seguintes tipos básicos de assessoria:

- assistente, que corresponde a um auxiliar pessoal do chefe;
- assessoria geral, composta por profissionais que fazem com que o trabalho do executivo seja executado de modo adequado;
- assessoria especializada, composta por profissionais que têm treinamento ou qualificação especializada, de modo a deter conhecimentos específicos; e
- serviços de operação, que são os sistemas de trabalho de importância secundária e que apenas existem para apoiar ou realizar serviços ao principal sistema de trabalho da empresa.

Existem algumas desvantagens no uso da assessoria, dentre as quais se podem citar:

- quando usada como uma *válvula de escape* dos erros do superior imediato, o qual ocupa uma unidade de linha;
- quando a assessoria dificultar a delegação de tarefas ao pessoal de linha;
- quando a assessoria assumir funções executivas de linha, dificultando o processo administrativo;
- quando o executivo tender a ignorar seus subordinados de linha, em benefício dos subordinados de assessoria;
- quando ocorrerem diferenças e atritos pessoais entre o pessoal de linha e de assessoria, prejudicando o desenvolvimento dos trabalhos na empresa;

- quando os custos operacionais da unidade organizacional de assessoria forem muito elevados em relação aos benefícios proporcionados à empresa;
- quando sobrecarregar o pessoal alocado nas unidades organizacionais de linha;
- quando enfraquecer a influência do superior de linha; e
- quando provocar uma administração autocrática e inflexível.

Quanto aos requisitos para o êxito do trabalho da assessoria, os mais importantes são (Simeray, 1970, p. 143):

- facilitar ao assessor o acesso às informações necessárias, por meio de contatos frequentes e de fácil comunicação;
- consultar o assessor antes de tomar qualquer decisão no setor que lhe está afeto;
- deixar ao assessor a iniciativa de promover a ação necessária nas atividades em que estiver envolvido; e
- insistir em que o assessor *venda* suas ideias para as unidades organizacionais de linha.

Entretanto, o executivo deve estar atento às condições que favorecem o uso da assessoria, dentre as quais são citadas:

- quando abrange apenas um aspecto secundário da operação total considerada;
- quando os chefes das unidades organizacionais de linha não possuem o necessário conhecimento técnico para o desenvolvimento do trabalho considerado; e
- quando é essencial assegurar ação uniforme em e entre várias unidades organizacionais de linha.

Neste ponto, podem-se fazer algumas considerações sobre o problema da localização das unidades organizacionais de assessoria na empresa, quando se pode decidir analisando alguns aspectos, tais como:

- maior necessidade ou utilização;
- importância do serviço realizado; e
- requisitos que devem ser levados em conta para a operação efetiva da assessoria.

4.4 CONSIDERAÇÕES SOBRE AS ATIVIDADES-FINS OU DE LINHA

Neste caso, os executivos encarregados pelas funções básicas da empresa têm responsabilidade e autoridade globais no que tange às atividades, direta ou indiretamente, correlacionadas com as funções principais da empresa.

A autoridade desce numa linha direta, do superior ao subordinado, até o nível operativo, com cada executivo tendo jurisdição e responsabilidade pelo desempenho de todas as atividades necessárias a essa função principal considerada no processo.

Normalmente, as atividades-fins ou de linha são mais fáceis de ser estabelecidas e detalhadas do que as atividades de assessoria ou de apoio, pois aquelas têm os resultados esperados melhor definidos e entendidos.

4.5 ASPECTOS CONFLITANTES ENTRE ATIVIDADES-FINS E ATIVIDADES DE APOIO

Numa estrutura organizacional que tenha atividades de linha e de assessoria, podem surgir determinados conflitos.

Sem analisar quem tem razão nessa situação, apresentam-se no Quadro 4.1 as razões mais comuns do conflito entre as unidades organizacionais de linha e as de assessoria, de acordo com os argumentos mais comuns de cada uma das partes (Vasconcellos, 1972, p. 24).

Quadro 4.1 *Razões mais comuns do conflito linha × assessoria.*

Linha (argumentos contra a assessoria)	Assessoria (argumentos contra o pessoal da linha)
1. Ameaça da autoridade 2. Longe da realidade, ou seja, da prática 3. Não assume a responsabilidade pela operação 4. Consultar o assessor leva tempo 5. Assessor não agrega valor ao produto ou serviço oferecido pela empresa	1. Ressente-se por não ser unidade organizacional-fim 2. Não tem autoridade 3. Seu trabalho não é utilizado como deveria ser 4. Pessoal de linha está envolvido com a rotina e não tem tempo para pensar, criticar e melhorar o trabalho elaborado pela assessoria 5. Linha não tem visão de conjunto 6. Linha não quer mudar

Como conclusão das relações entre linha e assessoria, pode-se afirmar que, se o conflito é bom ou mau para a empresa, ou pode tornar-se útil para ela, não depende tanto da manipulação do conflito, como das condições subjacentes de toda a empresa.

Portanto, esse conflito deve ser visto como um sintoma dos problemas mais básicos que requerem adequada atenção dos executivos e como uma variável interveniente na empresa, que precisa ser considerada, usada e mantida dentro de certas fronteiras.

As principais sugestões para reduzir os conflitos entre linha e assessoria são:

- verificar se o assessor realiza tarefas de linha, ou seja, se existe conflito e/ou sobreposição de atuação ou de responsabilidades;
- especificar, divulgar e provocar conversas e troca de ideias quanto às atribuições do assessor;
- promover a participação da linha nas atividades de assessoria;
- procurar assessores com experiência de linha, ou seja, que entendam o que acontece do *outro lado da mesa*;
- dividir o crédito ou o fracasso das realizações entre assessoria e linha;
- sensibilizar a assessoria e a linha para possíveis causas de conflito. Uma forma para corrigir essa situação é executar reuniões entre pessoal de linha e assessoria e discutir casos em que cada um se coloca na posição do outro; e
- contratar, principalmente os assessores, com habilidades interpessoais, tendo em vista uma atitude proativa quanto à otimização dos relacionamentos entre os profissionais da empresa.

RESUMO

Neste capítulo, foram apresentados os aspectos básicos das unidades organizacionais fins ou de linha e as de apoio ou assessoria nas empresas.

As empresas devem examinar profundamente esse assunto, procurando tirar o máximo de proveito da atuação de cada um desses dois tipos de unidades organizacionais.

E não se deve esquecer dos aspectos comportamentais que podem gerar conflitos de atuação entre linha e assessoria.

QUESTÕES PARA DEBATE

1. Você gostaria de trabalhar como assessor ou em cargo de linha? Justifique a resposta.
2. Analise e complemente o quadro de possíveis conflitos entre as unidades de assessoria e de linha numa empresa.
3. Liste e analise as características básicas das unidades de linha e de assessoria numa empresa.

CASO: IDENTIFICAÇÃO, ANÁLISE E ESTRUTURAÇÃO DAS ATIVIDADES-FINS E DAS ATIVIDADES DE APOIO DA ALPHA PECUÁRIA, AGRÍCOLA, INDÚSTRIA E COMÉRCIO LTDA.

Com base no organograma que você estabeleceu como o mais representativo da situação ideal da estrutura organizacional da Alpha, solicita-se que você, dentro de uma lógica de processo, separe as unidades organizacionais de Alpha em dois grupos:

- unidades organizacionais que congreguem as atividades-fins da Alpha; e
- unidades organizacionais que consolidem as atividades de apoio para as atividades-fins da Alpha.

A seguir, você deve identificar, entre as unidades organizacionais com atividades de apoio, quais devem ficar com atuação em linha – na estrutura hierárquica – e as unidades organizacionais que podem atuar como assessoria.

Você também deve analisar se algumas atividades atualmente alocadas nas unidades organizacionais-fins da Alpha podem ser consideradas – e transferidas – como atividades de apoio.

E, finalmente, deve debater como as unidades-fins e as unidades de apoio devem atuar na Alpha, tendo em vista minimizar os possíveis conflitos.

É válido, também, você começar a se preparar para debater, com alguns familiares da Alpha, a sua atuação como assessor externo ou consultor, pois é bem provável que alguns questionamentos deverão ocorrer ao longo do tempo.

5
Atribuições das unidades organizacionais

"Só não erra nunca quem nunca fez nada."

William Connor Magee

5.1 INTRODUÇÃO

O conteúdo deste capítulo é inerente ao processo de identificação, análise, definição, alocação e avaliação das atribuições das diversas unidades organizacionais das empresas.

Essa é uma questão que pode ser complexa ou simples, dependendo da abordagem que for utilizada.

Se a abordagem do processo de estabelecimento das atribuições estiver correlacionada aos resultados a serem alcançados – estabelecidos no plano estratégico –, todo o trabalho subsequente estará facilitado, pois os profissionais da empresa conseguem entender as finalidades e os resultados de suas atribuições.

Portanto, deve ocorrer forte interação dos trabalhos de estabelecimento das atribuições das unidades organizacionais das empresas com a Fase 1 da metodologia de desenvolvimento da estrutura organizacional (ver seção 2.3.1).

Ao final da leitura deste capítulo, será possível responder a algumas importantes questões, a saber:

- Como elaborar as fichas de funções?
- Como levantar as informações inerentes às atribuições das unidades organizacionais?
- Como estruturar os comitês?

5.2 FICHAS DE FUNÇÕES

> Ficha de funções é a descrição da linha de subordinação e do conjunto de atribuições – inerentes às funções administrativas de planejamento, organização, direção, gestão de pessoas e avaliação –, bem como dos níveis de alçada decisória de cada unidade organizacional da empresa.

Um modelo de ficha de funções, no qual são apresentadas todas as funções conjuntamente, pode ser visualizado na Figura 5.1.

Na elaboração de um manual de organização – ver Capítulo 8 –, julga-se ser essa a melhor forma de apresentação. Outra forma é separar as atribuições comuns ao nível hierárquico das específicas ao cargo, única e exclusivamente para eliminar o aspecto repetitivo.

Planos	Ficha de Funções	Vigência _/_/_	Revisão _/_/_	Nº	Folha

– UNIDADE ORGANIZACIONAL:
 – SIGLA:
 – CENTRO DE CUSTOS OU DE RESULTADOS:
 – CARGO:
 – SUPERIOR IMEDIATO:
 – SUBORDINADOS DIRETOS:
 – LIGAÇÕES FUNCIONAIS:
 – ESTILO DE ATUAÇÃO:
 – RESPONSABILIDADE BÁSICA:
 – FUNÇÕES:
 1. Relativas à planejamento
   .
   .
 2. Relativas à organização
   .
   .
 3. Relativas à direção
   .
   .
 4. Relativas à gestão de pessoas
   .
   .
 5. Relativas ao controle e à avaliação
   .
   .
 – NÍVEIS DE COMPETÊNCIA:
   .
   .					

Figura 5.1 | *Modelo de ficha de funções.*

5.3 NÍVEIS DE COMPETÊNCIA OU DE ALÇADA

Nível de competência ou de alçada é o estabelecimento das autoridades alocadas nas unidades organizacionais e/ou nos cargos/funções das empresas.

O quadro de alçada ou de competências tem por finalidade ilustrar os níveis de autoridade e responsabilidade dos titulares dos cargos que compõem a estrutura organizacional da empresa, visando obter maior agilidade, uniformidade e segurança no processo de tomada de decisões.

O quadro de competências é o resultado da identificação de algumas decisões relevantes que devem ser tomadas no processo operacional da empresa e dos respectivos níveis de autoridade de cada chefe de unidade organizacional.

Um exemplo é apresentado na Figura 5.2, considerando os aspectos comerciais de uma empresa de transporte aéreo.

Um quadro de competências ou de alçada pode ter as seguintes características:

a) Uma listagem de atividades, agrupadas segundo os assuntos ou áreas afins, tais como: atividades de recursos humanos, financeiras, administração de materiais, comerciais, técnicas/operacionais e gerais.

b) Símbolos que identificam a vinculação de cada decisão a determinada espécie de autoridade, tais como:
- competência simples ou relacionada a determinada pessoa ou área;
- competência comum a determinado nível hierárquico; e
- competência conjunta.

Os níveis de autoridade previstos no quadro de competências devem ser definidos com base no critério de subordinação hierárquica estabelecida na estrutura organizacional da empresa.

É importante esclarecer que as competências estabelecidas no referido quadro tratam de níveis de autoridade mínimos exigidos para a tomada de decisões. Portanto, o funcionário da mesma estrutura linear, hierarquicamente superior àquele indicado no quadro, é igualmente competente para decidir pelo subordinado.

Por outro lado, as competências podem ser exercidas por autoridades da mesma área, hierarquicamente inferiores, desde que expressamente delegadas.

Cabe ressaltar, contudo, que a delegação se refere, exclusivamente, à autoridade para a tomada de decisão, pois a responsabilidade, sendo inerente às funções, não será, em nenhuma hipótese, transferível ou delegável.

△ COMPETÊNCIA COMUM A DETERMINADO NÍVEL HIERÁRQUICO ○ COMPETÊNCIA SIMPLES ○─○ COMPETÊNCIA CONJUNTA	VIGÊNCIA / /	REVISÃO / /	FOLHA	Diretoria	Diretor de Marketing	Gerente de Marketing	Gerente de Tráfego	Gerente de Base
COMERCIAIS								
01. Estabelecer metas de vendas de passagens e carga por bases.						○		
02. Aprovar as diretrizes a serem adotadas na propaganda comercial da empresa.					○			
03. Executar o programa anual de propaganda e promoções da empresa de acordo com as diretrizes aprovadas.						○		
04. Aprovar medidas para otimização do aproveitamento das linhas regulares da empresa.				○				
05. Aprovar alterações nas linhas regulares da empresa.				○				
06. Propor, para aprovação da Diretoria, serviço diferenciado de bordo.						○─────○		
07. Representar a empresa em eventos inerentes a assuntos comerciais.					○			
08. Aprovar convênios comerciais, por meio de contratos, com outras empresas aéreas.					○			
09. Propor a celebração de contratos de agenciamento de serviços de cargas e passagens.						△	△	△
10. Aprovar contratos de agenciamento de serviços de cargas e passagens.					○			
11. Aprovar a celebração de contrato *interline*.					○			
12. Aprovar o fretamento de aeronaves de passageiros e cargas nacionais.						○		
13. Propor, para aprovação do diretor da área, a abertura e o encerramento de pontos de venda.						○		
14. Autorizar despesas extras decorrentes de voos atrasados, alterados e cancelados referentes a acomodação, alimentação e transporte.						△	△	△
15. Propor ao diretor da área o lançamento de novos produtos e serviços mercadológicos.						○		
16. Aprovar voos de reforço.						○		

Figura 5.2 | *Quadro de competências.*

5.4 COMITÊS OU COMISSÕES

Uma vez se disse que quem pode manda, quem sabe faz, quem não quer e/ou sabe mandar ou fazer constitui uma equipe de trabalho. Não se quer, neste momento, se preocupar com essa situação, mas apenas apresentar os aspectos básicos dos comitês ou comissões nas empresas.

> Comitê ou comissão é a reunião de vários profissionais, normalmente com conhecimentos multidisciplinares, para emitir, por meio de discussão organizada, uma opinião a respeito de um assunto previamente fixado, que, nascida dos debates, seja a mais adequada à realidade atual da empresa e/ou situação futura desejada.

Sobre a classificação dos comitês, há muita divergência de opiniões dos diversos autores. Apenas para fixar ideias, apresentam-se a seguir os três tipos mais difundidos:

- coordenadores, a fim de reunir indivíduos representantes de determinadas funções, ou parte deles, com o propósito de assegurar o trabalho de cada função, conduzindo-as sobre bases condizentes e em harmonia com o trabalho das demais funções;
- conselheiros, a fim de reunir determinados indivíduos que possam oferecer orientação especializada a um chefe que dela necessite; e
- educativos, a fim de constituir um meio de que se valha um chefe para manter sua equipe regularmente informada sobre acontecimentos e diretrizes que possam afetar os mesmos e, ainda, sobre as atividades de outros órgãos, sejam da empresa ou externos à mesma.

Evidentemente, enquadrar um comitê em determinada classificação não é o que mais interessa; o essencial, qualquer que seja seu tipo, é que sejam definidas e claramente entendidas suas responsabilidades e atribuições, bem como haja, por parte de seus membros, o máximo de colaboração e de boa vontade.

Eles devem compreender que a finalidade de um comitê não é de endossar essa ou aquela opinião individual, mas alcançar um resultado que seja a soma dos pontos de vista individuais apresentados. Um resultado próprio é desenvolvido a partir do pensamento conjunto do comitê.

A criação de um comitê, bem como suas atribuições, devem levar em consideração as vantagens e as desvantagens decorrentes de seu uso.

Com referência às suas vantagens e desvantagens e aspectos operacionais, Newman (1976, p. 99) apresentou uma série de considerações que, mediante uma consolidação, pode-se representar como no Quadro 5.1:

Quadro 5.1 | *Aspectos gerais dos comitês.*

Vantagens	Desvantagens
1. Julgamento colegiado. 2. Coordenação facilitada. 3. Cooperação na execução dos planos. 4. Treinamento dos membros.	1. Ação lenta e dispendiosa. 2. Responsabilidade dividida. 3. Perigo de falta de comprometimento.

Condições de uso	
Favoráveis	Desfavoráveis
1. Necessidade de grande variedade de informações para uma conclusão justa. 2. Necessidade de vários julgamentos pessoais devido à importância do assunto. 3. Necessidade de perfeita e completa compreensão para êxito no cumprimento das decisões. 4. Necessidade da coordenação de atividades de áreas que necessitam ser frequentemente ajustadas.	1. A rapidez é fator essencial. 2. A decisão não é de grande importância. 3. Não se dispõe de pessoal qualificado. 4. O problema é mais de desempenho do que de decisão.

Sugestões para o uso eficaz dos comitês
1. Definir, com clareza, os deveres e responsabilidades do comitê. 2. Selecionar os membros, levando-se em consideração as responsabilidades do comitê. 3. Dar ao comitê o necessário assessoramento. 4. Estabelecer normas de ação rápida e eficiente. 5. Designar um presidente competente e aceito pelos membros do comitê.

Funcionando como órgãos consultivos, deliberativos, de treinamento ou de planejamento, os comitês são muito úteis; tanto maior é sua utilidade, quanto mais complexos são os problemas da empresa. Nessas circunstâncias, o comitê pode estar atuando como assessoria do órgão a que pertence.

Normalmente, as empresas bastante descentralizadas ou com ramos de atividades muito diversificados e amplos sentem a necessidade de um setor que coordene a aplicação de suas diretrizes gerais, um órgão constantemente atento que concilie as variações dos fatores externos à empresa com as normas e políticas emanadas da alta administração. São, assim, criados os comitês, que completam, de maneira adequada, os serviços de direção e coordenação das empresas.

Geralmente, um comitê é constituído por um presidente, alguns membros e um secretário. Não existe regra fixa para a determinação do número de membros.

5.4.1 Atribuições dos integrantes dos comitês

Algumas das atribuições dos integrantes dos comitês ou comissões podem ser:

a) Presidente do comitê:
- orientar e dirigir os trabalhos do comitê, de forma que fique garantido seu bom funcionamento;
- coordenar discussões e julgamentos, sem impor sua vontade e tolher os demais membros; e
- supervisionar os encargos do secretário, dando-lhe as diretrizes gerais e orientando-o sobre o funcionamento do comitê.

b) Secretário do comitê:
- selecionar os assuntos a serem julgados;
- colher dados e elementos para estudo pelas diversas unidades organizacionais da empresa;
- estabelecer contato com as diversas chefias das unidades organizacionais da empresa;
- coletar índices estatísticos e consultar opiniões de terceiros com o objetivo de preparar um esquema preliminar da matéria a ser discutida;
- proceder à leitura da ata da reunião anterior, incentivar os demais membros a apresentar seus pontos de vista sobre os assuntos da or-

dem do dia e, conforme ocorram os debates, fornecer os elementos e esclarecimentos solicitados;
- redigir a ata, bem como assimilar e transformar em relatório a súmula dos julgamentos aprovados; e
- providenciar a execução das tarefas que lhe forem confiadas.

c) Membros do comitê:
- comparecer à reunião munidos de toda documentação que possa facilitar os trabalhos, bem como estar perfeitamente cientes dos assuntos que serão tratados;
- cultivar o método de, partindo de várias ideias dissociadas, reuni-las sob uma forma utilizável, proveitosa e, sobretudo, impessoal;
- contribuir, durante os trabalhos, para que seja alcançado o julgamento coletivo; e
- ter como objetivo soluções, e não apenas acordos ou fórmulas para os problemas discutidos.

5.5 QUESTIONÁRIO DE LEVANTAMENTO DAS ATRIBUIÇÕES

No Quadro 5.2, é apresentado um modelo de questionário que pode ser usado para o levantamento das atribuições das unidades organizacionais da empresa.

Conforme pode ser verificado, ele procura levantar todos os aspectos básicos inerentes às funções consideradas na descrição proposta apresentada de atribuições das unidades organizacionais (Ver Figura 5.1). Também aborda as atividades que não são realizadas no momento do levantamento, mas que são consideradas necessárias para o adequado funcionamento da unidade organizacional e da empresa.

Não se está afirmando que todas as perguntas apresentadas no questionário devam ser aplicadas nas empresas, e nem que o questionário esteja completo.

Muitas vezes, um modelo de questionário funciona mais como um roteiro estruturado de entrevista entre o analista de organização e o responsável pela unidade organizacional pesquisada.

Quadro 5.2 | Modelo de questionário de levantamento da estrutura organizacional.

Planos	Estrutura organizacional	Nº

Unidade organizacional:

1. Descreva, em sua opinião, qual a função básica de sua unidade organizacional, em termos da contribuição da mesma aos objetivos da unidade maior a que ela pertence e de toda a empresa:

   _____

2. Liste abaixo as atividades de responsabilidade de sua unidade organizacional, agrupando-as de acordo com os itens que seguem:

   2.1 Atividades de Planejamento

   a) Que atividades são realizadas para o estabelecimento dos objetivos e metas para a empresa e/ou sua unidade organizacional?

   _____

   a.1) Quais outras atividades deveriam ser realizadas?

   _____

   b) Que atividades são realizadas no desenvolvimento das políticas e estratégias relativas à empresa e/ou sua unidade organizacional?

   _____

   b.1) Quais outras atividades deveriam ser realizadas?

   _____

   c) Que atividades são realizadas no desenvolvimento e estabelecimento de processos, normas e procedimentos administrativos da empresa e/ou de sua unidade organizacional?

   _____

   c.1) Quais outras atividades deveriam ser realizadas?

   _____

   d) Que atividades de programação de trabalho da empresa e/ou de sua unidade organizacional são realizadas?

   _____

   d.1) Quais outras atividades deveriam ser realizadas?

   _____

   e) Que atividades são realizadas em relação ao desenvolvimento de novos sistemas operacionais e/ou alterações nos existentes – planejamento de procedimentos e rotinas – para sua unidade organizacional?

   _____

   e.1) Quais outras atividades deveriam ser realizadas?

   _____

| Quadro 5.2 | Continuação. |

f) Que atividades são realizadas em termos de preparação dos orçamentos de sua unidade organizacional?

f.1) Quais outras atividades deveriam ser realizadas?

g) Que atividades são executadas em termos de explicação, interpretação e disciplina dos funcionários da unidade organizacional quanto ao uso e significado de objetivos, metas, políticas, estratégias, projetos, programas, procedimentos e orçamentos?

g.1) Quais outras atividades deveriam ser realizadas?

h) Quais outras atividades inerentes à função de planejamento são executadas por sua unidade organizacional?

h.1) Quais outras atividades de apoio à função de planejamento deveriam ser executadas?

i) Que resultados sua unidade organizacional tem obtido com a realização das atividades inerentes à função planejamento?

i.1) Quais outros resultados deverão ser alcançados?

2.2 Atividades de Organização

a) Em que extensão são realizadas atividades de desenhar e manter a estrutura organizacional da empresa e de sua unidade organizacional, bem como de alterações da mesma?

a.1) Quais outras atividades deveriam ser realizadas?

b) Que atividades são realizadas quanto à definição das responsabilidades – atividades – e às alterações das mesmas, em relação a seus subordinados?

b.1) Quais outras atividades deveriam ser realizadas?

c) Que atividades são executadas quanto ao estabelecimento de sistemas – informatizados e/ou manuais – em conjunto com as áreas especializadas da empresa?

c.1) Quais outras atividades deveriam ser realizadas?

| Quadro 5.2 | *Continuação.* |

2.3 Atividades de Gestão de Pessoas
   a) Que atividades são desenvolvidas por sua unidade organizacional, visando ao aprimoramento administrativo e profissional dos funcionários da unidade?

      a.1) Quais outras atividades deveriam ser realizadas?

   b) Que atividades são realizadas para a substituição, promoção, alocação, seleção, contratação e dispensa de pessoal subordinado?

      b.1) Quais outras atividades deveriam ser executadas?

2.4 Atividades de Direção
   a) Que trabalhos de sua unidade exigem coordenação com outras unidades organizacionais da empresa?

      a.1) Quais outros trabalhos deveriam exigir essa coordenação?

   b) Que atividades de coordenação realiza entre trabalhos dentro de sua unidade organizacional?

      b.1) Quais outras atividades deveria realizar?

   c) Detalhe suas atividades de supervisão de trabalhos e de seus subordinados que são realizadas:

      c.1) Detalhe outras atividades que deveriam ser executadas:

   d) Que atividades realizadas considera como de motivação de seus subordinados?

      d.1) Quais outras atividades deveriam ser executadas para melhorar a motivação?

   e) Que atividades são realizadas relativas à solicitação e utilização de recursos: equipamentos, máquinas, materiais de escritório, pessoal, móveis e utensílios e financeiros?

      e.1) Quais outras atividades deveriam ser executadas?

| Quadro 5.2 | Continuação. |

2.5 Atividades de Execução
   a) Que atividades entre as realizações de sua unidade organizacional são executadas por você e não por seus subordinados?

   a.1) Quais outras atividades deveriam ser executadas por você?

2.6 Atividades de Controle
   a) Que indicadores de desempenho são estabelecidos para os trabalhos de sua unidade organizacional?

   a.1) Quais outros indicadores de desempenho deveriam ser estabelecidos?

   b) Que atividades são realizadas para o acompanhamento de desenvolvimento de trabalhos sob sua direção?

   b.1) Quais outras atividades deveriam ser realizadas?

   c) Que atividades de correção são realizadas quando da constatação de desvios entre o desempenho pretendido e a situação real?

   c.1) Quais outras atividades deveriam ser realizadas?

   d) Quais os relatórios de controle cuja execução é de responsabilidade de sua unidade organizacional? Para quem são enviados?

   d.1) Quais outros relatórios deveriam ser considerados e enviados?

3. Níveis de Competência
   3.1 Estabeleça os níveis de competência para assinaturas, autorizações, decisões, ações etc. que você tem para o exercício de seu cargo e função. Faça, também, os comentários sobre as alterações que julgar necessárias, para o aprimoramento de sua unidade organizacional e da empresa.

Nº	Assunto	Nível de competência	Comentários	Código

| Quadro 5.2 | *Continuação.* |

Se possível, indique o código correspondente a cada uma dessas situações:
A – Tomo decisão final.
B – Tomo decisão final, após consultar meu superior.
C – A decisão é tomada por meu superior.
D – A decisão é tomada por meu subordinado.
E – Sou informado da decisão tomada.
F – Participo da decisão, por meio de aconselhamento, sugestões etc.

4. Ligações Hierárquicas
   4.1 Indique o nome e o cargo de seu superior hierárquico:
   Nome: _____
   Cargo: _____
   4.2 Assinale com um "X" a alternativa que, normalmente, ocorre no desempenho de suas funções:
   a) Você consulta seu superior antes de realizar suas tarefas:
      ( ) todas as tarefas.
      ( ) tarefas mais importantes.
      ( ) quase nenhuma.
   b) Você presta contas ao seu superior depois de realizar suas tarefas:
      ( ) todas as tarefas.
      ( ) tarefas mais importantes.
      ( ) quase nenhuma.
   c) Você executa suas tarefas sem antes consultar seu superior e nem lhe presta contas depois:
      ( ) nenhuma tarefa.
      ( ) tarefas rotineiras.
      ( ) quase todas as tarefas.
   4.3 Relacione as pessoas que são seus subordinados imediatos e que, também, ocupam posição de chefia, indicando, para cada uma delas, o cargo que ocupa, a principal função, o número de subordinados e a alternativa (a), (b) ou (c) que melhor se adapta:
      a) O funcionário deve consultar você antes de executar a maioria das tarefas.
      b) O funcionário deve prestar contas a você depois de executar a maioria de suas tarefas.
      c) O funcionário executa a maioria de suas tarefas sem antes precisar consultar você, nem lhe prestar contas depois.
   Nome:
   Cargo:
   Função:
   Número de subordinados:
   Alternativas: (a) (b) (c)

Quadro 5.2	Continuação.

4.4 Cite o nome e o cargo de seus subordinados diretos que não ocupam posição de chefia, bem como suas principais tarefas:

Nome	Cargo	Tarefas

5. Ligações Funcionais

Indique o nome das pessoas, seus cargos e para quais tarefas você e/ou sua unidade organizacional tem ligações funcionais no desempenho de suas atividades:

Nome	Cargo	Tarefas

6. Relacionamento de Trabalho com Terceiros

   6.1 Indique o cargo dos funcionários da empresa com os quais você ou a unidade organizacional sob sua responsabilidade mantém relacionamento de trabalho, mencionando a frequência desses relacionamentos (diária, semanal etc.) e os assuntos tratados, bem como a forma como são feitos (verbal, por meio de documentos emitidos ou por meio de documentos recebidos):

Cargo das pessoas	Setor	Assunto	Frequência	V	DE	DR

V = Verbal; DE = Documentação Emitida; DR = Documentação Recebida.

   6.2 Indique a função das pessoas externas à empresa com as quais você ou a unidade organizacional sob sua responsabilidade mantém relacionamento de trabalho, mencionando a entidade a que pertencem, a frequência das relações e os assuntos tratados:

| Quadro 5.2 | Continuação. |

Função das pessoas	Entidade	Assunto	Frequência

7. Documentos
   7.1 Indique os documentos utilizados por você ou pela unidade organizacional sob sua responsabilidade, no desempenho das tarefas que lhe são atribuídas. Mencione o número de vias, procedência e destino, sempre que possível, segundo a ordem de importância de suas atividades, apresentadas no item 2.

Item	Documento	Vias	Procedência	Destino

   7.2 Indique a finalidade de cada documento, ou grupo deles, relacionado no item anterior. Se julgar necessário, critique, sumariamente, sua utilização.

Documento	Finalidade	Crítica sumária

8. Complementos
Cite o que, além do já mencionado, julgar de interesse para o entendimento das funções, responsabilidades e autoridades de sua unidade organizacional, inclusive as dificuldades que sente no desempenho de seu cargo e sugestões para seu desenvolvimento.

5.5.1 Técnicas de levantamento e de análise das atribuições das unidades organizacionais

As técnicas mais comuns de levantamento de dados e informações a respeito da estrutura organizacional são a observação pessoal, o questionário e a entrevista.

A seguir, são apresentadas considerações a respeito dessas técnicas de levantamento.

a) Observação pessoal

A técnica da observação pessoal deve ser utilizada pelo analista de organização em sua forma mais estruturada, pois, de acordo com Selltiz et al. (1974, p. 225), a observação se torna uma técnica científica à medida que:

- serve a um objetivo formulado de pesquisa e de análise de informações;
- é sistematicamente planejada;
- é sistematicamente registrada e ligada a proporções mais gerais, em vez de ser apresentada como um conjunto de curiosidades interessantes; e
- é submetida a verificações e controles de validade e precisão.

b) Questionário

O questionário é um instrumento, normalmente preparado em formulário pré-impresso, que permite substancial redução de tempo no levantamento das informações desejadas, visto que pode ser simplesmente distribuído para posteriormente ser recolhido e tabulado.

De acordo com Selltiz et al. (1974, p. 269), as vantagens dos questionários estão correlacionadas aos seguintes aspectos:

- menos dispendiosos;
- mais fácil aplicação;
- aplicado a maior número de pessoas;
- maior uniformidade na mensuração;
- aspecto do anonimato; e
- menor pressão sobre a resposta imediata.

Naturalmente, o questionário deve ser muito bem elaborado. De acordo com Cervo e Bervian (1978, p. 57), a construção de um questionário deve partir de uma leitura crítica ou reflexiva voltada à percepção dos significados, bem como para a reflexão deliberada e consciente manifestada por análise, comparação, diferenciação, síntese e julgamento, os quais são aspectos importantes em um processo de análise da estrutura organizacional das empresas.

Muitas vezes, os analistas utilizam o questionário como um roteiro estruturado de entrevista, pois o questionário é preenchido anteriormente, e depois complementado por meio de entrevistas.

Nesse caso, o questionário é desenvolvido de forma que apresente a todos os entrevistados exatamente as mesmas questões com o uso das mesmas palavras, numa mesma ordem. As respostas a essas perguntas são, em seguida, trabalhadas nas entrevistas efetuadas posteriormente.

Um procedimento que pode tornar o questionário mais adequado para o levantamento dos dados e informações necessárias para o melhor tratamento de questão das atribuições das unidades organizacionais é a realização do pré-teste do questionário.

De acordo com Schrader (1974, p. 157), a mais acertada escolha de um método e o mais acurado planejamento ainda não estão em condições de garantir que os resultados da mensuração estejam isentos de erros. Devem-se, por isso, prever mensurações provisórias prévias, denominadas, genericamente, de pré-teste.

Salienta-se que o pré-teste pode provocar algumas alterações no questionário preliminar, tais como:

- explicitação de alguns termos do questionário;
- necessidade de uma forma de autoavaliação do processo estabelecido no questionário;
- relativa redução do questionário, procurando aprofundar-se nas entrevistas; e
- evidenciação da dificuldade emergente de discutir estratégias julgadas confidenciais.

c) Entrevista

Como a entrevista é a técnica mais utilizada pelos analistas de organização, a mesma é apresentada de forma mais detalhada neste livro.

Essa técnica é a mais recomendável para levantamento de informações passíveis de reflexão, pois é uma forma de levantamento de posição que conduz as pessoas entrevistadas a dar informações sobre determinado assunto, situação, problema ou fenômeno, mediante a arguição planejada sobre aspectos e dimensões da estrutura organizacional analisada.

A característica básica da técnica de entrevista é o diálogo. Logo, toda entrevista caracteriza-se por um diálogo entre um entrevistador e um entrevistado, o qual deve ser planejado, organizado, dirigido, controlado e avaliado, tendo como base as necessidades e especificidades da estrutura organizacional analisada.

Normalmente, a entrevista é realizada com os níveis de chefia, supervisão e coordenação, podendo, entretanto, ser estendida aos profissionais da empresa que não ocupam cargos de chefia, dependendo da quantidade que os mesmos representam e das necessidades de assim proceder.

A seguir, são apresentados alguns aspectos básicos das entrevistas, para os quais os analistas de organização devem estar atentos.

O entrevistador deve apresentar algumas características, tais como:

- habilidade e capacidade para alterar a sequência, forma e conteúdo das perguntas, bem como incluir e excluir quesitos, quando se fizer necessário;
- capacidade e habilidade de levar o entrevistado a pronunciar-se sobre o que se deseja saber, sem formular os quesitos diretamente, quando a formulação direta é desaconselhada;
- capacidade e habilidade para manipular, discretamente, as fichas de funções, sem que o entrevistado perceba que as respostas estão sendo anotadas ou codificadas;
- ser pessoa agradável, simpática e calma;
- possuir capacidade de percepção de tensão, nervosismo, embaraços etc. por parte do entrevistado;
- capacidade de perceber respostas seguras, inseguras, falsas, *mascaradas* etc.;
- capacidade de acalmar, descontrair, desinibir e relaxar o entrevistado;
- capacidade de conduzir a entrevista dentro das fronteiras de seus objetivos, sem torná-la, contudo, maçante, monótona, cansativa etc.;
- capacidade de motivar e interessar o entrevistado, fazendo com que o mesmo responda aos quesitos de forma clara, objetiva e explicativa, bem como emita opiniões sobre as perguntas;
- facilidade de familiarização com as perguntas e suas instruções;
- capacidade de, sempre, assumir atitudes neutras diante das respostas do entrevistado; e
- capacidade de distinguir entre o que é essencial e o que é secundário, assim como de complementar a entrevista com informações não previstas, mas de elevado interesse para a consecução de seus objetivos.

Fica evidente que a lista apresentada é bastante longa, mas não esgota o assunto, além do que é muito pouco provável encontrar um analista de organização com todas essas características.

Nada impede, porém, que tais aspectos sejam desenvolvidos em profissionais com grande potencial e que tenham condições de contribuir para a otimização dos resultados da empresa.

RESUMO

Foi observado que as fichas de funções representam a descrição da linha de subordinação e do conjunto de atribuições – inerentes às funções administrativas de planejamento, organização, direção, gestão de pessoas e avaliação –, bem como os níveis de alçada decisória de cada unidade organizacional da empresa.

Os comitês apresentam grande importância na estruturação organizacional e devem ser adequadamente estabelecidos, implementados e administrados.

O questionário de levantamento das atribuições das diversas unidades organizacionais de uma empresa deve ser bem estruturado e aplicado.

E os levantamentos e a análise das atribuições das unidades organizacionais podem ser realizados, cada um com suas vantagens e desvantagens, das seguintes formas: observação pessoal, questionário e entrevista.

QUESTÕES PARA DEBATE

1. Analisar e debater a realidade de atuação dos comitês ou comissões em uma empresa de seu conhecimento.
2. Analisar e debater o questionário de levantamento das atribuições das unidades organizacionais de uma empresa, procurando complementar e ajustar as questões colocadas no Quadro 5.2.
3. Debater as diferentes técnicas de levantamento e análise das atribuições das unidades organizacionais.

CASO: ANÁLISE E ESTABELECIMENTO DAS ATRIBUIÇÕES DAS UNIDADES ORGANIZACIONAIS DA ALPHA PECUÁRIA, AGRÍCOLA, INDÚSTRIA E COMÉRCIO LTDA.

Com base no organograma representativo da melhor estrutura organizacional para o momento atual da Alpha, você deve preparar as fichas de funções para as diversas unidades organizacionais.

Você pode fazer as fichas de funções de forma resumida, mas deve separar, para cada unidade organizacional, exemplos de atribuições quanto às diversas funções da administração: planejamento, organização, direção, gestão de pessoas e avaliação.

Pelo menos, para metade das fichas de funções, você também deve estabelecer os níveis de autoridade ou de alçada, considerando pelo menos os aspectos de recursos financeiros, administração patrimonial e administração de pessoas.

É interessante também estabelecer dois comitês – com assuntos sob responsabilidade a serem definidos por você –, sendo um ligado à Presidência e outro à Diretoria Executiva da Alpha.

As atribuições dos comitês devem ser complementares às dos órgãos que estarão assessorando.

Os comitês podem ter membros internos e externos à Alpha, sendo ou não membros das três famílias proprietárias da Alpha (Almeida, Novaes e Nogueira).

6
Delegação, centralização e descentralização

"Perguntar é ensinar."
Jonefonte

6.1 INTRODUÇÃO

Neste capítulo, são abordados os principais aspectos da delegação, da descentralização e da centralização, que são assuntos que podem facilitar, ou prejudicar, os trabalhos e os resultados do desenvolvimento e implementação da estrutura organizacional nas empresas.

Fica evidente a necessidade de adequado conhecimento de seus conceitos, vantagens e precauções na utilização dos processos de delegação, descentralização e centralização, para que a empresa possa tirar o máximo de proveito de cada situação.

Ao final deste capítulo, poderão ser respondidas algumas perguntas, tais como:

- Qual o conceito de delegação e como pode ser utilizado de forma otimizada pela empresa?
- Quais os conceitos de descentralização e centralização nas empresas?
- Quais as principais vantagens de cada um desses assuntos?
- Quais as principais precauções na utilização de cada um desses assuntos?
- Como cada um desses assuntos pode influir nos resultados dos trabalhos inerentes à estrutura organizacional das empresas?

6.2 DELEGAÇÃO

> Delegação é o processo de transferência de determinado nível de autoridade de um chefe para seu subordinado, criando o correspondente compromisso pela execução da tarefa delegada.

Portanto, os elementos básicos da delegação podem ser resumidos em:

- a tarefa que foi transferida do chefe para o subordinado; e
- a obrigação – responsabilidade ou compromisso – que o subordinado tem para com o chefe na realização dessa tarefa transferida.

Algumas considerações importantes sobre delegação são:

- a autoridade deve ser delegada até o ponto, e na medida necessária, para a realização dos resultados esperados (Koontz; O'Donnell, 1973, p. 48);
- a autoridade deve ser proporcional ao nível de responsabilidade alocada no cargo e/ou função considerada;
- a responsabilidade não pode ser delegada, pois nem o chefe e nem o subordinado podem livrar-se, totalmente, de suas obrigações, designando outros para realizá-las; e
- a clareza na delegação é fundamental, com designação precisa, entendida e aceita por todos os envolvidos no processo.

A importância da delegação para a empresa está baseada, principalmente, nos aspectos apresentados a seguir, para os quais o analista de organização deve estar atento (Vasconcellos, 1972, p. 24):

- permite coordenar trabalhos mais complexos e de abrangência maior;
- permite maior produtividade da equipe de trabalho, por meio de maior motivação, menor tempo de espera para a tomada de decisões, maior desenvolvimento da equipe e maior interação entre as unidades organizacionais;
- permite amplitude de controle – ver seção 7.2 – mais adequada;
- exige melhor planejamento e programação de atividades e proporciona condições para isso, pois o chefe que delega tem mais tempo para executar suas tarefas prioritárias;
- permite melhor aproveitamento de recursos; e
- proporciona maior segurança para a empresa, pois, quando o chefe deixa a empresa, existem subordinados treinados e em condições de substituí-lo de maneira adequada.

Por outro lado, o analista de organização deve estar atento a determinados obstáculos para um adequado processo de delegação.

Considerando o anteriormente apresentado e sem analisar quem tem razão, se o chefe ou o subordinado, apresentam-se, no Quadro 6.1, os principais obstáculos para a delegação, do ponto de vista da empresa, do chefe e do subordinado.

Quadro 6.1 | *Obstáculos para a delegação.*

Do ponto de vista da empresa	Do ponto de vista do chefe	Do ponto de vista do subordinado
1. Modelo de gestão estabelecido pela empresa, o qual pode não privilegiar a delegação. 2. Nível de controle exagerado, levando a medos no processo decisório. 3. Barreiras legais, correspondentes às responsabilidades estabelecidas para determinados cargos (Presidente etc.).	1. Medo de perder poder. 2. Medo de perder o cargo e posição atuais. 3. Falta de tempo para treinar os subordinados. 4. Falta de subordinados capacitados e habilitados. 5. Autovalorização, achando que o único que sabe é o próprio chefe. 6. Desconfiança da capacidade e habilidade dos subordinados. 7. Gosta de fazer o trabalho do subordinado. 8. Falta de habilidade para dirigir e coordenar atividades. 9. Dificuldade para identificar tarefas que não exigem sua atenção direta. 10. Mania de perfeição, julgando que faz qualquer tarefa melhor que o subordinado. 11. Inabilidade para encorajar colaboração entre subordinados. 12. Ausência de controles, o que torna os chefes cautelosos quanto à delegação.	1. Medo de assumir responsabilidades, por medo de críticas pelos erros ou por falta de confiança própria. 2. Não se julga capacitado para a tarefa, por falta de conhecimento ou por falta de informações necessárias e de recursos. 3. Não tem tempo disponível para as novas tarefas. 4. Preguiça, julgando que é mais fácil perguntar ao chefe do que decidir por si. 5. Possibilidade de não ser reconhecido. 6. Incentivos inadequados.

Normalmente, esses obstáculos no processo de delegação estão correlacionados ao excesso de zelo por parte dos chefes que não deixam seus subordinados exercer sua autoridade.

Entretanto, existem determinadas regras práticas para tornar a delegação mais efetiva e adequada, as quais o analista de organização deve procurar aplicar na empresa:

- selecionar o subordinado adequado para o cargo e função considerados;
- proporcionar um nível de autoridade compatível com as atividades exercidas pelo subordinado;
- explicar, com precisão e clareza, as atividades e os resultados esperados, sendo ideal que esses tenham sido estabelecidos nos planejamentos da empresa, quer sejam estratégicos, táticos ou operacionais;
- recompensar, de alguma forma, um bom resultado apresentado pelo subordinado;
- criar condições adequadas de motivação e de comprometimento para com os resultados esperados;
- estabelecer controles adequados, divulgados e aceitos por todos os envolvidos no processo;
- treinar e ajudar os subordinados em suas atividades;
- evitar perda excessiva de poder, mas estar disposto a *abrir mão* de determinadas atividades que provoquem uma situação adequada de motivação nos subordinados;
- ter adequados canais de comunicação;
- ter disposição para aceitar os erros dos outros e lembrando que os erros das chefias são bem mais danosos para a empresa se comparados com os erros dos subordinados;
- incrementar o nível de participação dos subordinados;
- perceber que os subordinados têm muito a contribuir no processo decisório na área de sua especialização;
- desenvolver o processo de planejamento das atividades para que a delegação possa acontecer antes da ocorrência da situação e não depois do fato consumado;
- desenvolver adequado nível de confiança nos subordinados por meio de treinamento, participação, reconhecimento e troca de ideias;
- criar condições para forçar os subordinados a tomar decisões, dando-lhes, ao mesmo tempo, o apoio que se fizer necessário;
- não criticar, excessivamente, quando os subordinados cometem erros;

- fazer com que os subordinados saibam o que tem de ser feito e quais os resultados esperados, incluindo o nível de qualidade e o prazo de realização;
- estabelecer e implementar incentivos adequados para que os subordinados se sintam dispostos a aceitar maior delegação; e
- desenvolver uma estrutura organizacional que crie facilidades e proporcione incremento no processo de delegação.

É possível verificar que a delegação resulta das situações criadas pelo volume e pela complexidade das atividades das empresas.

As pressões resultantes do crescente volume de atividades são forças fundamentais que contribuem para o desenvolvimento da estrutura organizacional da empresa. Em determinado ponto, o indivíduo verifica que não pode ou não quer mais acompanhar as exigências que a empresa lhe faz, ou mesmo antecipar cargas de trabalho substancialmente maiores.

À medida que o volume real ou antecipado das atividades das empresas cresce, ocorre, assim, uma divisão de trabalho nos níveis estratégico, tático e operacional da empresa.

A adição de especialistas serve de via principal por meio da qual a empresa procura enfrentar a crescente complexidade das exigências que lhe são feitas. Sua contribuição pode ter lugar no nível operacional ou administrativo, mas a ajuda fundamental consiste nos conhecimentos e habilidades das análises que os especialistas fornecem aos executivos na solução, facilitação, coordenação e controle de problemas.

Na atribuição de tarefas aos indivíduos, devem-se tomar medidas para a continuidade do desempenho das tarefas assim delegadas.

No processo de delegação, deve ser considerada a capacidade real e percebida do chefe, assim como de seus subordinados; o fator dominante da decisão da delegação, porém, deve ser a determinação da maneira como se pode melhor conseguir o desempenho total da empresa; e esse desempenho deve estar sustentado, em sua análise, por estruturados indicadores de desempenho (ver seção 10.7).

É necessário fazer revisão e crítica contínuas das atribuições estabelecidas, não apenas ao subordinado, mas também a si próprio, bem como saber o que, exatamente, delegar aos subordinados; para tanto, devem-se, entre outros aspectos:

- testar as próprias tarefas e os objetivos – preferencialmente interligados ao plano estratégico (ver seção 2.3.1) – que se quer alcançar;
- comparar as tarefas com os objetivos estabelecidos;
- separar as que mais contribuem para os objetivos, sendo que essas devem ser guardadas para si;
- as demais tarefas devem ser transferidas para os subordinados; e
- concentrar os esforços nas próprias tarefas.

Com base nessas considerações, é desejável que o chefe encontre tempo para planejar, orientar seu pessoal e, o que é importante, não mais diga o indesejável: "Agora não posso, estou ocupado!"

6.2.1 Questionário para avaliar a qualidade da delegação

A falta de delegação acarreta situações críticas para a empresa e, ainda mais, para o próprio executivo.

Alguns efeitos de um inadequado nível de delegação de atividades são:

- para a empresa: o ritmo dos negócios é aquele imposto por seu proprietário ou principal executivo. A administração torna-se morosa e dependente, bem como a participação dos funcionários é baixa;
- para o empresário: acarreta sobrecarga de trabalho que exige dele atuação nas mais diferentes áreas. Comumente sente-se só, julgando que não há na equipe pessoa em quem possa confiar. Trabalhando tenso, estará predisposto ao *stress* e a suas consequências negativas; e
- para os funcionários: baixos desenvolvimento profissional e envolvimento com assuntos da empresa. Se há falta de maior motivação e ocorre desejo de participação não correspondido, os melhores funcionários não permanecem na empresa; e os que ficam normalmente enquadram-se num ambiente de acomodação.

Como a delegação de atividades e funções é um assunto das relações humanas, entrelaçada nas atividades e decisões do chefe, é apresentado a seguir um questionário para avaliação de seu nível de delegação.

Preencha os 20 itens seguintes e verifique, pelo resultado, se você está ou não com sobrecarga de trabalho, conforme apresentado no Quadro 6.2:

Quadro 6.2 | Avaliação do nível de delegação.

Assuntos	Sim	Não
Você trabalha mais tempo do que seus subordinados ou fora do horário da empresa?		
Você despreza a opinião de seus funcionários e não lhes pergunta quais são suas ideias sobre problemas que ocorrem no trabalho deles?		
Você precisa levar trabalho para casa todas as noites?		
É, com frequência, interrompido por seus funcionários em busca de conselhos ou decisões?		
Precisando ausentar-se do trabalho, por obrigatoriedade do cargo, você mantém em suspenso certas tarefas que aguardam sua volta ao trabalho?		
Você preocupa-se mais com detalhes, em vez de planejar e supervisionar?		
Você emprega parte do tempo fazendo tarefas de atribuições de seus funcionários?		
Seus auxiliares pensam que não devem, eles mesmos, decidir a respeito do trabalho, mas deixar a solução dos problemas por sua conta?		
Você usa mais de dois telefones para os seus serviços?		
Mesmo havendo alguém capaz de executar a tarefa com perfeição, você insiste em fazê-la?		
Você é daquele tipo de pessoa que gosta de *meter a colher* em tudo que se passa dentro da empresa?		
Mantém sempre sua mesa cheia de papéis com a intenção de parecer que trabalha muito?		
É muito escrupuloso no que diz respeito a detalhes?		
Esconde de seus auxiliares alguns detalhes de seu trabalho para dar ideia de ser insubstituível?		
Você acredita que um chefe deve trabalhar a toda velocidade para justificar seu salário?		
Reluta em admitir que você necessita de auxílio para o desempenho de suas tarefas?		
É comum você não ter tempo para encontros, decisões, treinamento ou reuniões de interesse da equipe de trabalho?		
Você receia passar a seus subordinados tarefas em que os detalhes são muito importantes, temendo pelos resultados?		
Quando você delega atribuições a seus funcionários, fiscaliza insistentemente o trabalho que delegou?		
Tem sempre um trabalho acumulado ou dificuldades a vencer?		

Verifique sua contagem da seguinte forma: some o número de respostas *sim* e *não*. Se o número de respostas *sim* for igual ou maior do que o número de respostas *não*, você é um péssimo chefe e deve estar com sobrecarga de trabalho.

Se o número de respostas *não* for maior do que o número de respostas *sim*, diminua um do outro e multiplique o resultado por 5. Veja, então, sua contagem abaixo:

De 10 a 30 – você é um chefe fraco.

De 40 a 70 – você é um bom chefe.

De 80 a 100 – você é um excelente chefe.

Esse teste for elaborado pelo Prof. Edwin A. Fleishman, da Universidade de Ohio, EUA.

A sugestão é que você autoaplique esse questionário e analise os resultados; e seria bastante interessante que você adotasse ações de melhoria de sua realidade, tendo em vista os resultados apresentados.

6.3 CENTRALIZAÇÃO

> Centralização é a maior concentração do poder decisório na alta administração de uma empresa.

Na realidade, quando se considera a situação de centralização ou descentralização, deve-se lembrar que o modelo de gestão da empresa pode ser influenciado:

- pelas condições internas encontradas na empresa;
- pelos fatores do ambiente da empresa, ou seja, pelas variáveis não controláveis pela empresa; e
- pela maneira de ser e estilo administrativo do principal executivo e/ou preferência da alta administração.

A centralização ocorre, normalmente, nas seguintes situações básicas:

- para manter maior nível de integração das atividades da empresa;
- para manter uniformidade de decisões e ações;

- para melhor administrar as urgências;
- quando o executivo não quer uma segunda pessoa que lhe faça sombra;
- quando a estrutura organizacional da empresa não possibilita a descentralização; ou
- para aumentar o nível de controle das atividades da empresa.

As principais vantagens da centralização podem ser resumidas da seguinte forma:

- menor número de níveis hierárquicos;
- melhor uso dos recursos humanos, materiais, tecnológicos, equipamentos e financeiros;
- melhor possibilidade de interação no processo de planejamento, controle e avaliação;
- maior uniformidade em termos de processos técnicos e administrativos;
- decisões estratégicas mais rápidas; e
- maior segurança nas informações.

O conhecimento desses aspectos pode proporcionar ao analista de organização a possibilidade de desenvolver uma estrutura organizacional que melhor atenda às necessidades e expectativas da empresa.

6.4 DESCENTRALIZAÇÃO

> Descentralização é a menor concentração do poder decisório na alta administração da empresa, sendo, portanto, o poder mais distribuído por seus diversos níveis hierárquicos.

Portanto, a descentralização abordada neste livro não significa separação física, em uma empresa, de seu escritório central com a fábrica ou filiais, ou seja, não se refere à descentralização territorial, mas sim à descentralização decisória.

A descentralização, normalmente, ocorre nas seguintes situações básicas:

- a carga de trabalho da alta administração está volumosa e/ou demasiadamente complexa;

- a situação anterior provoca morosidade no processo decisório;
- pela maior ênfase que a empresa quer dar à relação produtos ou serviços *versus* segmentos de mercado;
- para encorajar o processo decisório de seus executivos alocados na média e baixa administração; e
- para proporcionar maiores participação, motivação e comprometimento dos executivos e funcionários da empresa.

As principais questões que o analista de organização deve considerar no processo de descentralização são:

- grau de confiança dos chefes sobre os subordinados;
- capacidade do subordinado de lidar com suas responsabilidades;
- nível de treinamento e preparo da chefia; e
- forma de atuação das unidades organizacionais de assessoria (ver seção 4.3).

As principais vantagens da descentralização podem ser resumidas da seguinte forma:

- possibilidade de gerar maior especialização nas diferentes unidades organizacionais;
- menor exigência de tempo nas informações e decisões;
- maior tempo à alta administração para outras atividades;
- possibilidade de gerar efeito competitivo, o que pode aumentar a produtividade e a qualidade;
- maior facilidade de definição de objetivos e metas para as unidades organizacionais e as pessoas;
- possibilidade de maior desenvolvimento das pessoas nos aspectos administrativo e decisório;
- possibilidade de maiores participação, motivação e comprometimento;
- possibilidade de atendimento mais rápido às necessidades da empresa e das unidades organizacionais;
- tomadas de decisão mais próximas da ocorrência dos fatos;
- diminuição de conflitos entre os vários níveis hierárquicos da empresa; e
- tendência a maior número de ideias inovadoras.

As principais desvantagens da descentralização para as quais o analista de organização deve estar atento são:

- inabilidades de algumas pessoas em manter observação sobre as modificações das condições locais ou de uma operação complexa, provocando decisões sem visão de conjunto;
- sistemas inadequados no sentido de compreensão do desenvolvimento dos subordinados;
- possibilidade de efeitos negativos na motivação;
- maior necessidade de controle e de coordenação;
- risco de duplicar esforços para executar determinadas atividades;
- maior dificuldade de normatização e de padronização;
- maior ineficiência na utilização de recursos – humanos, financeiros, tecnológicos, materiais e equipamentos – da empresa; e
- maior dificuldade de coordenação de atividades que envolvem alto nível de interdependência.

Nesse ponto, devem-se apresentar, de maneira resumida, as diferenças entre descentralização e delegação, que podem ser visualizadas no Quadro 6.3 (Vasconcellos, 1972, p. 17):

Quadro 6.3 | *Diferenças entre descentralização e delegação.*

Descentralização	Delegação
1. Ligada ao cargo 2. Geralmente, atinge vários níveis hierárquicos 3. Caráter mais formal 4. Abordagem menos pessoal 5. Mais estável no tempo	1. Ligada à pessoa 2. Atinge um nível hierárquico 3. Caráter mais informal 4. Abordagem mais pessoal 5. Menos estável no tempo

Existem determinados princípios que devem ser seguidos no processo de descentralização (Cordiner, 1956, p. 40):

- a descentralização coloca a autoridade de decidir nos pontos mais próximos possíveis de ocorrência das ações;

- é provável que a descentralização obtenha resultados gerais melhores conseguindo conhecimentos maiores e mais diretamente aplicáveis, bem como compreensão mais oportuna ao tomar o maior número de decisões;
- a descentralização funciona se há delegação real da autoridade sem a preocupação com seu relato minucioso ou, o que seria pior, com sua verificação prévia;
- a descentralização exige a confiança de que os que estão em posição descentralizada tenham a capacidade de decidir, corretamente, na maioria dos casos, sendo que tal confiança começa no nível executivo. Os executivos da alta administração devem dar o exemplo na arte da delegação;
- a descentralização exige a compreensão de que o principal papel da assessoria é dar apoio às unidades organizacionais de linha – ver seção 4.2 –, mediante número relativamente pequeno de pessoas especializadas, de modo que as decisões sejam corretas;
- a descentralização requer a percepção de que o agregado de muitas decisões, individualmente corretas, será melhor para a empresa e para o mercado do que decisões planejadas e controladas a partir do poder central;
- a descentralização não se apoia na necessidade de ter objetivos gerais, estrutura organizacional, relacionamentos, estratégias e medidas conhecidas, entendidas e seguidas, mas na percepção de que a definição das estratégias não significa, necessariamente, uniformidade de métodos de execução de tais estratégias em operações descentralizadas;
- a descentralização só poderá ser conseguida quando a alta administração perceber que a autoridade, genuinamente delegada aos escalões inferiores, não pode, de fato, ser retida por ela;
- a descentralização só funcionará se a responsabilidade, juntamente com a autoridade na tomada de decisão, for verdadeiramente aceita e exercida em todos os níveis hierárquicos das empresas; e
- a descentralização requer estratégias pessoais apoiadas em medida de desempenho, padrões estabelecidos, recompensas pelo bom desempenho e remoção de incapacidades por desempenho insuficiente.

Existe um aspecto para o qual o analista de organização deve estar atento, que é o aumento da produtividade da empresa. E ele deve lembrar-se de que a descentralização pode levar a um aumento de produtividade, pois:

- a amplitude e/ou profundidade dos cargos crescem;
- as pessoas são solicitadas a aceitar maior responsabilidade;
- as perícias em decisão aumentam com a prática e a liberdade para aprender por meio dos erros cometidos; e
- as empresas podem responder, mais rapidamente, às necessidades dos funcionários e dos clientes.

Pelo exposto, fica evidente que não se deve considerar uma empresa centralizada ou descentralizada no sentido extremo ou puro. O que ocorre é a maior ou a menor tendência e/ou postura da empresa para a centralização ou para a descentralização de seu poder decisório por seus vários níveis hierárquicos.

Para a medida do nível de descentralização, o analista de organização pode utilizar e preencher o conteúdo do Quadro 6.4:

Quadro 6.4 | *Avaliação do nível de descentralização.*

Níveis hierárquicos / Decisões	Presidência	Diretoria	Gerência	Seção	Setor
Planejamento Políticas de recursos humanos Treinamento Controle Estrutura organizacional					

O analista de organização deve considerar que, mesmo com todas as vantagens e desvantagens anteriormente mencionadas, não existem regras nítidas na determinação do grau ideal de centralização e de descentralização nas empresas.

Contudo, Dale (1955, p. 11) apresenta uma série de critérios que podem ser usados para determinar a natureza e a extensão da centralização e descentralização nas empresas, a saber:

- quanto maior o número de decisões a serem tomadas nos escalões mais baixos da hierarquia, tanto maior o grau de descentralização;
- quanto mais importantes as decisões a serem tomadas nos escalões mais baixos da hierarquia, tanto maior o grau de descentralização nesse campo;

- há maior descentralização onde há maior número de funções afetadas por decisões tomadas em níveis mais baixos;
- quanto menos verificações se exigir nas decisões, maior é a descentralização. A descentralização é máxima quando não se exige nenhuma verificação, menor quando os superiores tiverem de ser informados da decisão tomada, e ainda menor se os superiores tiverem de ser consultados antes da tomada de decisão; e
- quanto menor o número de pessoas a serem consultadas e quanto mais baixo estiverem na hierarquia, tanto maior o grau de descentralização.

Fica evidente que, neste capítulo, se tratou da descentralização de autoridade e de responsabilidade.

Entretanto, podem existir na empresa outros dois tipos de descentralização:

- geográfica, baseada na dispersão geográfica ou territorial de determinadas unidades; e
- funcional, baseada no princípio da autoridade funcional (ver Figura 2.7).

RESUMO

Neste capítulo, foram apresentados os aspectos básicos inerentes a delegação, descentralização e centralização, para os quais os executivos devem estar atentos, visando otimizar os resultados inerentes à estrutura organizacional das empresas.

Verificou-se que, além dos vários princípios, precauções, usos, vantagens etc., existe o aspecto de aculturamento da empresa para aceitar esses assuntos abordados no capítulo, com maior ou menor intensidade e vontade.

QUESTÕES PARA DEBATE

1. Autoaplicar o questionário de avaliação da qualidade de delegação. Fazer comentários sobre os resultados que forem obtidos.

2. Debater as condições e as situações necessárias para aumentar o nível de descentralização na empresa onde você trabalha. Estruturar critérios e parâmetros para medir os resultados da nova situação proposta.

CASO: ESTUDO DOS NÍVEIS ADEQUADOS DE DELEGAÇÃO, CENTRALIZAÇÃO E DESCENTRALIZAÇÃO NA ALPHA PECUÁRIA, AGRÍCOLA, INDÚSTRIA E COMÉRCIO LTDA.

Com base nos diversos assuntos estratégicos apresentados nos casos dos Capítulos 2 e 3 – e outros complementados por você –, bem como no organograma proposto – a curto prazo – e nas correspondentes fichas de funções, você deve iniciar o estudo do nível adequado de delegação, bem como o equilíbrio otimizado de centralização *versus* descentralização na Alpha.

A melhor forma de você analisar essa situação é estabelecer, para cada unidade organizacional, considerando o organograma atual e repetindo o processo para o organograma idealizado para médio prazo na Alpha:

- três comentários quanto ao nível de capacitação profissional atual e desejado;
- dois comentários quanto ao nível de motivação atual e desejado; e
- um comentário quanto ao nível de habilidade profissional atual e desejado.

Respeitando as características e situações apresentadas no capítulo, você deve analisar e propor a melhor forma de atuação frente às questões de delegação, descentralização e centralização na Alpha.

7
Amplitude de controle e níveis hierárquicos

"Se você não pode imitá-lo, não o copie."

Yogi Berra

7.1 INTRODUÇÃO

Neste capítulo, são apresentados os principais aspectos inerentes à amplitude de controle e aos níveis hierárquicos nas empresas.

Se os executivos desenvolverem adequados e racionais estudos inerentes a esses dois assuntos, estarão proporcionando, no mínimo, uma estrutura organizacional mais barata para a empresa.

Conforme vai ser apresentado neste capítulo, existe uma relação inversa entre esses assuntos, ou seja, a amplitude de controle é maior nos níveis hierárquicos inferiores.

Ao final deste capítulo, será possível responder a algumas perguntas, a saber:

- Como as empresas podem otimizar a estrutura organizacional por meio da adequada análise da amplitude de controle?
- Idem, com referência aos níveis hierárquicos.
- Quais os fatores que podem influenciar a amplitude de controle nas empresas?
- Quais os aspectos básicos a serem considerados no estabelecimento dos níveis hierárquicos nas empresas?

7.2 AMPLITUDE DE CONTROLE

> Amplitude de controle ou amplitude administrativa ou amplitude de supervisão refere-se ao número de subordinados que um chefe pode supervisionar pessoalmente, de maneira efetiva e adequada.

Na realidade, esse assunto não tem nada de novo, principalmente quando se lembra do exército de Genghis Khan, organizado em grupos de dez, chefiados por um líder; cada grupo de dez líderes chefiado por outro nível de líder, e cada grupo desses dez chefiados por outro líder, e assim sucessivamente.

Apesar dessa preocupação, há o exemplo de uma situação extrema de cerca de 750 bispos e outras 1.200 pessoas prestarem conta diretamente ao Papa. A própria Universidade de São Paulo, como uma instituição de ensino e pesquisa, apresenta uma amplitude de controle extremamente elevada para seu reitor. Portanto, esse assunto deve ser analisado com o maior interesse pelas empresas.

Existem alguns fatores que influenciam a amplitude de controle nas empresas, entre os quais podem ser citados:

- as atribuições pessoais do chefe;
- as habilidades pessoais do chefe em lidar com subordinados;
- o nível de capacitação profissional do chefe;
- o nível de mutação da empresa perante o ambiente;
- o nível de estabilidade interna da empresa;
- a habilidade dos subordinados em se relacionar com as pessoas;
- o nível de capacitação profissional dos subordinados;
- o grau de delegação de autoridade existente;
- o grau de utilização de assessores;
- o nível de motivação existente;
- o nível e o tipo de liderança existente;
- o grau de interdependência das unidades organizacionais;
- o nível de similaridade das atividades dos subordinados;
- o nível e o tipo de controle exercido;
- o nível e o tipo de coordenação exercida;
- a existência de restrições pessoais à amplitude de controle;
- o nível de clareza, comunicação e aceitação dos objetivos da empresa e da unidade organizacional considerada; e
- o nível de definição, simplicidade e repetitividade das atividades dos subordinados.

À medida que uma pessoa sobe numa estrutura organizacional, sua amplitude de controle torna-se menor. Ocorre também que, no mesmo nível hierárquico em uma empresa, haverá considerável variação na amplitude de controle.

De qualquer forma, existe relação entre amplitude de controle e níveis hierárquicos em uma empresa, pois, quanto maior o número de subordinados por chefe, menor será o número de níveis hierárquicos, e vice-versa.

O analista de organização dever proporcionar a maior importância a esse assunto, pois uma amplitude de controle inadequada para a empresa pode causar determinados problemas, tais como:

A. Número de subordinados maior do que a amplitude de controle

Nesse caso, os principais problemas que podem ocorrer são:
- perda de controle;
- desmotivação;
- ineficiência nas comunicações;
- decisões demoradas e mal-estruturadas; e
- queda no nível de qualidade do trabalho.

B. Número de subordinados menor do que a amplitude de controle

Nesse caso, os principais problemas que podem ocorrer são:
- capacidade ociosa do chefe;
- custos administrativos maiores;
- falta de delegação;
- desmotivação; e
- pouco desenvolvimento profissional dos subordinados.

Não existe consenso sobre o número ideal de funcionários que um chefe pode dirigir de maneira eficiente; entretanto, Litterer (1970, p. 97) considera como ideal o número de quatro, bem como apresenta duas recomendações básicas: que sejam usadas todas as relações possíveis e que o chefe esteja envolvido na supervisão de todas essas relações.

Na prática, pode-se considerar que essas recomendações não são tão fáceis de ocorrer nas empresas, entre outros aspectos, porque determinadas tarefas não necessitam de supervisão constante.

Existe uma forma estruturada para se calcular a amplitude de controle, a qual foi desenvolvida por Graicunas.

De acordo com Graicunas, citado em Gullick e Urwick (1985, p. 183), o número de relações potenciais entre o chefe e seus subordinados pode ser calculado pela fórmula:

$$R = N \left(\frac{2^N}{2} + N - 1 \right)$$

onde R identifica o número de relações e N o número de subordinados designados para o grupo de comando do chefe.

A relação entre R e N, como calculada pela fórmula, aparece no Quadro 7.1. Fica claro que o número de relações R aumenta geometricamente, enquanto o número de subordinados N aumenta aritmeticamente.

| Quadro 7.1 | Relações possíveis pela fórmula de Graicunas. |

Número de subordinados	Número de relações
1	1
2	6
3	18
4	44
5	100
6	222
7	490
8	1.080
9	2.376
10	5.210
11	11.374
12	24.708
...	...
18	2.359.602

O cálculo presume que os chefes devem lidar com três tipos de relações:

- singular direta, que ocorre entre o chefe e cada um dos subordinados de forma individual;
- grupal direta, que ocorre entre o chefe e cada permutação possível dos subordinados; e
- cruzada, que ocorre quando os subordinados interagem.

Ao mesmo tempo que se assinala o número de interações potenciais do chefe com os subordinados, é necessário reconhecer que os problemas básicos dizem respeito à frequência e à intensidade. Nem todas as interações ocorrem e as que ocorrem variam em importância.

Pelo menos três fatores parecem importantes para analisar o problema das amplitudes de controle:

- nível e tipo de controle necessário;
- nível de conhecimento dos subordinados; e
- capacidade e abertura da comunicação entre as pessoas das empresas.

7.3 NÍVEIS HIERÁRQUICOS

> Níveis hierárquicos representam o conjunto de cargos na empresa com o mesmo nível de autoridade.

Eles podem ser considerados como os vários níveis que compõem a hierarquia de uma estrutura organizacional.

Já foi explicada a interligação com a amplitude de controle, ou seja, quanto maior a amplitude de controle, menor o número de níveis hierárquicos na empresa. Para maior facilidade de conceituação dessa situação, apresenta-se a Figura 7.1:

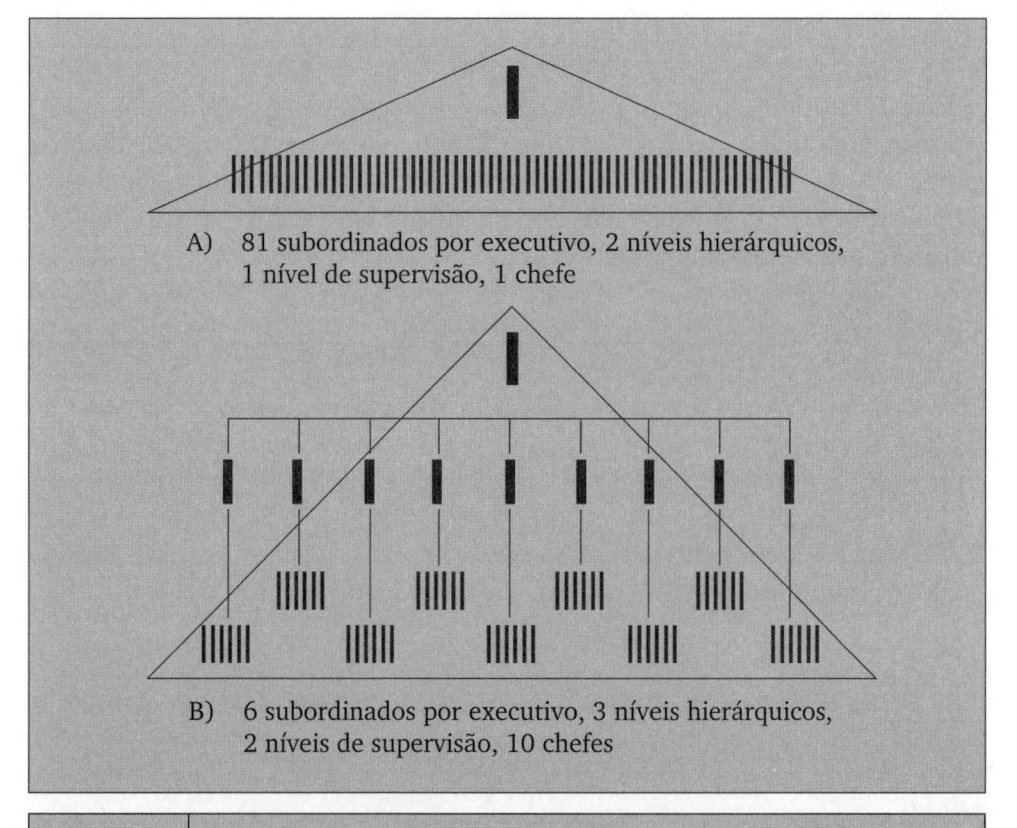

A) 81 subordinados por executivo, 2 níveis hierárquicos, 1 nível de supervisão, 1 chefe

B) 6 subordinados por executivo, 3 níveis hierárquicos, 2 níveis de supervisão, 10 chefes

Figura 7.1 | *Níveis hierárquicos × amplitude de controle.*

No delineamento dos níveis hierárquicos, deve-se partir do *topo da pirâmide* e parar no momento em que as linhas hierárquicas atingirem o nível das unidades organizacionais, que têm apenas sua vinculação eventualmente modificada, permanecendo inalteradas suas atribuições fundamentais.

Fica evidente que o analista de organização deve estudar os processos de decisão e não somente os processos de execução. Isso porque o objetivo principal fica o de ordenar as rotinas e os procedimentos de informação, a fim de aperfeiçoar os processos de tomada de decisão e de controle.

A prática tem demonstrado que a redução dos níveis hierárquicos é, na maior parte das vezes, bastante interessante para a melhoria do processo decisório nas empresas pois, entre outros benefícios, aproxima a decisão da ação.

RESUMO

Neste capítulo, foram apresentados os aspectos básicos da amplitude de controle e dos níveis hierárquicos, que são dois assuntos que, embora algumas empresas não lhes deem a devida importância, representam instrumentos administrativos que os executivos podem utilizar para reduzir o custo total da estrutura organizacional das empresas.

QUESTÕES PARA DEBATE

1. Com base na empresa que você trabalha, faça uma análise da amplitude de controle de seu chefe, e de sua própria, caso ocupe, também, cargo de chefia.
2. Debater, tendo como base uma empresa de seu conhecimento, a melhor maneira de realizar uma análise estruturada dos níveis hierárquicos existentes.

CASO: ANÁLISE E ESTABELECIMENTO DA AMPLITUDE DE CONTROLE E DOS NÍVEIS HIERÁRQUICOS DA ALPHA PECUÁRIA, AGRÍCOLA, INDÚSTRIA E COMÉRCIO LTDA.

Nesse momento, o seu trabalho fica simplificado, considerando tudo que já foi complementado, analisado e proposto nos casos dos capítulos anteriores.

Portanto, o único assunto solicitado é uma análise de amplitude de controle e dos níveis hierárquicos da Alpha, respeitando todo o conteúdo apresentado nesse capítulo.

O estudo desse caso se tornará interessante se você realizar um amplo debate que, inclusive, resgate algumas das questões anteriormente analisadas, consolidando um amplo questionamento de tudo que foi realizado nos capítulos anteriores.

Na prática dos trabalhos nas empresas, esse é um momento importante de revisão e reflexão de tudo que foi analisado e proposto.

8
Manual de organização

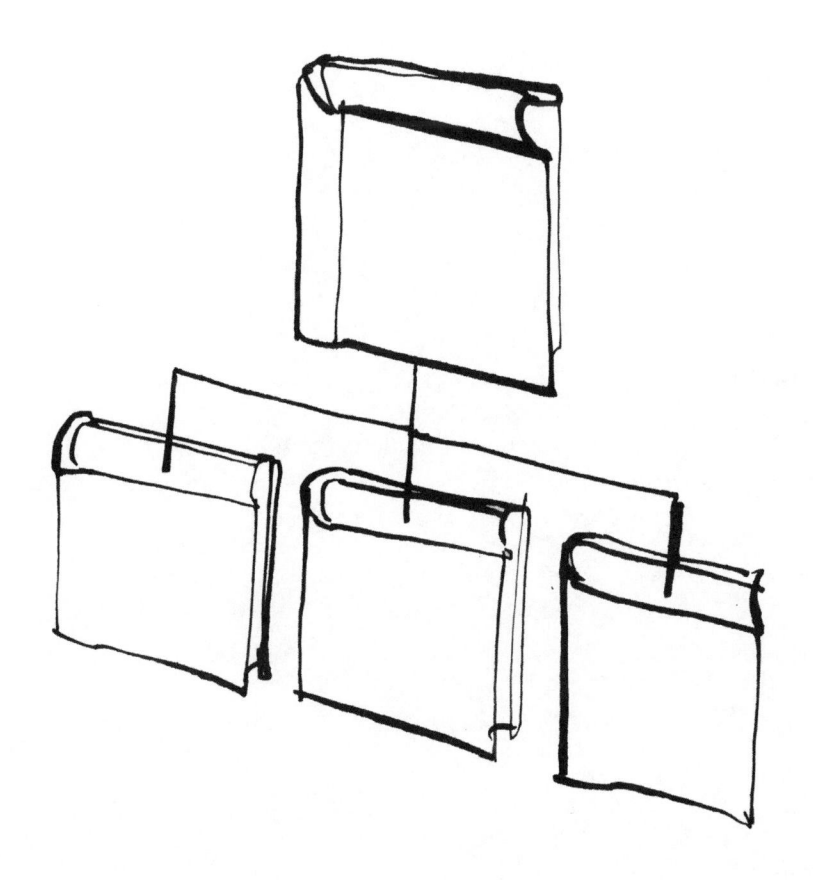

"Crise é a ausência de futuro previsível."
Alfredo Moffat

8.1 INTRODUÇÃO

O desenvolvimento das empresas e, consequentemente, o aumento de sua complexidade e especialização tornam indispensável sua organização planejada. Decorre dessa necessidade determinada sistematização, que é essencial quando se deseja trabalhar de maneira eficiente, eficaz e efetiva.

Essa sistematização deve ser simples e prática para ser eficiente. Quando apresentada sob forma de relatório, é denominada Manual de Funções ou, mais comumente, Manual de Organização.

> Manual de organização é o relatório formal, estruturado e interativo das responsabilidades, autoridades, comunicações e processo decisório inerentes a todas as unidades organizacionais da empresa, pelas suas chefias e funcionários, quer sejam executados de forma individual ou em conjunto.

Ele mostra a participação de todas as unidades organizacionais no conjunto estruturado e interativo de atuação das empresas.

O manual de organização tem por finalidade enfatizar e caracterizar os aspectos formais das relações entre os diferentes departamentos – ou unidades organizacionais – da empresa, bem como estabelecer e definir os deveres e as responsabilidades correlacionados a cada uma das unidades organizacionais da empresa, incluindo os níveis de alçada decisória.

Pode-se afirmar que toda empresa, independentemente de seu tamanho, deve ter o manual de organização. Somente algumas microempresas podem ter uma situação em que a falta desse manual não venha a afetar sua eficiência, eficácia e efetividade.

As principais finalidades do manual de organização são:

- estabelecer as várias unidades organizacionais da empresa;
- identificar o plano organizacional da empresa, incluindo sua filosofia de gestão e de atuação;
- identificar, de maneira formal e clara, como a empresa está organizada;

- estabelecer os níveis de autoridade e as responsabilidades inerentes a cada unidade organizacional da empresa;
- fazer com que as informações referentes à empresa sejam elaboradas em conformidade com as políticas e os objetivos gerais da empresa;
- servir como base para a avaliação do plano organizacional estabelecido para a empresa; e
- proporcionar toda a sustentação organizacional para que a empresa consolide os resultados estabelecidos no plano estratégico.

O manual de organização não deve ter caráter estático; pelo contrário, deve ser dinâmico e espelhar com fidelidade a situação de toda a empresa.

Isso significa que as modificações havidas na estrutura organizacional da empresa, após sua elaboração, devem conduzir a uma atualização do manual, pois elas são decorrências naturais do processo contínuo de desenvolvimento que caracteriza a empresa. Portanto, o manual deve adaptar-se a qualquer alteração ocorrida.

No final deste capítulo, poderão ser respondidas algumas questões, tais como:

- Qual a estruturação e contribuição de um manual de organização?
- Quais as principais vantagens e precauções no uso dos manuais de organização?
- Como os manuais de organização devem ser elaborados, utilizados e avaliados?

Evidencia-se que todos os aspectos quanto à elaboração, distribuição e atualização do manual de organização apresentados neste livro referem-se ao formato físico, o qual necessita de várias explicações mais detalhadas. Para o caso de sua utilização via Intranet ou outro meio eletrônico, você pode fazer algumas simplificações no texto apresentado.

8.2 CONSTITUIÇÃO DO MANUAL DE ORGANIZAÇÃO

Um manual de organização pode – e deve – ser constituído, no mínimo, das seguintes partes:

a) Considerações gerais: em que são apresentados os aspectos teóricos que envolvem sua elaboração, bem como os vários comentários sobre a empresa em questão. Pode incluir, também, as instruções básicas de uso do manual.

b) Fichas de funções: em que se estabelecem a posição hierárquica de cada unidade organizacional, sua finalidade e suas atribuições específicas. Claro está que não se limita às tarefas executadas diretamente pelo chefe da unidade organizacional; estabelecem-se, também, funções da própria unidade indicadas como de responsabilidade do seu chefe, que podem ser delegadas a seus subordinados.

c) Quadro de competência: em que são estabelecidos os níveis de alçada ou de autoridade – correlacionadas às responsabilidades – dos titulares dos cargos que compõem a estrutura organizacional da empresa.

d) Comitês: em que se estabelecem suas finalidades, seus membros e a periodicidade das reuniões (ver seção 5.4).

e) Relação de titulares, centros de custos e siglas: em que são listados as várias unidades organizacionais, seus centros de custos – ou de resultados –, bem como as respectivas siglas e titulares atuais, visando facilitar a comunicação.

f) Organograma: é a representação gráfica da estrutura organizacional da empresa. Nele ficam claramente evidenciadas as diversas unidades organizacionais existentes, sua posição relativa na estruturação geral da empresa e suas ligações. Podem-se ter o organograma geral da empresa e os parciais dos departamentos.

O manual de organização pode ser elaborado da forma mais completa possível, chegando ao outro extremo de uma situação bastante simplificada.

Com base nessa situação, podem haver diferenças na estruturação de um manual. Entretanto, normalmente, um manual de organização completo pode conter as seguintes parte básicas:

- índice numérico ou sumário;
- apresentação;
- instruções para uso,
- conteúdo básico;
- apêndice ou anexo;
- glossário;

- índice temático; e
- bibliografia.

A seguir, são apresentados os aspectos principais dessas partes básicas do manual de organização completo.

A. Índice numérico ou sumário

É o índice básico com a indicação do assunto e do número da página. Deve ser suficientemente detalhado para permitir a rápida localização da informação necessária.

B. Apresentação

Nessa parte do manual, é enfocado seu objetivo. Geralmente, essa parte corresponde a uma carta de apresentação assinada pelo presidente da empresa, que deve redigi-la de forma que seja comunicada a todos os funcionários a obrigatoriedade de respeito ao conteúdo do manual.

C. Instruções para uso

Essa parte deverá ser suficientemente clara e objetiva para facilitar seu uso pelos vários funcionários envolvidos no processo.

Algumas das instruções básicas devem ser quanto:

- à disposição do conteúdo básico do manual;
- aos princípios em que se baseiam os capítulos;
- ao sistema de codificação utilizado;
- à utilização dos apêndices;
- à utilização do glossário;
- à utilização do índice temático;
- à forma de atualizações e modificações efetuadas; e
- à consulta de pontos não considerados ou que não estejam suficientemente explicados.

É interessante que sejam colocados exemplos para melhor entendimento de cada um desses assuntos.

D. Conteúdo básico

Corresponde à parte do manual que, realmente, possui todo o conteúdo principal, ou seja, a razão de ser do manual. Como consequência, é a parte mais extensa do manual.

Nessa parte, podem estar as fichas de funções, o quadro de competência, os comitês e a relação de titulares.

E. Apêndice ou anexo

Nessa parte, normalmente, são colocados formulários, fluxogramas, gráficos, exemplos e, principalmente, os organogramas.

Geralmente, representam documentos que não devem constar da parte de conteúdo básico, para evitar possível quebra na clareza da leitura.

O apêndice, quando utilizado, é representado por instrumentos auxiliares para melhor entendimento do manual.

F. Glossário

O glossário é uma espécie de dicionário de termos técnicos que serve para homogeneizar a conceituação dos termos básicos utilizados no manual.

Os termos são colocados em ordem alfabética.

Como exemplo, pode-se afirmar que o manual de organização pode conter definições de termos como: *autoridade, responsabilidade, decisão, cargo, tarefa, atividade.*

G. Índice temático

É o conjunto de temas relativos aos assuntos do manual e sua localização ao longo do manual. Portanto, cada assunto pode ser localizado em todos os momentos em que é abordado no manual.

H. Bibliografia

É uma lista das referências bibliográficas citadas no texto. É composta, em ordem alfabética, do sobrenome dos autores citados, título da obra, edição, local, editora e ano de publicação.

8.3 VANTAGENS E DESVANTAGENS DO USO DE MANUAIS DE ORGANIZAÇÃO

Ao analisar os manuais de organização, deve-se ter em mente quais são as principais vantagens e desvantagens em seu uso.

Na relação a seguir, não houve preocupação em hierarquizar os vários aspectos considerados, mas apenas apresentar as vantagens e as desvantagens mais comuns, conforme salientado por profissionais da área, bem como usuários dos manuais de organização nas empresas.

8.3.1 Principais vantagens do uso de manuais de organização

As principais vantagens dos manuais de organização são:

- correspondem a uma importante e constante fonte de informações sobre os trabalhos na empresa;
- facilitam a efetivação de processos, normas, procedimentos e funções administrativas;
- ajudam a fixar critérios e padrões, bem como uniformizam a terminologia técnica básica do processo administrativo. Com isso, possibilitam a normatização das atividades administrativas;
- possibilitam adequação, coerência, incorporação, continuidade e aprimoramento nas responsabilidades e autoridades pelas várias unidades organizacionais da empresa;
- durante sua elaboração, fornecem importante oportunidade de análise, do ponto de vista objetivo e crítico, dos esquemas organizacionais;
- são úteis como recursos para treinamento e capacitação dos executivos e funcionários das empresas;
- servem, às vezes, de ponto de vista oficial e decisivo sobre quaisquer problemas de organização da empresa;
- possibilitam efetivo crescimento na eficiência e eficácia dos trabalhos realizados;
- representam um instrumento efetivo de consulta, orientação e debate da realidade da empresa;
- representam uma restrição para a improvisação inadequada que aparece na empresa nas mais variadas formas;

- aprimoram o sistema de autoridade da empresa, visto que possibilitam melhor delegação mediante instruções escritas, proporcionando ao superior controlar apenas os fatos que saem da rotina normal, ou seja, o controle por exceção;
- representam um instrumento que pode elevar o moral dos funcionários, uma vez que possibilita que os mesmos tenham melhor visão de sua representatividade na empresa;
- representam um elemento importante de revisão e avaliação objetivas das práticas e dos processos institucionalizados; e
- representam um legado histórico da evolução administrativa da empresa.

8.3.2 Principais desvantagens do uso de manuais de organização

As principais desvantagens dos manuais de organização são:

- constituem um ponto de partida, porém não a solução para todos os problemas administrativos que possam ocorrer na empresa;
- sua preparação, quando malfeita ou pouco cuidadosa, traz, paralelamente, sérios inconvenientes ao desenvolvimento normal das operações pelas várias unidades organizacionais da empresa;
- o custo de preparação e de atualização pode ser elevado, dentro de uma relação de custos *versus* benefícios identificada pela empresa;
- quando não são utilizados adequada e permanentemente, perdem rapidamente seu valor;
- são, geralmente, difíceis de alterar, bem como de operacionalizar as alterações propostas;
- podem provocar atritos e disputas;
- são limitados quanto a determinadas informações;
- incluem, somente, os aspectos formais da empresa, deixando de lado os aspectos informais, cuja vigência e importância para o dia a dia da empresa são muito grandes;
- quando muito sintéticos, tornam-se pouco úteis e, por outro lado, se muito detalhados, correm o risco de se tornarem obsoletos diante de quaisquer mudanças pequenas;

- diminuem a incidência do julgamento e do posicionamento pessoal, tornando-se, muitas vezes, um freio para a iniciativa e criatividade individual; e
- seu uso pode ficar muito prejudicado e difícil devido a uma redação pouco clara, prolixa, deficiente e inadequada.

8.3.3 Requisitos básicos na utilização de manuais de organização

Com base na análise das vantagens e das desvantagens da utilização dos manuais, pode-se deduzir que alguns dos requisitos aos quais eles devem atender são:

- necessidade real e efetiva do manual por parte da empresa;
- diagramação estruturada e adequada para suas finalidades;
- redação simples, curta, eficiente, clara e inteligível, bem como bom índice ou sumário;
- instruções autênticas, necessárias e suficientes;
- distribuição a todos os funcionários que dele necessitem;
- racional, adequada e aprimorada utilização pelos usuários dos assuntos abordados no manual;
- adequada flexibilidade; e
- um processo contínuo de revisão, atualização e distribuição.

8.4 FASES PARA ELABORAÇÃO DOS MANUAIS DE ORGANIZAÇÃO

Para a elaboração de um manual de organização, devem ser seguidas algumas fases, que podem representar um procedimento basicamente padrão.

A seguir, é apresentado um modelo representado por nove fases (Saroka; Gaitán, 1979, p. 102):

- definição dos objetivos do manual;
- escolha do(s) responsável(is) pela preparação;
- análise preliminar da empresa;
- planejamento das atividades;
- levantamento das informações;
- elaboração propriamente dita;

- distribuição;
- instrução aos usuários; e
- acompanhamento do uso.

São apresentados, a seguir, os aspectos básicos de cada uma das nove fases da elaboração dos manuais de organização.

Fase 1: Definição dos objetivos do manual de organização

É a definição da *razão de ser* do manual.

Essa é a primeira e básica das fases de elaboração, pois do estabelecimento dos objetivos a serem alcançados depende todo o trabalho a ser desenvolvido posteriormente. É importante que os objetivos sejam estabelecidos da melhor maneira possível.

É necessário compreender e transmitir aos usuários que um manual não é a solução mágica de todos os problemas, mas que a solução de muitos problemas pode ser encaminhada por meio de um manual adequado.

Como exemplo de objetivo principal do manual de organização em uma empresa pode-se considerar: estruturar e consolidar um novo e otimizado modelo de gestão na empresa.

Fase 2: Escolha do(s) responsável(is) pela preparação do manual de organização

Nessa fase, é importante determinar o número de pessoas, bem como o perfil técnico-comportamental das pessoas que vão trabalhar na elaboração do manual de organização.

Outro aspecto é que deve ser decidido entre a escolha de analistas internos da empresa e/ou de consultores externos. Sobre as vantagens e as desvantagens de cada situação, ver seção 9.3.1.

Outro aspecto é o inerente ao uso de comitês ou comissões de trabalho, sendo que os detalhes são apresentados na seção 5.4.

Fase 3: Análise preliminar da empresa

Essa é a fase inicial de contato dos analistas internos e/ou externos à empresa com os futuros usuários do manual.

Os responsáveis pela tarefa devem realizar entrevistas com os principais executivos da empresa, visitas às instalações da empresa, estudos de documentação, tais como organogramas, manuais existentes, relatórios gerenciais etc., e, em geral, todo o tipo de atividades que lhes permita um conhecimento global da organização da empresa na qual têm que desenvolver suas atividades.

O nível de detalhamento dos trabalhos deve ser o mais completo possível.

Lembre-se: o tempo despendido nessa fase será recuperado, em dobro, quando da realização das fases 5 e 6 no processo de elaboração do manual de organização.

Fase 4: Planejamento das atividades

Nessa etapa, o analista deve projetar seu trabalho no tempo, devendo para isso definir, claramente, a qualidade de informação a ser levantada, as fontes da mesma, os colaboradores de que vai necessitar e os recursos de equipamentos e materiais.

Essa fase serve de base de sustentação para todo o desenvolvimento posterior dos trabalhos e, portanto, deve ser muito bem realizada.

Fase 5: Levantamento das informações

Como o analista, nesse ponto, já tem conhecimento dos tipos, da quantidade, da qualidade e das fontes das informações, nessa fase ele utiliza determinadas técnicas para levantamento das mesmas.

As principais técnicas de levantamento de informações são:

a) Entrevistas, em que os analistas procuram obter, entre outras, as informações inerentes aos objetivos, estratégias e políticas da empresa, à estrutura hierárquica, aos níveis de autoridade, aos níveis de centralização, descentralização e de delegação, às responsabilidades, aos relacionamentos pessoais e entre unidades organizacionais, aos processos, bem como ao nível de colaboração das pessoas para com os trabalhos de estrutura organizacional.

b) Observação direta, na qual os analistas procuram obter, principalmente, as informações inerentes ao nível de disciplina, às atividades básicas, à disposição de máquinas e equipamentos, bem como à circulação de formulários e relatórios gerenciais.

c) Questionário, em que as informações levantadas, geralmente, são inerentes às relações de hierarquia, responsabilidades, autoridades, informações recebidas e emitidas, métodos de trabalho, delegação, descentralização e centralização.

d) Análise da documentação, em que são obtidas as mais variadas informações mediante diversas fontes de informações, tais como manuais utilizados anteriormente pela empresa, manuais ainda vigentes na empresa que tenham objetivos diferentes daqueles que estão em preparação, manuais de outras empresas, organogramas, bem como estatutos e regulamentos.

É muito importante que, ao final da fase de levantamento, o analista de organização estabeleça dois aspectos fundamentais para a qualidade dos trabalhos:

- relevância da informação obtida, por meio da análise mais adequada possível; e
- veracidade da informação obtida, por intermédio de algum processo de verificação.

Somente com base nos resultados dessas análises é que a informação obtida deve ser passada para as fases seguintes como válida e definitiva.

Fase 6: Elaboração propriamente dita

Na fase de preparação definitiva do manual, alguns fatores devem ser considerados pelos analistas de organização.

Os principais são:

a) Redação

Nesse ponto, o analista de organização deve ter em mente que um estilo de redação que seja pesado, complexo, confuso, prolixo pode levar o usuário a fugir de sua leitura e, consequentemente, de sua utilização como base para seu método de trabalho.

Portanto, o analista de organização deve efetivar uma redação de texto de forma clara e curta, evitar ambiguidades, utilizar um tom formal, ter uniformidade de estilo, somente utilizar terminologias técnicas quando for imprescindível e inteligível, ser específico e não geral, ser concreto e não abstrato e preferir os verbos na forma ativa e não na forma passiva.

b) Diagramação

Na etapa de redação, o analista de organização definiu o conteúdo e a linguagem a ser utilizada no manual.

Passa, então, a fazer a distribuição, da melhor maneira possível, em capítulos, em seções, em folhas.

Essas folhas devem ser pré-impressas, para facilitar a identificação, ser uniformes e possibilitar a inclusão de todas as informações necessárias.

Na Figura 8.1, apresenta-se um modelo de folha pré-impressa para um manual de organização.

Planos – Indústria e Comércio S.A. Manual de Organização	Folha Nº			
	Capítulo	Seção	Tema	
Análise pelos usuários	Aprovação	Vigência	Revisão	Substituição	Responsável
Comentários:				
(texto)				

Figura 8.1 | *Modelo de folha do manual de organização.*

Uma disposição lógica dos temas é uma garantia de leitura rápida e de fácil compreensão. Para que se consiga isso, é importante que:

- seja realizada uma distribuição estética, harmoniosa, clara e prática das informações essenciais;

- a visualização da informação se faça facilmente;
- exista uma sequência ordenada das informações incluídas; e
- cada tema possa ser facilmente identificado por meio da inserção de títulos adequados.

c) Formato

O formato do manual está basicamente correlacionado com o formato dos formulários, folhas, organogramas etc., que fazem parte integrante do mesmo.

Normalmente, não são elaborados manuais com folhas de dimensões pequenas, visto que pode provocar grande aumento em seu volume, dificultando seu uso. Algumas vezes, os analistas de organização procuram resolver os problemas causados pelo maior volume do manual pela diminuição do tipo de impressão, o que pode provocar maior dificuldade de leitura.

d) Codificação

O analista de organização procura, pelo uso de um sistema de codificação, facilitar o acesso à informação dentro do manual. Portanto, além do nome por extenso para cada uma das partes do manual – capítulo, seção, tema etc. –, deverá ser colocado o código correspondente.

Os sistemas básicos de codificação são: alfabético, numérico e alfanumérico. De maneira geral, pode-se afirmar que o melhor sistema de codificação para os manuais é o numérico, com algarismos arábicos e/ou romanos.

Nas codificações dos manuais, deve ser considerada a identificação dos temas e das folhas.

O sistema escolhido deverá possibilitar a satisfação de ambos os aspectos, evitando confusões.

Para isso, é recomendável que se adotem os seguintes procedimentos:

- dividir o conteúdo do manual em capítulos (parte primária);
- designar cada capítulo com um número identificador (romano);
- subdividir cada capítulo em seções (parte secundária);
- designar cada seção com um número (arábico) colocado à direita do algarismo romano que identifica o capítulo separado por uma barra (/). Dessa forma, obtém-se a codificação a ser utilizada tanto para as folhas como para os temas (parte terciária);

- cada seção do manual necessita de uma ou mais folhas; para identificá-las, usa-se um algarismo arábico colocado à direita daquele que identifica a seção (parte quaternária);
- o código assim obtido é colocado na margem superior direita da folha; e
- dentro das páginas, os temas são identificados com a mesma base de codificação à qual se correlacionam os números necessários, de acordo com o grau de análise de cada tema.

A parte escrita do processo pode ser representada por:

- seção primária: letras maiúsculas grifadas;
- seção secundária: letras maiúsculas sem grifo;
- seção terciária: letras minúsculas grifadas; e
- seção quaternária: letras minúsculas sem grifo.

Exemplo:
4 DIRETORIA FINANCEIRA
4.1 CONTROLADORIA
4.1.1 Departamento Financeiro
4.1.1.1 Tesouraria

e) Impressão

Nesse ponto, o analista de organização deve estar atento aos aspectos de custo e de qualidade do manual.

Os principais parâmetros que afetam a decisão sobre a forma de impressão:

- quantidade de cópias;
- qualidade de impressão;
- custo de impressão;
- forma de utilização do manual;
- vigência estimada do conteúdo do manual;
- tempo necessário para impressão;
- equipamentos de impressão que são de propriedade da empresa;
- disponibilidade na empresa de matéria-prima para elaboração do manual; e

- disponibilidade no mercado de matéria-prima para elaboração do manual de organização.

f) Encadernação

Tendo em vista o processo de atualização e modificação, é interessante que o analista de organização decida por um método de encadernação do tipo fichário de folhas substituíveis, evitando ao máximo o sistema de encadernação utilizado para os livros comuns.

g) Teste-piloto

O analista de organização pode efetuar teste-piloto sobre a validade do conteúdo, bem como o alcance do objetivo estabelecido para o manual. Nessa etapa, podem ficar evidenciadas algumas modificações que necessitam ser efetuadas, visando a uma situação mais adequada.

Fase 7: Distribuição

O analista deve estabelecer, da maneira mais completa, a relação dos destinatários do manual de organização.

Uma distribuição reduzida pode levar a:

- falha na identificação de alguns usuários;
- falta de conhecimento do conteúdo do manual por parte de determinados usuários; e
- falhas de operação na estrutura organizacional da empresa.

Uma distribuição excessiva e indiscriminada pode levar a:

- gastos inúteis; e
- interferências desnecessárias de quem não está envolvido no assunto.

Normalmente, quem recebe os manuais são os responsáveis pelas unidades organizacionais, os quais determinam depois os meios de acesso a seus subordinados.

Quando a empresa tem adequado sistema de controle de distribuição, todo o processo subsequente de atualização do conteúdo do manual se torna mais fácil, pois o analista tem atualizado conhecimento dos possuidores de exemplar do manual.

A questão do planejamento e da execução da distribuição dos manuais é algo muito fácil de ser realizado e de ser entendido por todos os funcionários da empresa. Entretanto, muitas empresas não proporcionam o devido valor a essa fase da elaboração dos manuais de organização.

Um formulário de controle de distribuição do manual de organização é apresentado na Figura 8.2:

Planos	Ficha de Controle de Distribuição do Manual de Organização								Nº	
Sigla da unidade organizacional	Nome do responsável	Manual Completo		Alterações						
		Visto	Data	Doc.	Visto	Data	Doc.	Visto	Data

Figura 8.2 Controle de distribuição do manual.

Uma ideia interessante é que os responsáveis pelo manual de organização que tenham subordinados sob suas ordens mantenham um registro de consultas com finalidades estatísticas, de forma que possam contribuir para a análise permanente da eficiência dos manuais.

Fase 8: Instrução aos usuários

Com referência à instrução aos usuários, essa é uma tarefa de responsabilidade dos analistas de organização e dos chefes das unidades organizacionais envolvidas no processo. Em alguns casos, pode ser envolvida a área de treinamento da empresa.

Uma forma prática e amena de cumprir essa tarefa é criar situações cujas soluções dependam da utilização do manual e mostrar, então, aos usuários, como recorrer a ele.

Fase 9: Acompanhamento do uso

O acompanhamento do uso é de suma importância para verificar a eficiência e a eficácia do manual. O analista de organização pode utilizar várias técnicas para verificação, tais como entrevistas, observações, elaboração de registros estatísticos etc.

O processo de acompanhamento, para ter maior validade, deve ser feito de forma sistemática e contínua.

8.4.1 Processo de atualização do manual de organização

Nesse momento, o analista de organização deve estabelecer as ações necessárias para manter a validade do manual de organização.

Não obstante o caráter permanente dos assuntos sobre os quais dispõe o manual de organização, a dinâmica da empresa pode impor alterações em seu contexto.

Assim, as alterações devem ocorrer por meio de:

- revisão;
- reedição; e
- cancelamento.

A seguir, são analisadas as três situações básicas de adequação dos manuais administrativos à dinâmica empresarial.

a) Revisão

Sempre que houver alterações que afetem parte do manual de organização, devem ser emitidas revisões para substituir as partes emendadas.

A revisão é uma nova impressão das folhas corrigidas. Nesse caso, as folhas revistas substituem as de número correspondente nas publicações existentes.

A revisão do manual deve ser realizada com a antecedência necessária em relação à data de entrada em vigor, com o objetivo de que as pessoas envolvidas – usuários – tomem conhecimento da mudança ocorrida.

A inserção de folha revisada pode ser realizada:

- adiante ou atrás da folha a ser substituída; ou
- numa seção especial do manual dedicada a folhas que devem entrar em vigência em datas futuras.

Se uma revisão contiver matéria adicional que não possa ser inteiramente incluída na folha revista, devem ser emitidas folhas adicionais identificadas com o mesmo número da folha revista, acrescido de uma letra do alfabeto.

b) Reedição

A reedição é um nova edição completa do corpo do manual de organização e/ou dos elementos adicionais, que substitui a publicação original e inclui todas as revisões.

A reedição de um manual de organização deve ocorrer sempre que as revisões afetarem mais de 2/3 da publicação anterior.

c) Cancelamento

O cancelamento de um manual de organização ou parte dele pode ocorrer com a publicação da folha de cancelamento.

8.4.2 Avaliação dos manuais de organização

Geralmente, as empresas não adotam uma política de avaliar, periodicamente, seus manuais de organização.

Objetivando facilitar a avaliação de um manual existente, é apresentada a seguir uma lista de controle que ajudará a cumprir essa tarefa (Saroka; Gaitán, 1979, p. 111):

- o que pensam os usuários sobre o manual?
- o título do manual é adequado e claro para suas finalidades?
- é de fácil leitura (linguagem, referências, revisão)?
- com que frequência é consultado?
- a encadernação é adequada? Ela permite leitura e inserção fáceis dos materiais?
- em que casos é consultado?
- contém instruções para sua utilização? Essas são compreensíveis? Contém exemplos ilustrativos?

- contém índice temático? Está bem ordenado? Permite localizar, facilmente, a informação necessária?
- que sistema de codificação de folha é utilizado? É o mais adequado?
- os temas do corpo principal foram distribuídos de acordo com uma ordem lógica?
- as folhas são pré-impressas?
- existem ilustrações, exemplos, modelos que facilitam a compreensão?
- está sempre atualizado? Qual o procedimento de atualização adotado? Quem são os responsáveis pela atualização?
- a diagramação é boa? Foram observados aspectos como: formato de tipos de impressão adequados, espaço suficiente entre as linhas, qualidade da impressão?
- foi prevista a inclusão de um glossário com a definição dos principais termos? O glossário é, suficientemente, amplo e claro?
- foram colocados nos apêndices assuntos cuja inclusão no corpo principal interrompe a fluidez da leitura?
- foi previsto espaço em branco suficiente para permitir a anexação de novos parágrafos?
- existe número suficiente de exemplares?
- desde que o manual de organização entrou em vigência, foram observadas mudanças positivas na forma de execução das atividades?
- o conteúdo do manual de organização fornece as soluções de todas as situações que se apresentam, ou é necessário interpretar soluções por analogia?
- suas dimensões permitem fácil manuseio e arquivamento cômodo?
- as folhas recém-elaboradas são inseridas no manual de organização com antecedência em relação à data de início de sua vigência? Com que antecedência?
- qual o critério adotado para diferenciar as folhas recém-elaboradas daquelas que serão substituídas?
- o que é feito com as folhas substituídas?

8.5 ALGUNS FORMULÁRIOS PARA MANUAIS DE ORGANIZAÇÃO

A seguir, são apresentados modelos de formulários para manuais de organização.

Um modelo de manual de organização, cuja estrutura geral segue os critérios a seguir descritos, pode ser utilizado como exemplo para qualquer empresa.

O manual é dividido em três partes:

I – Na primeira parte, são descritas as atribuições gerais das chefias, em função dos níveis hierárquicos que ocupam na estrutura organizacional (Figura 8.3).

Planos	Manual de Organização	Página: Data: __/__/__
	Atribuições Gerais	Pág. Substituta:
Unidade: Gerência		
Atribuições relativas a Planejamento, Direção e Controle		
01. Procurar aperfeiçoar, continuamente, sua capacidade de liderança, iniciativa, julgamento, decisão, convicção, entusiasmo e integridade pessoal. 02. Manter-se atualizado com as modernas técnicas relativas às atividades que desenvolve na empresa, transmitindo a seus subordinados os conhecimentos necessários à boa execução dos trabalhos. 03. Promover e manter elevado espírito de colaboração entre seus subordinados. 04. Transmitir a seus subordinados diretos as diretrizes básicas para elaboração dos planos de trabalho de suas unidades. 05. Analisar os planos de trabalho das unidades que lhe são diretamente subordinadas, procedendo às alterações, inclusões e exclusões julgadas necessárias. 06. Colocar à apreciação de seu superior imediato o plano de trabalho elaborado para a gerência e providenciar as alterações que lhe forem transmitidas. 07. Colaborar com seu superior imediato, quando solicitado, na apresentação do plano de trabalho proposto à sua chefia mediata ou unidades organizacionais responsáveis pelo planejamento da empresa.		

Figura 8.3	*Exemplo de folha de atribuições gerais de uma unidade organizacional.*

II – Na segunda parte, estão descritas as atribuições específicas (Figura 8.4) de cada uma das chefias, compreendendo:

- ligações hierárquicas imediatas;
- responsabilidade básica;

- atividades relativas a:
  - planejamento;
  - organização;
  - direção;
  - gestão de pessoas; e
  - avaliação.

Planos	Manual de Organização	Página: Data: __/__/__
	Atribuições Gerais	Pág. Substituta:
Unidade: Gerência de Informática	Sigla: Ginf	C. Custos: 4.220-3

1. Ligações Hierárquicas Imediatas:

Unidade Superior:
  – Superintendência de Sistemas
Unidades Subordinadas:
  – Divisão de Programação e Análise de Sistemas
  – Divisão de Operação de Sistemas
  – Divisão de Bancos de Dados
Ligações Funcionais:
  – Gerência de Organização e Métodos

2. Responsabilidade Básica:
– Responder por todas as atividades de informática e sistemas de informação da empresa – Responder pela seleção de equipamento, análise de sistemas, programação e operação – Responder pelo desenvolvimento de sistemas administrativos, financeiros, científicos, de informações e de banco de dados
3. Atribuições:
a) Relativas a planejamento b) Relativas a organização c) Relativas a direção d) Relativas a gestão de pessoas e) Relativas a avaliação

Figura 8.4	*Exemplo de folha de atribuições específicas de uma unidade organizacional.*

III – Na terceira e última parte, são apresentados o organograma geral da empresa e os organogramas parciais.

RESUMO

Neste capítulo, foram apresentados os principais assuntos que devem ser considerados no desenvolvimento e na implementação dos manuais de organização nas empresas.

Verificou-se que as vantagens são muitas, mas devem-se tomar alguns cuidados para a melhor utilização dos manuais de organização.

Pode-se considerar que os manuais de organização representam a consolidação de todo o processo de desenvolvimento da estrutura organizacional e podem ser considerados o principal instrumento de sustentação do modelo de gestão das empresas.

QUESTÕES PARA DEBATE

1. Identificar e analisar a validade de outras partes integrantes dos manuais de organização nas empresas.
2. Identificar e debater outras vantagens dos manuais de organização.
3. Idem quanto às possíveis desvantagens no uso dos manuais de organização pelas empresas.
4. Debater e detalhar, para a realidade de sua empresa, as fases para elaboração dos manuais de organização.

CASO: ESTRUTURAÇÃO E DESENVOLVIMENTO DO MANUAL DE ORGANIZAÇÃO DA ALPHA PECUÁRIA, AGRÍCOLA, INDÚSTRIA E COMÉRCIO LTDA.

Neste momento, você deve juntar todo o material resultante da análise e consolidação dos trabalhos decorrentes dos sete casos desenvolvidos nos capítulos anteriores e preparar o manual de organização da Alpha.

Esse trabalho possibilita a identificação de alguns *vazios* no estudo da estrutura organizacional da Alpha, bem como o repensar em toda a lógica das análises e das propostas apresentadas.

Na prática, um trabalho que serve para verificar a coerência e a interligação de todos os assuntos analisados é a preparação de telas de apresentação – resumidas – de todo o trabalho para a diretoria da Alpha.

Esse procedimento, extremamente simples e necessário, representa a melhor forma de rever e consolidar todo o trabalho de estrutura organizacional da Alpha.

9
Implementação da estrutura organizacional

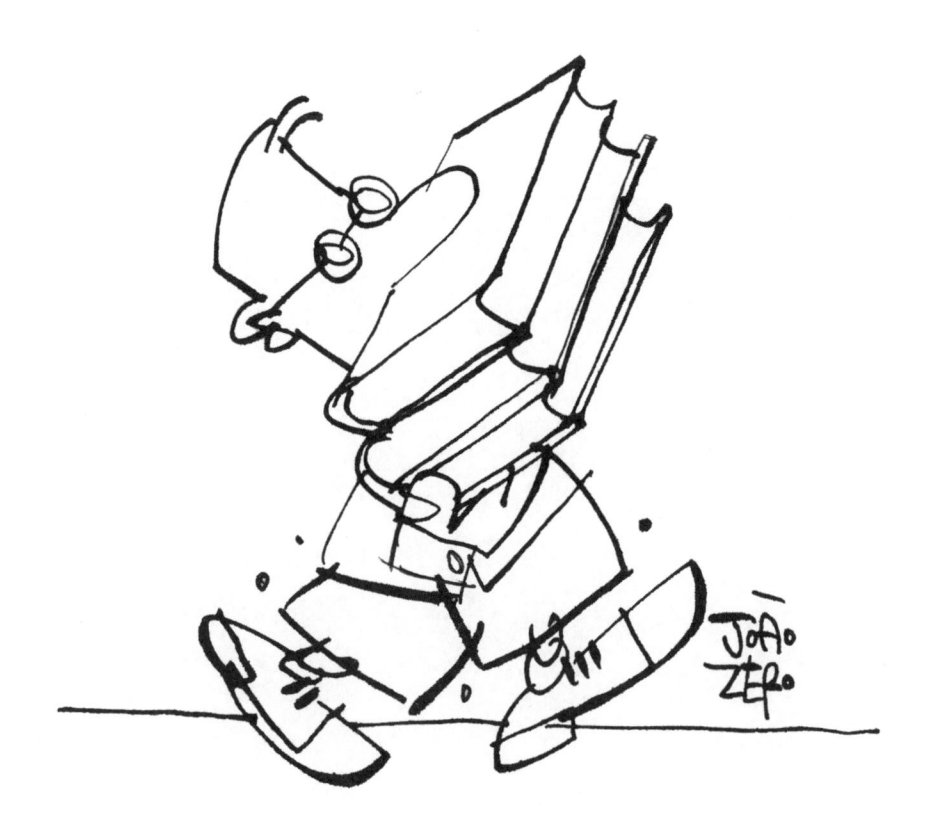

"A tolerância é a claridade da inteligência."

Jules Lemaitre

9.1 INTRODUÇÃO

Neste capítulo, é abordada a importante questão do processo de implementação da estrutura organizacional nas empresas.

Em significativa parte das vezes, os executivos direcionam sua atenção para o delineamento da nova estrutura organizacional da empresa, mas se esquecem de administrar adequadamente a sua implementação, provocando resultados altamente problemáticos.

Essa é a finalidade deste capítulo e, portanto, são apresentados alguns aspectos da metodologia administrativa denominada desenvolvimento organizacional ou simplesmente DO.

A necessidade de estudar DO prende-se ao fato de que as empresas devem conhecer determinados instrumentos que possam minimizar os tipos básicos de resistência às mudanças. E, considerando o assunto básico tratado neste livro, podem ocorrer determinadas resistências à implantação da estrutura organizacional.

Ao final deste capítulo, será possível responder a algumas perguntas, tais como:

- Como elaborar um plano para a adequada implementação da estrutura organizacional nas empresas?
- O que é desenvolvimento organizacional ou aplicação da mudança organizacional de forma planejada e qual sua importância para a consolidação das estruturas organizacionais nas empresas?
- Como os executivos podem usar o DO nas empresas?
- Quais as vantagens e as precauções em seu uso?
- Quais as principais questões a serem consideradas pelo agente de DO ou agente de mudanças nas empresas?
- Como os executivos podem atuar perante a resistência às mudanças, por parte dos usuários da estrutura organizacional?

9.2 PLANO DE IMPLEMENTAÇÃO DA ESTRUTURA ORGANIZACIONAL

O plano para a adequada implementação da estrutura organizacional nas empresas deve estar sustentado em um processo de DO.

> Desenvolvimento Organizacional (DO) é um processo estruturado para a mudança planejada dos aspectos estruturais e comportamentais nas empresas, com a finalidade de otimizar os resultados anteriormente estabelecidos nos planos estratégicos, táticos e operacionais.

Com isso, o DO objetiva aplicar o conhecimento da ciência do comportamento à moldagem dos processos de formação de equipes e das relações entre essas equipes, principalmente as interdisciplinares, bem como assegurar a eficiência, a eficácia e a efetividade das empresas.

Nesse ponto, devem-se lembrar os conceitos de eficiência, eficácia e efetividade:

a) Eficiência cuida de:
- fazer as coisas bem;
- resolver problemas;
- salvaguardar recursos;
- cumprir com seu dever; e
- reduzir os custos.

b) Eficácia cuida de:
- fazer as coisas certas;
- idealizar e operacionalizar alternativas criativas;
- maximizar a utilização de recursos;
- obter resultados; e
- aumentar o lucro.

c) Efetividade cuida de:
- consolidar os resultados ao longo do tempo; e
- proporcionar o desenvolvimento sustentado da empresa.

Por meio de adequado processo de aplicação do DO, o analista de organização obtém os seguintes resultados mais comuns:
- desenvolvimento da competência interpessoal;
- mudança nos valores, de modo que os fatores e os sentimentos humanos sejam mais válidos para o desenvolvimento e a consolidação da estrutura organizacional;

- desenvolvimento de crescente compreensão entre e dentro das equipes de trabalho envolvidas no desenvolvimento da estrutura organizacional, com o objetivo de reduzir tensões e atritos;
- geração de informações objetivas e subjetivas, válidas e pertinentes, sobre as realidades da empresa, bem como a garantia do retorno analisado dessas informações aos usuários da estrutura organizacional;
- criação de um clima de aceitação e receptividade para o diagnóstico e a solução de problemas da empresa;
- estabelecimento de um clima de confiança, respeito e não manipulação entre chefes, colegas e subordinados na estrutura organizacional da empresa;
- maior integração das necessidades e dos objetivos, bem como dos indivíduos que fazem parte da empresa;
- desenvolvimento de um processo de *afloração* de conflitos, atritos e tensões e posterior tratamento de modo direto, racional e construtivo;
- criação de clima favorável para o estabelecimento de objetivos, sempre que possível quantificados e bem qualificados, que norteiem a programação das atividades e a avaliação de desempenhos de forma adequada e mensurável das unidades organizacionais, equipes multidisciplinares e indivíduos;
- desenvolvimento da empresa pelo aprimoramento dos indivíduos envolvidos nos vários sistemas e processos da empresa; e
- aperfeiçoamento de sistemas e processos de informação, decisões e comunicações (ascendentes, descendentes, diagonais e laterais).

Portanto, a capacidade de perceber, analisar e entender as mudanças e seus efeitos sobre o indivíduo, a estrutura organizacional e a empresa, tem que adaptar-se às exigências de novas realidades e, se possível, antecipar-se à chegada das mudanças e dos novos fatos; são aspectos de suma importância para o analista de organização.

Naturalmente, considera-se, neste capítulo, a mudança planejada, e não outros tipos de mudanças que podem ocorrer na empresa, tais como:

- mudança por acomodação, por meio de uma série de pequenas mudanças de maneira não sistematizada, com sucessivos esforços de adaptação, mas sem ter como base um planejamento coerente e estruturado;

- mudança por crise, em que ocorre a mudança de emergência, visando *apagar incêndio*; e
- mudança de impacto, que ocorre com base na ameaça de uma situação caótica e incontrolável, provocando uma mudança radical e revolucionária com sacrifícios desastrosos e questionáveis.

Com base na conceituação de DO e nos benefícios que pode proporcionar para a empresa, é possível estabelecer algumas de suas características básicas, tais como:

- é uma estratégia educacional que visa a uma mudança organizacional planejada, geralmente considerando toda a empresa;
- as mudanças devem estar correlacionadas com exigências ou necessidades da empresa, e não das pessoas;
- os agentes de mudança são, geralmente, externos ao sistema que está sendo analisado – estrutura organizacional – e, nesse caso, o agente de mudanças considerado é o analista de organização;
- é necessário alto nível de relacionamento, colaboração e respeito profissional entre o agente de mudança e os executivos e profissionais alocados na estrutura organizacional da empresa; e
- o agente de mudança – analista de organização – deve ter muito clara e definida sua filosofia de atuação para com o modelo de gestão idealizado pela empresa.

A partir dessas considerações a respeito da aplicação da técnica de desenvolvimento organizacional, pode-se afirmar que o plano de implementação da estrutura organizacional deve respeitar cinco etapas básicas:

Etapa 1: Entendimento das premissas do desenvolvimento organizacional.

As premissas do DO que proporcionam sustentação ao processo de delineamento da estrutura organizacional das empresas são:

a) Existe uma forma organizacional mais adequada à época considerada e à empresa em si. Esse aspecto está relacionado às constantes mudanças que a empresa sofre ao longo do tempo.

b) A única maneira de, efetivamente, se mudar a estrutura organizacional da empresa é alterando sua cultura, a qual é entendida como:

- sistemas dentro dos quais as pessoas trabalham e vivem; e
- modos de vida, crenças e valores, formas de interação e relacionamento.

Salienta-se que maiores informações sobre a cultura organizacional são apresentadas na etapa 5, quando do estudo do *iceberg* organizacional.

c) É necessária uma nova conscientização social das pessoas que trabalham na empresa, pois somente dessa forma os seus resultados podem ser otimizados.

Etapa 2: Entendimento do posicionamento da estrutura organizacional no processo de mudança planejada.

A Figura 9.1 mostra que a estrutura organizacional representa importante instrumento administrativo para se consolidar otimizado desenvolvimento organizacional nas empresas.

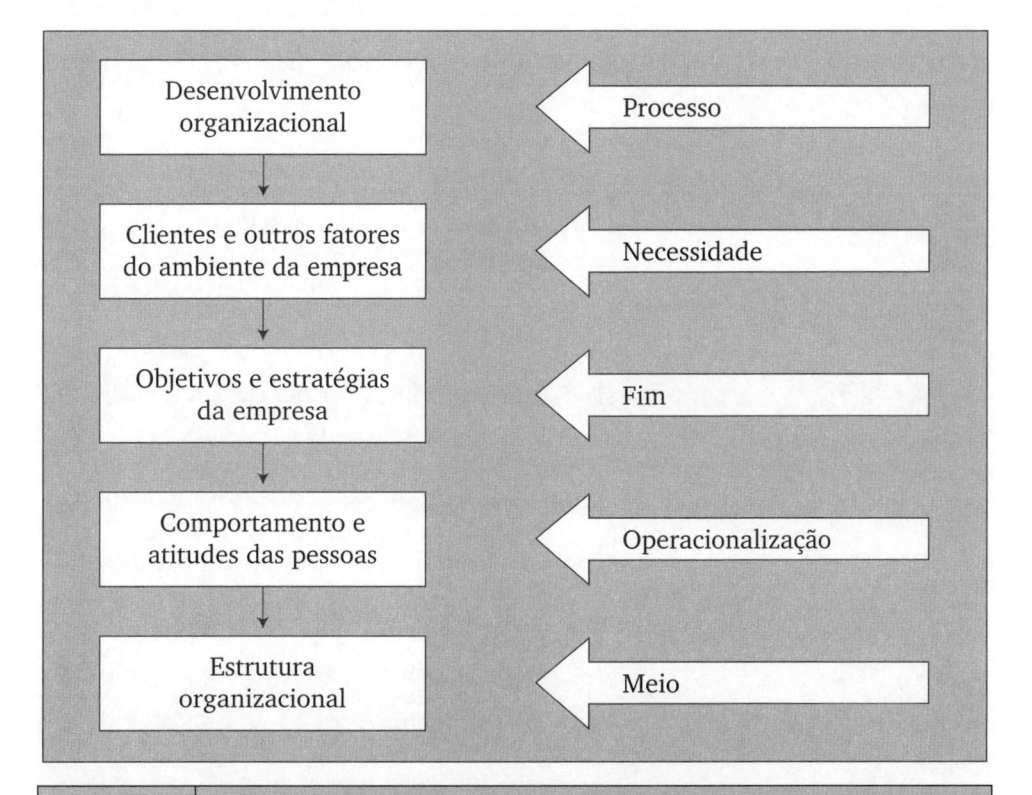

Figura 9.1 | *Aspectos da mudança planejada nas empresas.*

Etapa 3: Identificação e análise das doenças empresariais.

Uma empresa pode apresentar alguns tipos de doenças que vão prejudicar o desenvolvimento de sua estrutura organizacional.

As doenças empresariais podem ser classificadas em econômicas, financeiras, técnicas, mercadológicas, administrativas e comportamentais (Mello, 1978, p. 101).

Para cada uma dessas doenças, o executivo pode identificar determinados sintomas.

É evidente que essas várias doenças interligam-se, tendo em vista o enfoque sistêmico; e o analista de organização deve estar atento para evitar a reação em cadeia, provocando um resultado negativo bem maior.

No Quadro 9.1, são apresentados alguns exemplos de doenças e sintomas empresariais.

Quadro 9.1 | *Exemplos de doenças e sintomas empresariais.*

Doenças	Sintomas
Econômicas	– Retorno nulo ou irrisório sobre o capital investido – Retorno baixo sobre o ativo total
Financeiras	– Despesas financeiras elevadas – Alta necessidade de capital de giro – Alta influência de capital de terceiros
Técnicas	– Alto nível de reclamações e devoluções de clientes – Alta dependência tecnológica externa
Mercadológicas	– Processo de distribuição inadequado – Preços inadequados para os produtos e serviços vendidos – Falta de competitividade no mercado – Baixo retorno nas campanhas promocionais
Administrativas	– Inadequada utilização de recursos disponíveis – Trabalhos repetidos
Comportamentais	– Falta de motivação – Baixo nível de coesão – Alto nível de atritos – Alto nível de rejeição às mudanças

Note-se que, para cada um dos sintomas constatados, devem-se analisar quais são suas causas, pois somente com base nessa situação o analista de organização pode trabalhar, adequadamente, no delineamento da nova estrutura organizacional.

Tendo em vista o processo de desenvolvimento organizacional, o analista de organização deve saber quais os principais sintomas de saúde organizacional, entre os quais podem ser citados:

- alto nível de adaptabilidade às demandas internas e externas;
- objetivos amplamente compartilhados;
- conhecimento profundo, pela empresa e por seus membros, sobre o que ela foi, o que é e o que pretende ser;
- liberdade de expressão, com responsabilidades definidas;
- ênfase na resolução prática de problemas específicos;
- pontos de decisão determinados em função da competência, responsabilidade, acesso às informações, volume de trabalho, e não pelo nível hierárquico;
- alto nível de orientação para os resultados esperados;
- espírito de equipe, principalmente, multidisciplinar;
- consideração da opinião de todos, efetivando um processo de colaboração espontânea e bem aceita;
- consideração das necessidades e dos sentimentos pessoais;
- conflitos administrados de forma eficaz, direta e aberta;
- possibilidade de progresso e desenvolvimento pessoais;
- motivação no trabalho;
- liderança atuante e flexível;
- confiança, liberdade e responsabilidade mútuas;
- risco aceito como condição para o desenvolvimento e a mudança;
- clima de ordem, mas com alto grau de inovação;
- percepção da realidade;
- alto nível de criatividade;
- flexibilidade operacional;
- pessoas abertas a inovações;
- alto nível de integração; e
- estrutura organizacional, políticas e procedimentos flexíveis.

Ressalte-se que a saúde das empresas é a base para seu alto nível de eficácia, eficiência e efetividade.

A saúde organizacional é resultante do grau de intervenção e de desenvolvimento individual, grupal e organizacional. Portanto, o analista de organização pode e deve estudar, com profundidade, esses aspectos, tendo em vista otimizar os resultados da empresa.

Outro aspecto importante a ser analisado é o das disfunções na estrutura organizacional, tais como:

- estrutura organizacional com alto grau de ambiguidade quanto à divisão do trabalho ou à autoridade para a tomada de decisão;
- medidas e critérios de desempenho, controle e recompensas pouco relacionados aos resultados a serem medidos;
- sistemas de informações nos quais existem grandes distâncias entre as fontes de informações necessárias para decisão e os pontos de tomada de decisão; e
- alta incongruência entre papéis e funções formais (intenções explicitadas) e reais (utilizadas na prática).

Percebe-se que esses aspectos podem prejudicar, em alto grau, a saúde da empresa.

De nada adianta o analista de organização concentrar esforços para desenvolver adequada estrutura organizacional se não considerar, de forma equilibrada, essas e outras disfunções existentes na empresa.

Etapa 4: Análise dos subsistemas da empresa.

Já foi verificado que a empresa é um sistema aberto, bem como se compõe de vários subsistemas.

A empresa pode ser visualizada como um sistema sociotécnico aberto, conforme apresentado na Figura 9.2.

Pela Figura 9.2 verifica-se que a empresa tem a retroalimentação direta do resultado de seu subsistema psicossocial por meio de seu nível de moral e clima empresarial.

Fica evidente que, caso o analista de organização não considere o sistema psicossocial em seu trabalho, poderá ter alto nível de resistência quando da implementação da estrutura organizacional.

Implementação da estrutura organizacional **249**

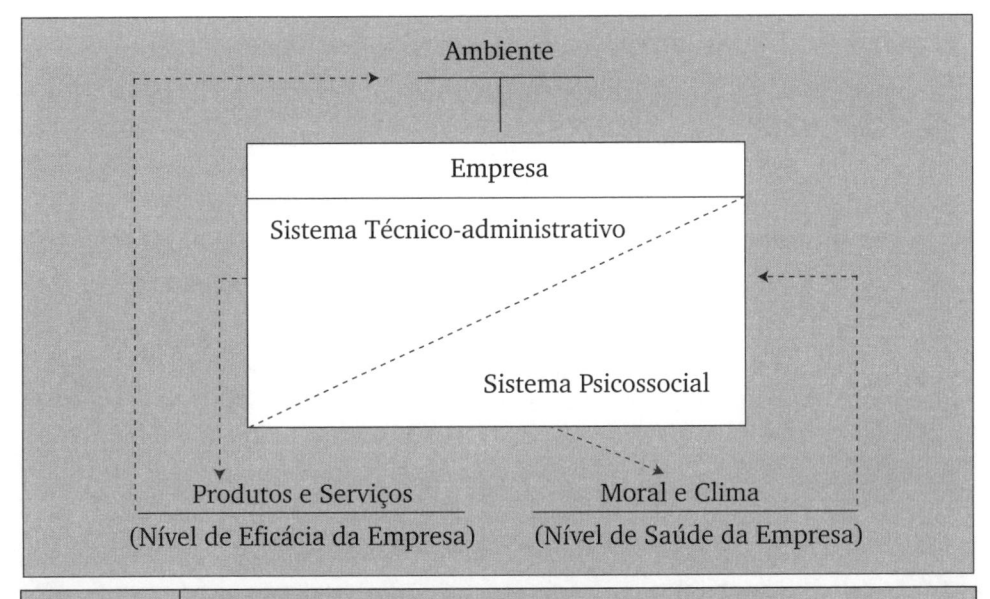

```
                          Ambiente
       ┌─────────────────────┬──────────
       │                     │
       │         ┌───────────┴───────────┐
       │         │       Empresa         │
       │         │ Sistema Técnico-administrativo
       │         │                       │ ◄─────
       │         │                       │
       │         │         Sistema Psicossocial
       │         └───────────┬───────────┘
       │                     │
       ▼                     ▼
   Produtos e Serviços    Moral e Clima
 (Nível de Eficácia da Empresa)  (Nível de Saúde da Empresa)
```

Figura 9.2 | *Empresa como sistema sociotécnico aberto.*

Existem outras maneiras de representar os subsistemas da empresa, desde uma simples divisão em unidades organizacionais que compõem essas partes – Figura 9.3 – até outra situação, que foi desenvolvida por French e Bell (1973, p. 27), conforme apresentado na Figura 9.4.

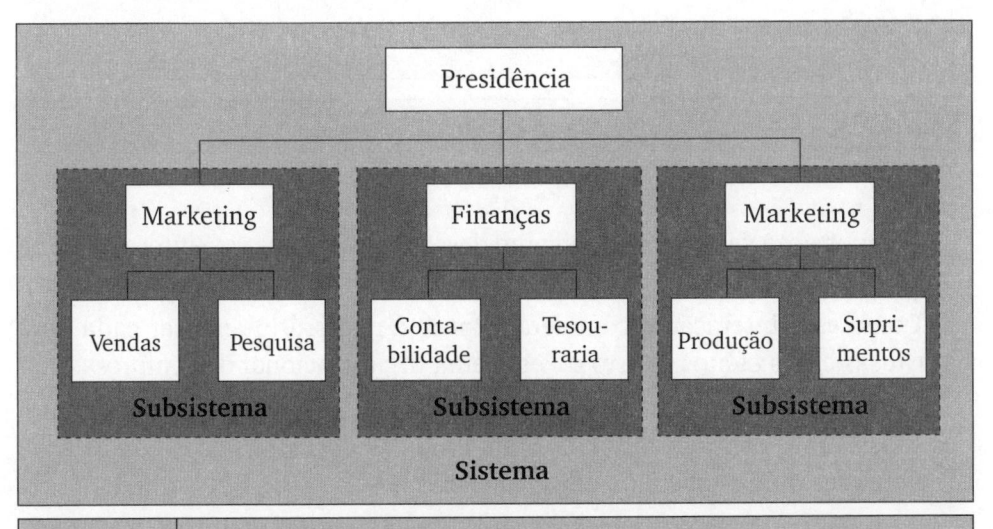

```
                         Presidência
          ┌──────────────────┼──────────────────┐
      Marketing            Finanças          Marketing
       ┌──┴──┐            ┌───┴───┐           ┌──┴──┐
    Vendas Pesquisa   Conta-    Tesou-    Produção  Supri-
                     bilidade   raria               mentos
     Subsistema         Subsistema         Subsistema
                          Sistema
```

Figura 9.3 | *Subsistemas da empresa pelas unidades organizacionais.*

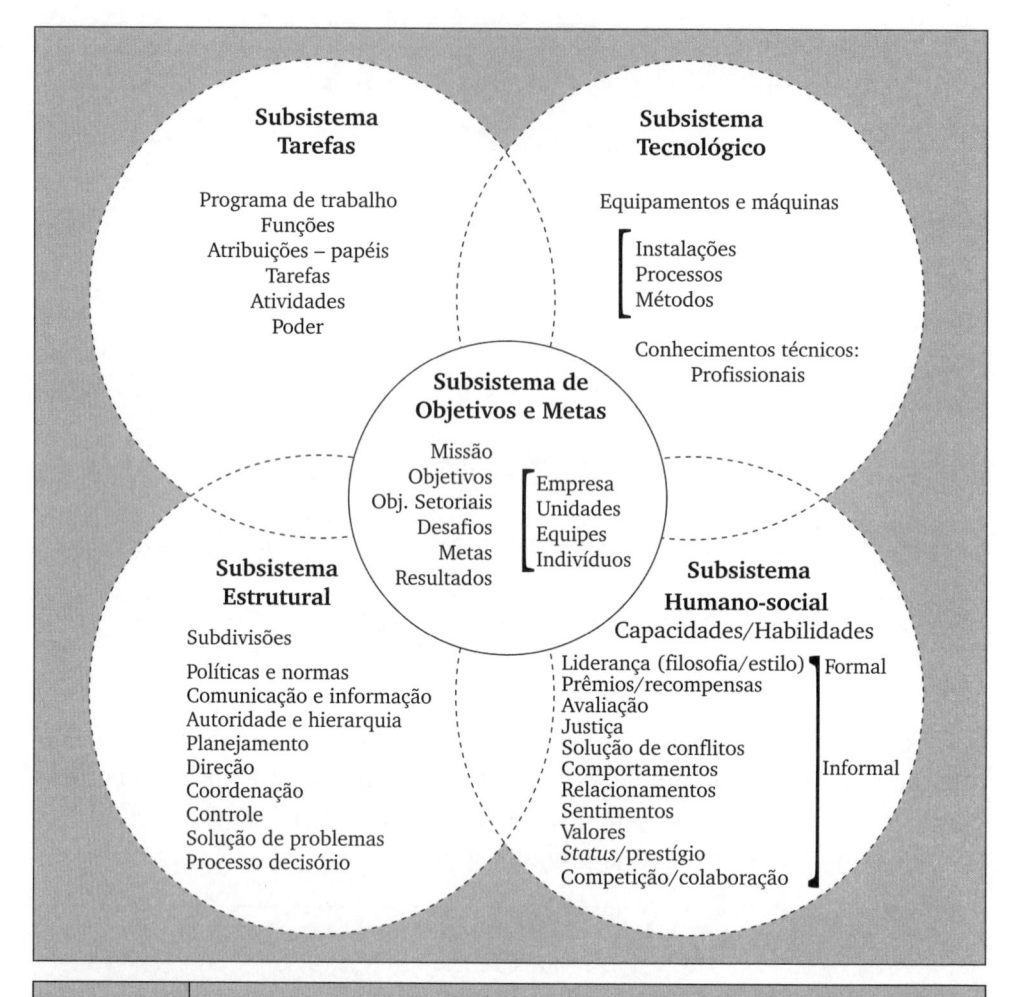

Figura 9.4 — Principais subsistemas e suas dimensões

Subsistema Tarefas
- Programa de trabalho
- Funções
- Atribuições – papéis
- Tarefas
- Atividades
- Poder

Subsistema Tecnológico
- Equipamentos e máquinas
- [Instalações / Processos / Métodos]
- Conhecimentos técnicos: Profissionais

Subsistema de Objetivos e Metas
- Missão
- Objetivos
- Obj. Setoriais
- Desafios
- Metas
- Resultados
- [Empresa / Unidades / Equipes / Indivíduos]

Subsistema Estrutural
- Subdivisões
- Políticas e normas
- Comunicação e informação
- Autoridade e hierarquia
- Planejamento
- Direção
- Coordenação
- Controle
- Solução de problemas
- Processo decisório

Subsistema Humano-social
- Capacidades/Habilidades
- Liderança (filosofia/estilo) — Formal
- Prêmios/recompensas
- Avaliação
- Justiça
- Solução de conflitos
- Comportamentos — Informal
- Relacionamentos
- Sentimentos
- Valores
- *Status*/prestígio
- Competição/colaboração

Figura 9.4 | *Principais subsistemas e suas dimensões.*

É importante verificar que cada um desses subsistemas está interagindo na empresa, e o analista de organização deve estabelecer os graus desse processo.

Como essa interação é completa e total, é necessário analisar cada uma das causas e dos efeitos dentro do esquema organizacional das empresas.

Fica evidente, também, a necessidade de perfeita interligação de cada um dos subsistemas considerados e de cada uma das decomposições possíveis de ser efetuadas pelo analista de organização.

Etapa 5: Análise da cultura organizacional e da atuação individual e em equipes.

Um aspecto que deve ser analisado é o do processo de condicionamento do comportamento humano, que parte da cultura da empresa e chega aos comportamentos, passando pelas percepções. O resultado desse processo é o indivíduo que apresenta diferentes atitudes perante as pessoas e a estruturação organizacional.

Essa situação pode ser visualizada na Figura 9.5:

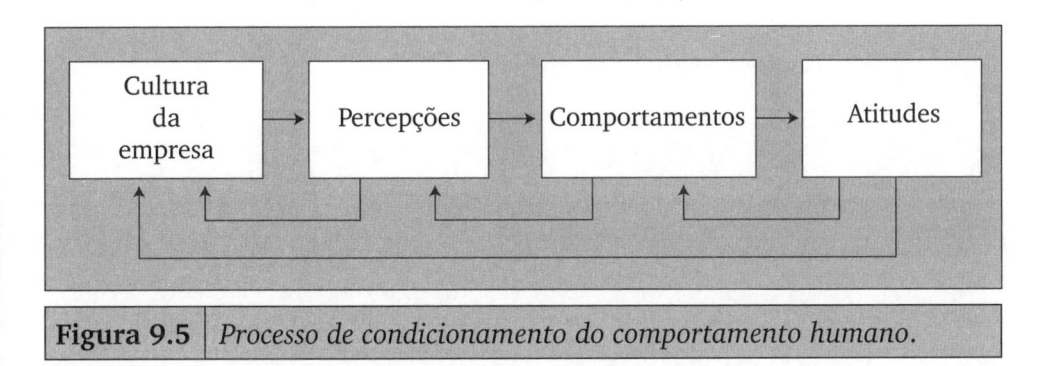

Cultura da empresa → Percepções → Comportamentos → Atitudes

Figura 9.5 | *Processo de condicionamento do comportamento humano.*

Por exemplo, se houver uma crença na empresa, ou numa área específica dela, de que as mudanças na estrutura organizacional podem *criar problemas* para as pessoas envolvidas, esse aspecto pode provocar uma percepção de que os resultados serão desfavoráveis para essas pessoas, o que gera comportamentos passivos, os quais se operacionalizam por meio de atitudes inativas ou, mesmo, de atitudes de rejeição às mudanças.

Portanto, o analista de organização deve procurar *atacar* o início da linha, por intermédio do efetivo conhecimento da cultura da empresa.

Outro aspecto importante que o analista de organização deve considerar é que as mudanças comportamentais têm diferentes dificuldades envolvidas, bem como demandam períodos de tempo diferentes, conforme apresentado na Figura 9.6 (Hersey; Blanchard, 1974, p. 69).

Verificou-se que o analista de organização tem de trabalhar com o subsistema técnico-administrativo, bem como com o subsistema psicossocial.

Salienta-se que a menor parte do subsistema técnico-administrativo fica na parte visível do *iceberg* organizacional, enquanto o subsistema psicossocial corresponde à parte invisível – e maior – do *iceberg*, conforme mostrado na Figura 9.7 (Selfridge; Sokolik, 1975, p. 43).

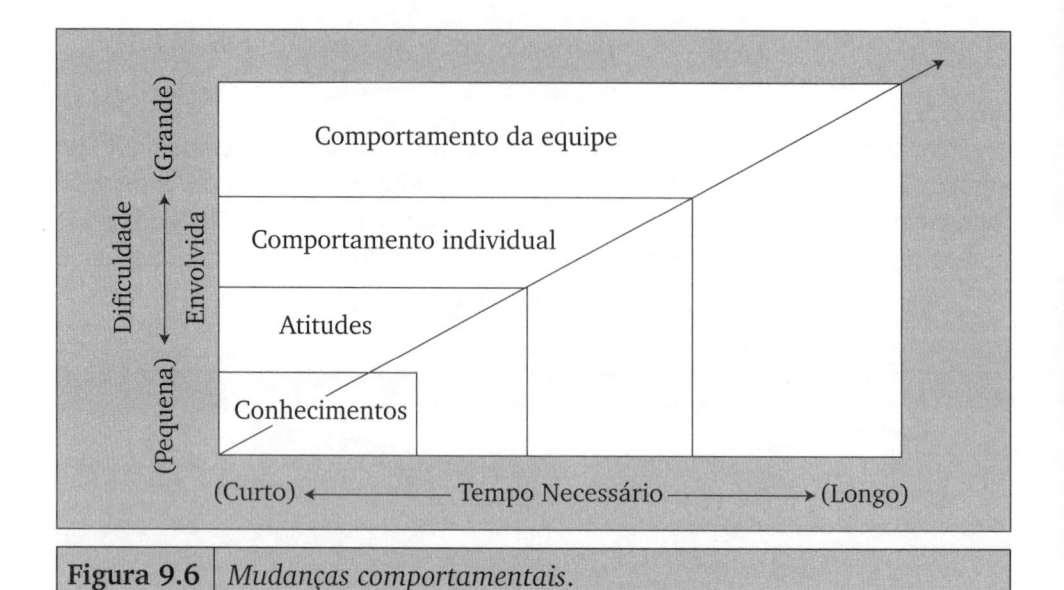

Figura 9.6 | *Mudanças comportamentais.*

Eixos do gráfico:
- Eixo vertical: Dificuldade Envolvida — (Pequena) a (Grande)
- Eixo horizontal: Tempo Necessário — (Curto) a (Longo)

Níveis (do menor para o maior):
- Conhecimentos
- Atitudes
- Comportamento individual
- Comportamento da equipe

Figura 9.7 | Iceberg *organizacional.*

Nível de penetração da intervenção do desenvolvimento organizacional

A empresa visível

Componentes visíveis:
- Estrutura organizacional
- Denominação e descrição de cargos
- Rede de autoridade formal
- Alcance do controle e níveis organizacionais
- Objetivos estratégicos
- Políticas e procedimentos operacionais
- Planejamento e sistema de informação
- Políticas e procedimentos referentes ao pessoal
- Unidades de mensuração referentes à produtividade física e monetária

Esses componentes são claramente observáveis, geralmente racionais, provenientes de conhecimento e orientados para considerações atinentes às tarefas

A empresa não visível

Componentes não visíveis:
- Padrões de poder crescente e de influência
- Visão pessoal das competências organizacionais e individuais
- Padrões de equipes interpessoais e de relações divisionais
- Sentimento e normas das equipes de trabalho
- Percepção da existência de relacionamentos de confiança, de abertura e de comportamentos relativos à aceitação de riscos
- Percepção do papel individual e dos sistemas de valores
- Sentimentos emocionais, necessidades e desejos
- Relacionamento afetivo entre executivos e funcionários
- Unidades de medida para contabilização dos recursos humanos

Esses componentes não são geralmente visíveis e emocionalmente criados e orientados, tendo em vista o clima geral e o processo social, psicológico e comportamental da empresa

O analista de organização deve procurar conhecer os aspectos *invisíveis* da empresa, tendo em vista o processo da transação indivíduo *versus* empresa.

A identificação do *iceberg* organizacional é básica para o analista efetuar o estudo da cultura organizacional.

> Cultura organizacional é o conjunto de padrões prevalecentes de valores, crenças, sentimentos, atitudes, normas, interações, tecnologia, processos de execução de atividades e suas influências sobre as pessoas da empresa.

Inclui-se, ainda, na cultura organizacional a estrutura informal, ou seja, todo o sistema de relações informais, com seus sentimentos, ações e interações, grupos de pressão, valores e normas grupais etc. (ver seção 2.2.1).

Assim, DO enfoca os dois sistemas, o formal e o informal, mas a estratégia de intervenção que o analista de organização deve usar, normalmente, inicia-se pelo sistema informal, porque as atitudes e os sentimentos das pessoas são, usualmente, as primeiras informações a ser confrontadas.

O desempenho de cada indivíduo depende de um processo de mediação ou regulação entre ele e a empresa. Nesse caso, a empresa é o meio no qual o indivíduo pode ou não satisfazer a suas necessidades. E é dessa satisfação ou insatisfação de necessidades que dependem sua motivação na tarefa, sua dedicação ao trabalho, sua produtividade, eficiência e eficácia, os quais representam fatores de elevada importância no resultado geral da estrutura organizacional das empresas.

9.3 AGENTE DE MUDANÇAS

> Agente de mudanças ou de desenvolvimento organizacional é aquele capaz de desenvolver comportamentos, atitudes e processos que possibilitem à empresa transacionar, proativa e interativamente, com os diversos instrumentos administrativos da empresa, bem como com os fatores externos não controláveis.

O agente de DO – desenvolvimento organizacional – deve apresentar determinados requisitos, entre os quais podem ser citados:

- autoconhecimento;

- conhecimento da empresa;
- conhecimento da estrutura organizacional;
- bom relacionamento; e
- flexibilidade de ação.

Naturalmente, o agente que tem essas qualificações torna o processo de mudança planejada muito mais viável.

É importante que o executivo saiba contratar o agente de mudanças ideal, pois só assim a empresa terá a possibilidade de usufruir de todas as vantagens do DO em seu processo de otimização da estrutura organizacional.

Pode-se afirmar que agente ideal de DO é aquele que, entre outros aspectos, trabalha *com* o cliente e não *para* o cliente.

O agente de mudanças ou de DO deve trabalhar com cinco aspectos básicos em suas análises profissionais das empresas alocados nas diversas unidades organizacionais:

a) Capacitação é a competência sustentada de obter e deter o conjunto de conhecimentos e instrumentos administrativos que se aplicam a uma área de atuação.

b) Desempenho é o resultado efetivo que um profissional da empresa apresenta quanto às atividades de um cargo e função, em determinado período de tempo, em relação aos resultados negociados e estabelecidos.

c) Potencial é o conjunto de conhecimentos que um funcionário tem para desempenhar outras atividades, correlacionadas ou não ao seu atual cargo e função.

d) Comportamento é a operacionalização de um conjunto de atitudes que uma pessoa apresenta em relação aos diversos fatores e assuntos que estão em seu ambiente de atuação.

e) Comprometimento é o processo interativo em que se consolida a responsabilidade isolada ou solidária pelos resultados esperados.

Mello (1978, p. 117) apresenta as seguintes funções do agente de DO ou de mudanças planejadas para bem desenvolver os trabalhos inerentes ao desenvolvimento e implementação da estrutura organizacional das empresas:

- obter dados sobre o funcionamento da empresa e de sua estrutura organizacional;

- ouvir pessoas e compreendê-las;
- ajudar pessoas com dificuldades pessoais e funcionais;
- diagnosticar situações e comportamentos;
- estabelecer estratégias e escolher táticas de DO;
- estimular comportamentos e ações condizentes com os objetivos de DO;
- treinar pessoas e as equipes multidisciplinares;
- confrontar pessoas ou equipes, dando-lhes *feedback* construtivo;
- sugerir soluções e orientar ações;
- intervir diretamente, assegurando-se de que certas providências sejam tomadas;
- liderar ou dirigir pessoas e equipes multidisciplinares;
- planejar, organizar, coordenar e controlar as atividades de DO; e
- avaliar resultados e desempenhos baseados em objetivos e desafios estabelecidos.

Um aspecto que pode auxiliar os trabalhos do agente de mudanças ou de DO é uma carta de princípios, a qual deve servir de *guarda-chuva* para a administração participativa e o comprometimento dos executivos e funcionários da empresa.

> Carta de princípios é a abordagem conceitual e a sustentação dos valores básicos debatidos e consensados na empresa.

Um exemplo de carta de princípios é apresentado a seguir, com o foco em cinco itens básicos de uma empresa: o negócio, o ser humano, a organização, a qualidade e a tecnologia.

Nesse caso, a carta de princípios pode ser:

a) O negócio

Identificar e preservar os clientes e os fornecedores como parceiros na sustentação dos nossos negócios e considerar os concorrentes como estímulo à busca da excelência. Para tanto, obter lucro dentro das normas legais, éticas e morais, respeitando o meio ambiente.

b) O ser humano

Respeitar e valorizar o ser humano, propiciando-lhe a oportunidade de desenvolvimento profissional, pessoal e social, gerando um ambiente de participação, integração e criatividade, com liberdade e responsabilidade, reconhecendo a contribuição de cada um dos colaboradores.

c) A organização

Administrar com agilidade, flexibilidade e objetividade, através de um sistema de trabalho participativo e integrado, em que a responsabilidade e a liberdade de ação devem estar em todos os níveis, de forma a disseminar confiança e promover a comunicação.

d) A qualidade

Atender às necessidades dos clientes internos e externos através da melhoria contínua, assegurando que processos, produtos e serviços sejam executados com qualidade total para garantir a competitividade.

e) A tecnologia

Incorporar e desenvolver novas tecnologias para atender às necessidades da empresa e às do mercado no momento atual e futuro.

Para que uma carta de princípios, que representa algo genérico e global no contexto de atuação da empresa, sirva para consolidar a administração participativa e o adequado nível de comprometimento, é necessário que a mesma tenha origem em estruturado e amplo debate de equipes multidisciplinares que sejam interligadas entre si e considerem toda a empresa.

Uma forma de interligar equipes multidisciplinares é a alocação de uma mesma pessoa em duas ou mais equipes, de tal forma que a interligação dos assuntos debatidos tenha um elemento de ligação.

Para que essa ligação não sofra viés de colocações pessoais, pode-se tomar a precaução de formalizar as decisões tomadas, bem como ter mais de uma pessoa que faça a ligação entre as diferentes equipes multidisciplinares. Essa última proposta facilita o andamento do processo, inclusive nos casos de férias ou outros tipos de ausências dos profissionais de ligação entre as equipes.

Pode-se considerar que todo o trabalho de administração participativa e de comprometimento deve estar sustentado por um sistema de planejamento e de avaliação de desempenho, bem como de avaliação do potencial dos profissionais da empresa.

A avaliação de desempenho preocupa-se com o passado e a avaliação do potencial, preocupa-se com o futuro do profissional da empresa.

O foco básico é a capacitação do profissional, sendo que esta situação pode ser visualizada na Figura 9.8:

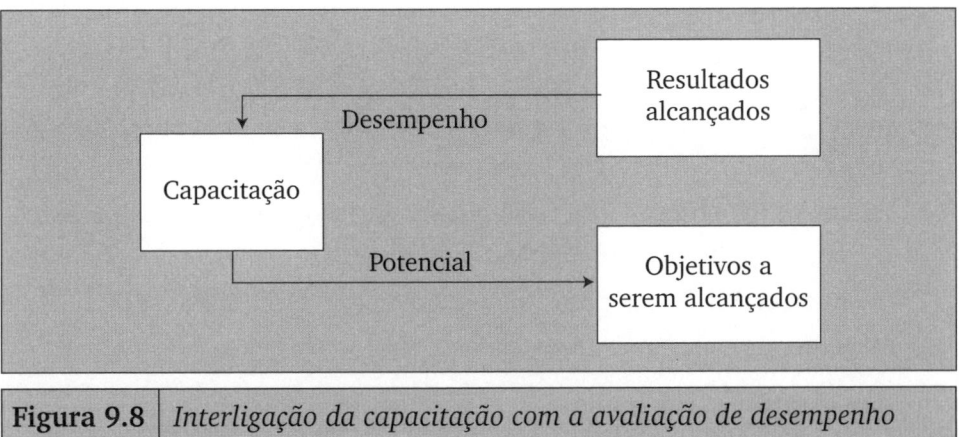

Figura 9.8 | *Interligação da capacitação com a avaliação de desempenho e de potencial.*

O planejamento e a avaliação de desempenho correspondem a um instrumento que pode contribuir, efetivamente, para a melhoria dos resultados da empresa.

Suas finalidades são as seguintes:

- avaliar a qualidade de desempenho, com indicação das áreas, atividades ou processos nos quais o avaliado se desempenha bem e aqueles em que os padrões não foram satisfeitos;
- determinar o que pode ser feito para aperfeiçoar o desempenho do profissional da empresa;
- assegurar que exista sintonia entre superior e avaliado com relação às responsabilidades por resultados;
- estabelecer entre superior e avaliado uma relação de confiança e lealdade; e
- estabelecer os objetivos de desempenho – resultados esperados e metas – para o período considerado.

9.3.1 Agente interno e agente externo

O agente de mudanças planejadas ou de DO pode atuar como consultor externo ou como consultor interno à empresa.

Antes de analisar a situação ideal, é necessário examinar algumas vantagens e desvantagens de cada uma das duas posições em que o agente de mudanças pode atuar no desenvolvimento da estrutura organizacional, a saber:

a) Consultor externo

Para essa forma de atuação, os principais aspectos são:

Vantagens:
- maior experiência, por ter realizado serviços em várias empresas;
- maior aceitação nos escalões superiores;
- pode correr certos riscos, incluindo dizer e fazer coisas; e
- é, geralmente, mais imparcial.

Desvantagens:
- menor conhecimento dos aspectos informais da empresa;
- não tem poder formal;
- tem menor acesso informal a pessoas e equipes multidisciplinares; e
- geralmente, não tem presença diária.

b) Consultor interno (funcionário ou analista de organização)

Para essa forma de atuação, os principais aspectos são:

Vantagens:
- maior conhecimento dos aspectos informais;
- presença diária;
- tem poder formal;
- maior acesso a pessoas e a equipes multidisciplinares;
- participação na avaliação e no controle do processo; e
- geralmente, tem algum poder informal.

Desvantagens:
- menor aceitação nos escalões superiores;
- geralmente, tem menos experiência; e
- menor liberdade de dizer e fazer coisas e de correr riscos.

Analisando os vários aspectos, pode-se concluir que o ideal é a empresa conseguir trabalhar, simultaneamente, com o consultor ou agente externo e o analista ou agente interno, procurando melhor usufruir das vantagens de atuação de cada um deles no processo de desenvolvimento e implementação da estrutura organizacional.

Mais considerações a respeito da atuação do consultor são apresentadas no livro *Manual de consultoria empresarial*, dos mesmos autor e editora.

9.3.2 Modelo de intervenção do agente de mudanças

A atuação do agente de DO pode ser subdividida em etapas, conforme apresentado na Figura 9.9:

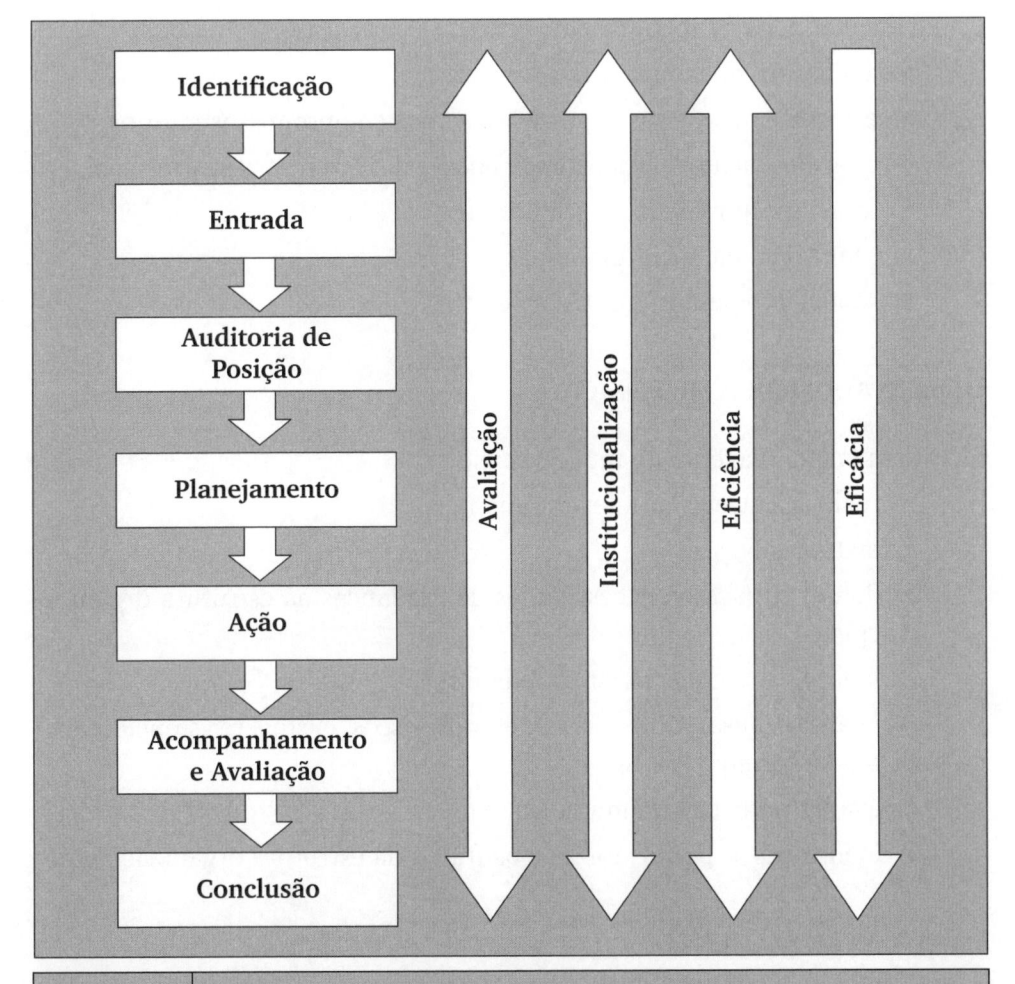

Figura 9.9 | *Etapas da intervenção do agente de mudanças.*

Esse modelo mostra que, dentro do processo para se institucionalizar o método da mudança planejada na empresa, o agente de DO deve respeitar sete etapas, a saber:

Etapa 1: IDENTIFICAÇÃO

Essa etapa refere-se à sondagem e ao reconhecimento da situação da estrutura organizacional da empresa pelo agente de mudanças planejadas.

Etapa 2: ENTRADA

Nessa etapa, há os seguintes aspectos:
- assinatura do contrato (se for o caso);
- estabelecimento das expectativas e dos compromissos mútuos;
- estabelecimento do contexto de análise da estrutura organizacional;
- testar receptividade, confiança etc.;
- sentir o clima, a cultura etc.; e
- sondar problemas, insatisfações etc.

Etapa 3: AUDITORIA DE POSIÇÃO

Nessa etapa, o agente de mudanças deve:
- realizar entrevistas e levantamentos;
- efetuar análises;
- definir situação e necessidades de mudanças na estrutura organizacional;
- identificar e equacionar problemas;
- analisar causas, alternativas, efeitos, riscos, custos, resistências, acomodações etc.;
- avaliar potencial de mudança; e
- identificar os pontos fortes e os fracos da estrutura organizacional.

Etapa 4: PLANEJAMENTO

Nessa etapa, o agente de mudanças deve:

- definir estratégias e políticas para o desenvolvimento da nova estrutura organizacional;
- identificar os participantes do trabalho; e
- estabelecer os programas de trabalho, com as atividades, sequência, tempo, recursos etc.

Etapa 5: AÇÃO

Nessa etapa, o agente de mudanças deve:
- implementar o plano estabelecido;
- treinar as pessoas envolvidas; e
- ter efetiva institucionalização da mudança, por meio de atitudes, processos e métodos de solução de problemas.

Etapa 6: ACOMPANHAMENTO E AVALIAÇÃO

Nessa etapa, há os seguintes aspectos:
- controlar os resultados da nova estrutura organizacional;
- efetuar autoavaliação pelos usuários da estrutura organizacional;
- avaliar a estrutura organizacional pelo agente de mudanças (analista de organização); e
- estudar a necessidade de nova auditoria de posição da nova estrutura organizacional da empresa.

Etapa 7: CONCLUSÃO

Nessa etapa, o agente de mudanças ou de DO desliga-se do processo, pelo menos temporariamente.

9.4 MUDANÇAS ORGANIZACIONAIS E DAS PESSOAS

Nesta seção, os aspectos básicos a serem analisados são:

- efeito da mudança organizacional sobre as pessoas;
- causas de resistências às mudanças; e
- processos para reduzir a resistência às mudanças organizacionais nas empresas.

As mudanças organizacionais podem provocar uma série de efeitos sobre as pessoas e, com base nessa situação, pode-se ter o início de um processo de resistência a essas mudanças.

Muitas mudanças não chegam a provocar o real efeito sobre as pessoas, conforme é esperado, mas a simples expectativa desse efeito pode ocasionar resistências diversas.

Alguns desses efeitos são:

- econômicos, tais como mudanças nos salários ou nos benefícios;
- organizacionais, tais como mudanças no poder, no *status*, na autonomia ou na carga de trabalho; e
- sociais, tais como mudanças no relacionamento com o chefe, com os subordinados, com os pares ou com fatores do ambiente empresarial.

Entretanto, esses efeitos pessoais sofrem influência de duas variáveis:

- características pessoais; e
- grau de poder do indivíduo.

Com base nessa situação, o indivíduo pode enquadrar-se em uma das três situações perante as mudanças na empresa:

- situação de aceitação;
- situação de alienação (ignorar ou acomodar-se); ou
- situação de resistência.

Esse aspecto é apresentado na Figura 9.10.

O analista de organização deve estar atento a todo esse processo para evitar uma quantidade maior de situações que fujam de seu controle.

Dentre as causas de resistência às mudanças nas empresas, principalmente quando se considera a estrutura organizacional, podem-se relacionar (Mello, 1978, p. 41):

- não aceitar o que incomoda;
- tendência a só perceber o que convém;
- desconfiança para com os resultados do trabalho de reestruturação organizacional;

- receio de perder coisas boas atuais;
- insegurança pessoal, provocada por desconhecimento ou falta de controle sobre os trabalhos a serem realizados;
- dependência de ação para com outra pessoa; e
- necessidade de reagir *contra*.

O analista de organização deve saber trabalhar com essas causas de resistência às mudanças nas estruturas organizacionais das empresas.

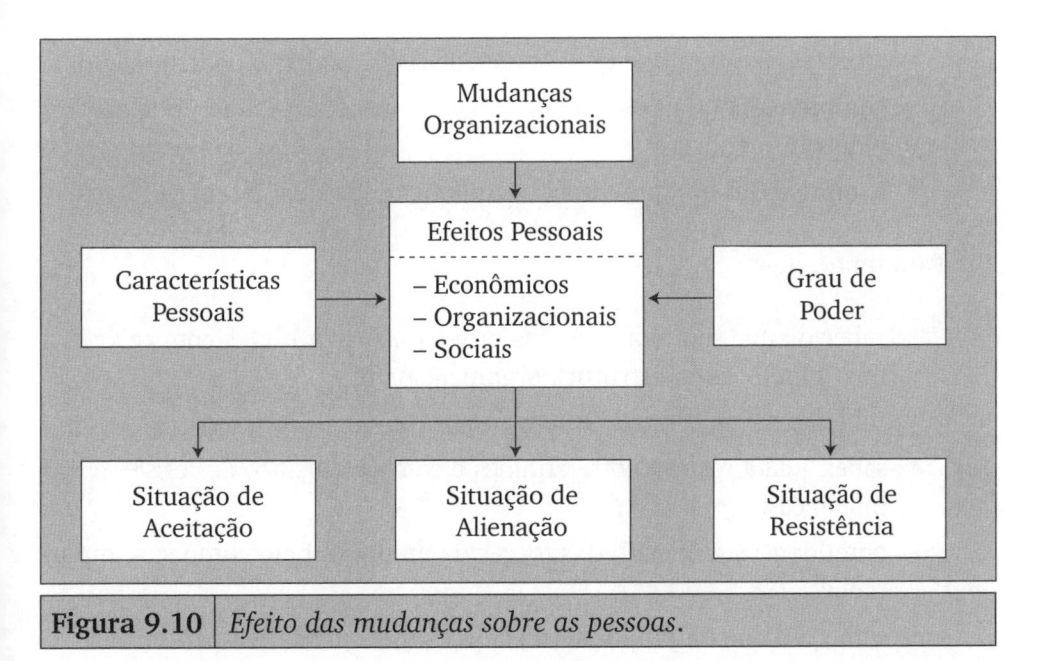

Figura 9.10 | *Efeito das mudanças sobre as pessoas.*

Tendo em vista as causas de resistência às mudanças nas empresas, é possível estabelecer alguns processos que podem reduzi-la, tais como:

- informar antecipadamente fatos, necessidades, objetivos e prováveis efeitos da mudança na estrutura organizacional da empresa;
- persuadir sobre os fatores que levaram à decisão da mudança; e
- solicitar colaboração no diagnóstico, na decisão e no planejamento de ações decorrentes.

Verificam-se que esses processos, desde que adequadamente trabalhados, não representam dificuldades maiores para o analista de organização que seja competente.

9.5 ATUAÇÃO DO EXECUTIVO PERANTE AS MUDANÇAS

Uma empresa está em constante mudança e adaptação dentro de seu ambiente organizacional, e o executivo deve estar atento a alguns aspectos, tais como:

- antecipar a forma pela qual os afetados pela mudança podem reagir;
- compreender quais os fatores situacionais sobre os quais pode exercer maior influência; e
- compreender em que direção e de que modo dirigir seus esforços.

Para tanto, deve:

- saber de que modo as pessoas ordenam suas atitudes com relação a uma mudança na estrutura organizacional;
- saber como as pessoas devem comportar-se;
- saber qual a relação entre atitudes e comportamentos de resistência às mudanças;
- entender o significado das forças da empresa, bem como sua importância; e
- saber em que empregar seus esforços mais produtivamente.

Na realidade, é praticamente impossível ter um único enfoque padronizado para os analistas de organização introduzirem e executarem uma mudança, pois:

- existem diferentes estilos pessoais de administrar; e
- seria impossível um único modelo considerar todas as variáveis do problema.

Verifica-se que o processo e a administração das mudanças são de elevada importância para o sucesso das empresas.

> Administração das mudanças é a sistemática de alinhamento e de adequações da cultura organizacional às modernas estratégias de negócios, estrutura organizacional e processos que a nova realidade empresarial apresenta para os proprietários, executivos e funcionários das empresas.

Essa pode ser uma situação complicada porque envolve, no mínimo, competências, compromissos e confiança. E, independentemente do resultado a ser alcançado, as empresas esperam que esse processo de mudança resulte em uma situação otimizada, em que se consolidem elevado senso de comprometimento para com a mudança, um conjunto de melhorias sustentáveis e mensuráveis, bem como o fortalecimento da capacidade de administrar mudanças futuras perante todo e qualquer cenário idealizado.

Verifica-se que toda mudança empresarial depende, e muito, da efetiva adesão e do envolvimento dos diversos funcionários da empresa. Muitas vezes, os esforços para consolidar um processo de mudança tornam-se inócuos, existindo uma tendência natural de resistência às mudanças, pois, normalmente, as pessoas preferem os hábitos e as rotinas atuais, o que leva à preferência do testado e conhecido, ao invés de tentar algo novo e incerto.

Nesse contexto, as pessoas precisam ter forte razão propulsora para mudar o presente, correlacionada a uma visão clara de como as coisas poderiam ser melhores e ao entendimento de como chegar a essa situação considerada como a ideal na situação desafiadora.

Não se deve esquecer de que, uma vez iniciado o processo de mudanças, a maioria das pessoas adere e acha as mesmas positivas, desde que se sintam parte integrante do processo de criação dessa nova realidade.

Pode-se considerar que as melhorias reais, duradouras e sustentadas ocorrem quando proprietários, executivos e funcionários:

- reconhecem a necessidade de mudar;
- identificam os seus benefícios;
- assumem o compromisso dos resultados desejados e dos meios para alcançar esses resultados;
- recebem o treinamento necessário;
- consolidam efetiva capacitação para esse processo;
- são bem-sucedidos na execução das mudanças;

- são reconhecidos e recompensados por seus esforços; e
- fazem das mudanças parte integrante de suas atividades no dia a dia da empresa.

A prática tem demonstrado que as melhores mudanças nas estruturas organizacionais são as que respeitam as seguintes premissas básicas:

- são decorrentes da estratégia básica da empresa;
- conduzem ao alto desempenho, com resultados efetivamente melhores e diferenças mensuráveis;
- são sustentadas por ideias mais inteligentes, criativas e diferenciadas;
- são direcionadas para as necessidades e expectativas dos clientes e do mercado em geral;
- têm o foco da administração em indicadores de desempenho estruturados, bem como incorporados pela empresa;
- proporcionam incremento nas receitas, e não apenas redução nos custos;
- fazem parte de um processo de melhoria contínua; e
- estão sustentadas por profissionais capacitados, habilidosos e, principalmente, criativos.

Verifica-se que a existência da motivação é importante para gerar e consolidar o processo de mudanças nas empresas; e deve-se lembrar que a motivação é considerada algo intrínseco ao indivíduo.

Podem existir determinadas barreiras ao adequado processo de mudanças nas empresas. Sem a preocupação de elencar todas estas barreiras, pode-se citar uma das mais prementes, que é a inércia das pessoas. Deve-se lembrar que o sucesso do passado não garante o sucesso do futuro; isso porque as realizações podem ser prejudiciais se elas provocarem a rejeição de novas oportunidades, bem como a resistência às mudanças.

A inércia torna impossível o reconhecimento de mudanças, bem como a percepção de novas oportunidades para a empresa e para o próprio indivíduo. A inércia deve ser muito bem administrada na empresa, pois está correlacionada a uma situação de dicotomia e conflito.

Para se quebrar a inércia, que é altamente prejudicial à consolidação dos processos de mudanças, são necessários:

- o desenvolvimento e a implementação de novas regras, o que pressupõe a mudança das regras atuais; e
- o apoio das pessoas envolvidas, o que pressupõe a manutenção das regras atuais.

Portanto, existe situação de conflito nesse contexto de enfrentamento da inércia nas empresas.

Alguns dos aspectos a serem considerados em um processo de mudanças nas empresas são:

a) As mudanças ocorrem quando há ruptura de expectativas futuras e perda de controle da situação atual. Isto porque estas rupturas e perdas provocam uma situação em que as pessoas *caem na real* e começam a visualizar, debater, aceitar e incorporar novas realidades, evidentes ou não. A assimilação de mudanças significa a recuperação de rupturas de expectativas.

b) Ocorrem conflitos quando não se consegue absorver novas mudanças sem apresentar disfunções de comportamentos e de atitudes. Isto porque cada pessoa tem sua própria velocidade de recuperação de rupturas de expectativas ou de mudanças. Portanto, um processo bem administrado de mudanças deve considerar essas realidades e diferenças pessoais.

c) As pessoas resistentes, mas racionais, têm habilidade para rápida recuperação. Isto porque essas pessoas são positivas, objetivas, flexíveis, organizadas e proativas. Essas pessoas também têm a capacidade de resistir aos processos de mudanças, mas de forma positiva, pois não são contra por si sós. Se essas pessoas forem contra uma nova situação, seus argumentos têm elevada sustentação e contribuição para produzir importante debate.

d) A administração de mudanças tem que ser considerada um elemento crítico para a sobrevivência e para o sucesso futuro das pessoas, das equipes e das empresas.

e) O processo decisório deve ser bem aplicado. Isto porque decisões mal implementadas não só geram novos problemas, como oportunidades perdidas, desperdícios de recursos, baixo moral, insegurança, mas também comprometem a credibilidade do líder do processo de mudança.

f) Em toda situação de mudanças, devem-se considerar seus vários impulsionadores e influenciadores, representados pelas realidades do mercado, dos outros fatores do ambiente empresarial, da empresa, dos negócios da empresa e dos processos administrativos existentes na empresa.

g) Em todo processo de mudança, o executivo deve considerar, no mínimo, os seguintes aspectos: o que e por que mudar, como mudar, os projetos e as prioridades da mudança, os indicadores de mensuração de desempenho e de resultado, a identificação de facilitadores, monitores e catalisadores dos processos de mudança, os instrumentos da mudança, bem como a sustentação para o processo de mudança.

h) Um processo de mudança bem-sucedido deve ter algumas características, tais como a visão de um estado futuro e desejado, a identificação e o reconhecimento da necessidade da mudança, o estabelecimento dos recursos a serem alocados e administrados, a estruturação das metodologias e técnicas a serem aplicadas, a consolidação dos processos de acompanhamento e avaliação, bem como a definição das recompensas aos responsáveis pelo processo de mudança.

i) Algumas das características do executivo ou profissional bem ajustado com os processos de mudanças nas empresas são: agilidade, automotivação, bom nível educacional, criatividade, senso crítico, saber assumir riscos e compromissos com resultados, bem como ter o *pé no chão*, mas com raciocínio empreendedor.

9.6 CONDIÇÕES PARA O FRACASSO E PARA O SUCESSO DAS MUDANÇAS ORGANIZACIONAIS

Quando o executivo decide implementar uma nova estrutura organizacional na empresa, deve estar atento a algumas condições que podem levar tanto ao fracasso quanto ao êxito dessa metodologia administrativa.

As principais condições para o fracasso de uma nova estrutura organizacional são:

- divergências entre as palavras – o que os executivos falam quanto aos valores e estilos administrativos – e a prática – o que realmente aplicam na empresa, criando um vazio no entendimento e na credibilidade das pessoas;

- planos imensos de mudanças sem qualquer planejamento e sustentação lógica;
- confusão entre os resultados a serem alcançados e as ações a serem operacionalizadas;
- estrutura de trabalho de curto prazo;
- excesso de dependência de auxílio externo e/ou de especialistas internos, criando um modelo de gestão sem sustentação;
- um grande degrau entre o esforço de mudança na alta administração e os níveis intermediários;
- tentar introduzir importante mudança em uma estrutura organizacional inadequada;
- confundir boas relações como fim com boas relações como meio;
- buscar soluções prontas, como *livro de receitas culinárias*; e
- aplicação inadequada de uma intervenção ou de uma estratégia.

Por outro lado, algumas das condições para o sucesso de uma mudança na estrutura organizacional são:

- pressão do ambiente, interno ou externo, para a realização da mudança;
- alguma pessoa estratégica e influente está sendo vítima de um mal-estar;
- alguma pessoa estratégica deseja fazer um diagnóstico real do problema organizacional;
- existência de liderança atuante;
- colaboração entre o pessoal de linha e o de assessoria;
- disposição para assumir o risco;
- existência de perspectiva realística e de longo prazo;
- disposição de *encarar* e trabalhar com os dados da realidade atual;
- o sistema recompensa as pessoas pelo esforço de mudança; e
- existência de resultados intermediários tangíveis.

Tendo em vista a adoção com êxito do processo de mudanças planejadas, o analista de organização deve formular algumas perguntas básicas, tais como:

- as metas e o processo de aprendizado do DO são adequados?

- existe receptividade?
- as pessoas-chave estão envolvidas?
- os membros da estrutura organizacional estão adequadamente preparados e orientados para o DO?

Se as respostas a essas perguntas forem *sim*, você pode começar os trabalhos inerentes ao desenvolvimento e implementação de uma nova estrutura organizacional na empresa.

RESUMO

Neste capítulo, o foco foi a implementação da estrutura organizacional e verificou-se que o processo deve ser muito bem planejado, envolvendo o agente dessa mudança, que é o agente de Desenvolvimento Organizacional (DO), o qual pode ser interno ou externo à empresa, sendo ideal que os dois trabalhem conjunta e simultaneamente.

QUESTÕES PARA DEBATE

1. Estabelecer e comentar alguns aspectos que podem levar as pessoas a resistir às mudanças nas estruturas organizacionais.

   Fornecer, para cada aspecto, alguns instrumentos que podem ser considerados para amenizar essas resistências, inclusive considerando a forma de interação do analista de organização com os usuários.

2. Indicar e comentar alguns aspectos – positivos e negativos – que podem ser provocados nas pessoas e na estrutura organizacional pelo maior nível de automação nas empresas.

3. Identificar outras maneiras de implementar a estrutura organizacional nas empresas. Debater as vantagens e desvantagens de cada metodologia.

4. Debater a sua atuação como agente de DO em um processo de alteração de estrutura organizacional.

EXERCÍCIO: Autoavaliação quanto aos processos de mudanças

Fazer uma autoavaliação de como você se posiciona frente às mudanças que surgem na empresa em que trabalha ou na faculdade em que estuda.

Elaborar comentários a esse respeito e identificar ações para sua melhor atuação nesse contexto de mudanças.

Debater essa autoavaliação com seus colegas.

CASO: ESTABELECIMENTO DO PLANO DE IMPLEMENTAÇÃO DA ESTRUTURA ORGANIZACIONAL NA ALPHA PECUÁRIA, AGRÍCOLA, INDÚSTRIA E COMÉRCIO LTDA.

Com base em todos os trabalhos anteriores, nesse momento você deve:

a) Elaborar um plano detalhado de implementação da nova estrutura organizacional na Alpha Pecuária, Agrícola, Indústria e Comércio Ltda.

b) Embora você esteja atuando desde o início dos trabalhos como agente de mudanças na Alpha, é válido listar todas as precauções que foram adotadas, bem como breves comentários a respeito dos resultados – positivos ou negativos – de cada uma das intervenções que você aplicou.

c) Explicitar e exercitar a questão da melhor forma de interação entre você – consultor externo – e os sócios, executivos e profissionais da Alpha.

d) Explicitar e trabalhar os problemas que podem ter surgido no desenvolvimento dos seus serviços na Alpha, bem como as formas que, de maneira geral, você considera as mais válidas para resolver os problemas comportamentais, de capacitação, de habilidade e de integração na Alpha Pecuária, Agrícola, Indústria e Comércio Ltda.

10
Avaliação e aprimoramento da estrutura organizacional

"Repetir é negar o que se crê."
Emile – Auguste Chartier Alain

10.1 INTRODUÇÃO

Neste capítulo, são abordados os aspectos básicos do processo de avaliação e de aprimoramento da estrutura organizacional das empresas.

Em todo processo de avaliação, os executivos das empresas devem efetuar, e sempre, o controle dos resultados apresentados.

Portanto, embora nem sempre apareça o termo *controle* quando dos comentários dessa função administrativa, fica evidente a consideração automática. Esse mesmo comentário vale em relação ao termo *aprimoramento*, o qual deve ocorrer de forma natural como resultado do processo de controle e avaliação.

O papel desempenhado pela função de controle, avaliação e aprimoramento para as empresas é, basicamente, o de acompanhar o desempenho da estrutura organizacional por meio da comparação entre as situações alcançadas e as previstas; e, nesse sentido, essa função é destinada a assegurar que o desempenho real possibilite o alcance dos padrões que foram anteriormente estabelecidos.

> Avaliação é uma função do processo administrativo que, mediante a comparação com padrões previamente estabelecidos, procura medir e avaliar o desempenho e o resultado das ações, com a finalidade de realimentar os tomadores de decisões, de forma que possam corrigir ou reforçar esse desempenho ou interferir em funções do processo administrativo – como a estrutura organizacional –, para assegurar que os resultados satisfaçam aos objetivos estabelecidos.

Portanto, a atividade de controlar deve ser entendida como o processo de coletar e retroalimentar informações sobre o desempenho, de maneira que os responsáveis pelas tomadas de decisões possam comparar o que fazer a respeito de distorções ou problemas diagnosticados.

Por outro lado, assim como diferentes empresas têm de desenvolver distintos estilos administrativos que melhor atendam ao seu contexto, também os sistemas de controle devem ser modelados para adequar-se à empresa a que devem servir.

O resultado final do processo de controle é a informação. Portanto, o analista deve procurar estabelecer um sistema de informações que permita constante e efetiva avaliação da estrutura organizacional da empresa.

Antes de iniciar o processo de controle e avaliação, deve-se estar atento a determinados aspectos de motivação, capacidade, informação e tempo.

Com referência à motivação, deve-se verificar se o nível de motivação está adequado para o desenvolvimento do processo de controle e avaliação. Para tanto, verificam-se, entre outros, os seguintes aspectos:

- se os trabalhos atendem à real conceituação, delineamento e aplicação da estrutura organizacional na empresa;
- se o nível de envolvimento dos funcionários é adequado; e
- se os indicadores de avaliação estão entendidos e aceitos por todos os profissionais envolvidos.

Quanto à capacidade, deve-se verificar se a empresa e, consequentemente, seus executivos e funcionários estão habilitados para realizar o processo de controle e avaliação.

Deve-se verificar se há todos os dados e informações necessários ao controle e se foram, devidamente, comunicados a todos os interessados.

Quanto ao tempo, é preciso verificar se todos os executivos e funcionários da empresa, em seus diferentes níveis, têm o tempo adequado para se dedicar à função de controle e avaliação.

No fim deste capítulo, você estará em condições de responder a algumas perguntas, tais como:

- Qual a finalidade e a importância da função de controle, avaliação e aprimoramento para a adequada estrutura organizacional nas empresas?
- Quais os aspectos básicos da função de controle, avaliação e aprimoramento que o analista de organização deve considerar no desenvolvimento de seus trabalhos?
- Como o analista de organização pode otimizar suas atividades inerentes ao processo de controle, avaliação e aprimoramento da estrutura organizacional?
- Quais indicadores de desempenho podem ser utilizados para a avaliação e o aprimoramento da estrutura organizacional nas empresas?

10.2 FINALIDADES DA AVALIAÇÃO E DO APRIMORAMENTO

A função de controle e avaliação da estrutura organizacional da empresa tem algumas finalidades:

- identificar problemas, falhas e erros que se transformam em desvios do planejado, com a finalidade de corrigi-los e de evitar sua reincidência;
- fazer com que os resultados obtidos com a realização das atividades da empresa estejam, tanto quanto possível, próximos dos resultados esperados e possibilitem o alcance dos objetivos previamente estabelecidos;
- fazer com que a empresa trabalhe de forma mais adequada; e
- proporcionar informações gerenciais periódicas, para que seja rápida a intervenção no desempenho da estrutura organizacional.

Com base em suas finalidades, a função de controle e avaliação pode ser utilizada como instrumento administrativo para:

- corrigir ou reforçar o desempenho apresentado;
- informar sobre a necessidade de alterações na estrutura organizacional da empresa;
- proteger os ativos da empresa – financeiros, tecnológicos, humanos etc. – contra furtos, roubos, desperdício etc.;
- garantir a manutenção ou o aumento da eficiência e da eficácia na consecução dos objetivos, desafios e metas da empresa;
- informar se os programas, projetos, planos de ação e atividades estão sendo desenvolvidos de acordo com o estabelecido e apresentam os resultados desejados; e
- informar se os recursos estão sendo utilizados da melhor maneira possível.

Um aspecto que pode reforçar seu uso como instrumento administrativo é o nível da relação da função de controle e avaliação em relação a eficiência, eficácia e efetividade da empresa.

Normalmente, a eficiência é difícil de ser avaliada, visto que podem ocorrer diferenças de opiniões a respeito da eficiência com que os recursos foram utilizados.

Existem alguns aspectos que podem prejudicar a eficiência, a eficácia e a efetividade do sistema de controle e avaliação, tais como:

- lentidão e deficiência nas informações;

- insuficiência de informações;
- sistemas de controle complicados;
- planos mal elaborados e mal implantados;
- incapacidade dos recursos humanos; e
- estrutura organizacional inadequada.

10.3 INFORMAÇÕES NECESSÁRIAS PARA A AVALIAÇÃO E O APRIMORAMENTO

Na consideração das informações que são necessárias ao controle e avaliação da estrutura organizacional, devem-se analisar os tipos, a frequência, a qualidade e as fontes das informações.

A seguir, são apresentados breves comentários sobre cada um desses aspectos:

a) Tipos de informação

Os tipos de informação necessária ao processo de controle e avaliação são os mais variados possíveis, abrangendo, entre outros, os seguintes aspectos:
- datas de ocorrência de eventos, como os evidenciados por meio dos relatórios de progresso;
- quantificação temporal das atividades;
- interação das atividades;
- quantificação da mão de obra; e
- quantificação da qualidade de trabalho.

b) Frequência das informações

Não é muito fácil estabelecer a frequência das informações, mas pode-se estabelecer, por meio de experiência própria, que pode ser julgado válida que a estrutura organizacional seja avaliada a cada ano.

c) Qualidade das informações

O analista de organização deve dispensar muita atenção ao conteúdo, forma, canais, periodicidade, velocidade e precisão das informações para o processo de avaliação e controle.

De maneira geral, pode-se partir das seguintes situações:

- em termos de controle estratégico – alta administração –, pode-se ter baixo grau de detalhamento e alto grau de consolidação de informações;
- em termos de controle tático – setorial –, pode-se ter baixo grau de detalhamento e alto grau de sínteses; e
- em termos de controle operacional – projeto e plano de ação –, pode-se ter alto grau de detalhamento.

d) Fontes de informação

São três as fontes de informação sobre o desenvolvimento da estrutura organizacional:

- executivos, principalmente os da alta administração;
- analistas de organização; e
- usuários.

Como podem ocorrer inadequações quanto a essas informações, é necessário *cruzar* as informações dos usuários do sistema considerado com as dos analistas e dos executivos, pois estes últimos têm a palavra final a respeito da estrutura organizacional que a empresa irá implementar.

As possíveis divergências de informações devem ser analisadas e equacionadas.

Entretanto, as fontes básicas de informação podem ser dos seguintes tipos, de maneira acumulativa:

- fontes internas à empresa;
- fontes externas à empresa;
- fontes passadas;
- fontes presentes; e
- fontes futuras.

As informações são necessárias para o processo de controle e avaliação, sendo que esse processo gera informações. Um dos aspectos bastante salientados neste livro é o processo decisório; portanto, torna-se válida a análise da relação entre o processo decisório e o processo de controle. Essa situação pode ser visualizada na Figura 10.1:

```
┌─────────────────────────────────────────────┐
│   Identificação do Problema                 │
│              ↓                              │
│   Coleta de Informações                     │
│              ↓                              │
│   Análise de Informações         Processo   │
│              ↓                   Decisório  │
│   Identificação de Alternativas             │
│              ↓                              │
│   Avaliação de Alternativas                 │
│              ↓                              │
│   Escolha de Alternativas                   │
└─────────────────────────────────────────────┘
        Implantação da Ação
┌─────────────────────────────────────────────┐
│   Identificação de Padrões de               │
│   Medida e Avaliação                        │
│              ↓                              │
│   Medida dos Desempenhos Apresentados       │
│              ↓                   Processo   │
│   Comparação do Realizado com o Esperado    │
│              ↓                   de         │
│   Ação Corretiva                 Controle   │
└─────────────────────────────────────────────┘
```

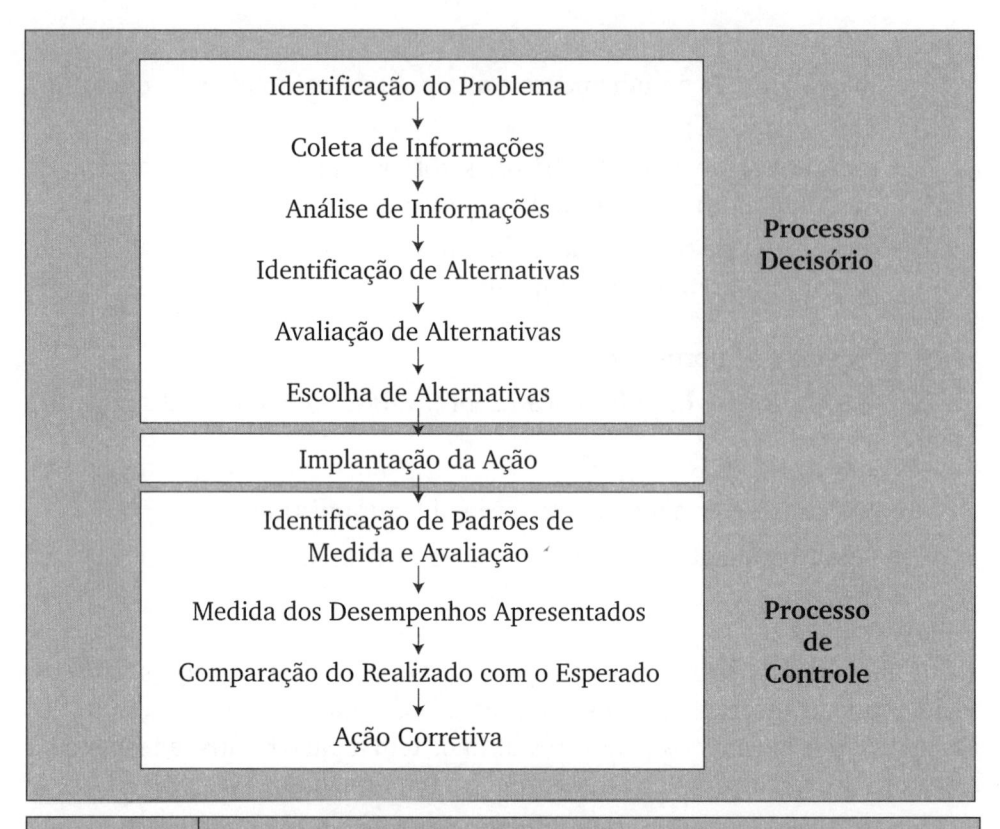

Figura 10.1 | *Processo decisório e processo de controle.*

10.4 FASES DO PROCESSO DE AVALIAÇÃO E APRIMORAMENTO

Para que o executivo possa efetuar, de maneira adequada, a avaliação e o aprimoramento da estrutura organizacional, é necessário que siga quatro fases:

Fase I – Estabelecimento de padrões de medida e de avaliação

Esses padrões são decorrentes da estrutura organizacional e, portanto, são a base para a comparação dos resultados desejados. Podem ser tangíveis ou intangíveis, vagos ou específicos, explícitos ou implícitos, bem como se referir a quantidade, qualidade e tempo.

Fase II – Medida dos desempenhos apresentados

O processo de medir e avaliar desempenho significa estabelecer o que medir e selecionar o processo de como medir, mediante critérios de quantidade, qualidade e tempo.

Esses critérios podem variar entre os analistas, mas uma empresa deve procurar ter homogeneidade e integração em seus critérios de medição de desempenho; caso contrário, o processo de avaliação e aprimoramento da estrutura organizacional fica prejudicado.

Fase III – Comparação do realizado com o esperado

O resultado dessa comparação pode servir a vários usuários, tais como a alta administração, os chefes das unidades organizacionais, os funcionários etc.

Portanto, devem-se identificar, com um critério de coerência, os vários usuários das comparações estabelecidas.

As comparações podem apresentar algumas situações:

- se o desvio apresentado estiver dentro das "fronteiras do que for esperado", o analista não deve se preocupar;
- se o desvio exceder um pouco as "fronteiras do que era esperado", o analista deve continuar sua ação, mas com alguns ajustes que possibilitem retornar à situação adequada, ou seja, estar dentro da fronteira que delineava o que era esperado ou possível de ser esperado acontecer; e
- se o desvio exceder em muito as "fronteiras do que era esperado", o analista deve interromper as ações até que as causas sejam identificadas, analisadas e eliminadas.

Fase IV – Ação corretiva

Essa ação corresponde às medidas ou providências que são adotadas para eliminar os desvios significativos que o analista de organização detectou, ou mesmo para reforçar os aspectos positivos que a situação apresenta.

O analista sempre deve ter em mente alguns princípios do processo de avaliação e aprimoramento da estrutura organizacional das empresas, a saber:

- o processo deve estar focalizado em pontos críticos, para evitar perda de tempo e aumento de custo;
- o processo deve estar bem explicitado para facilitar seu entendimento e aceitação pelos vários executivos e funcionários da empresa;
- o processo deve ser rígido e preciso, mas ao mesmo tempo apresentar alguma flexibilidade, tendo em vista que a empresa está em um ambiente que, normalmente, é incerto, dinâmico e flexível;
- o processo deve ser realista e operacionalizável, pois deve produzir informações rápidas e corretas para o processo decisório e posterior ação por parte dos executivos, tendo em vista reconduzir o processo ao estado desejável, sempre que desvios forem identificados;
- o processo deve apresentar um custo de realização menor do que os benefícios que consegue proporcionar para a empresa; para tanto, pode basear-se no princípio da exceção;
- o processo deve ser ágil e proporcionar medidas de correção de maneira rápida; para tanto, deve basear-se em padrões de controle claros, definidos, precisos, entendidos e aceitos; e
- o processo deve ter objetividade, de forma que sempre desencadeie uma ação corretiva ou de reforço ao processo.

10.4.1 Estágios do processo de controle e avaliação

O controle e a avaliação da estrutura organizacional podem ser exercidos em três estágios ou momentos:

a) Controle preliminar ou prévio: refere-se às atividades de controle e avaliação efetuadas antes da ocorrência do evento ou fato que se pretende controlar. Portanto, procura evitar que ocorram variações inadequadas na estrutura organizacional, bem como minimizar o surgimento de problemas.

b) Controle corrente ou em *tempo real*: refere-se às atividades de controle e avaliação efetuadas ao mesmo tempo da ocorrência do evento ou fato que se pretende controlar. Portanto, procura corrigir o desempenho da estrutura organizacional durante a sua operacionalização.

c) Pós-controle: refere-se às atividades de controle e avaliação efetuadas após a ocorrência do evento ou fato que se pretende controlar. Portanto, avalia os desvios ocorridos, determina as causas dos mesmos, bem como corrige o desempenho programado.

Normalmente, esses diferentes estágios de controle são independentes entre si e os critérios e padrões estabelecidos podem ser divergentes entre si. Entretanto, isso não invalida o processo, pois o analista deve possuir vários instrumentos eficazes de controle e avaliação da estrutura organizacional.

10.4.2 Níveis de avaliação

O analista de organização pode efetuar a avaliação da estrutura organizacional em relação ao desempenho de toda a empresa, em relação ao desempenho de cada uma das áreas funcionais e em aplicações bem mais específicas dentro de cada área funcional.

Essa situação pode ser visualizada na Figura 10.2:

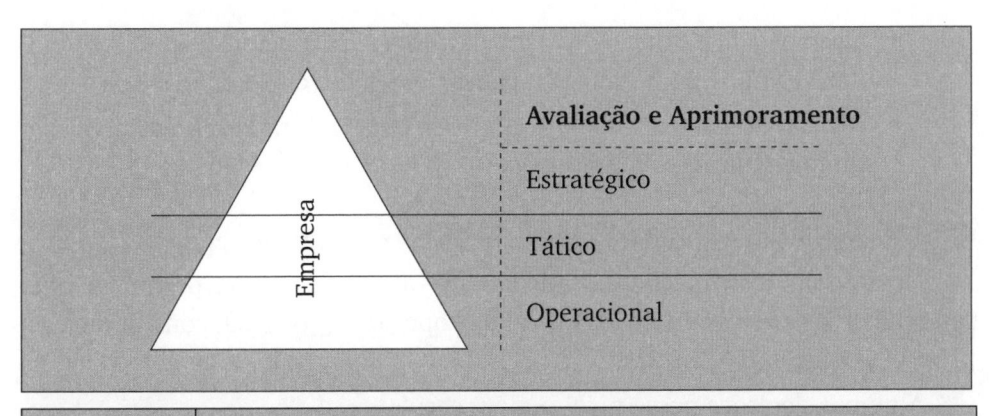

Figura 10.2 | *Níveis de controle e avaliação.*

A seguir, são apresentadas as considerações básicas sobre cada um dos níveis de avaliação da estrutura organizacional numa empresa.

a) Avaliação e aprimoramento em nível estratégico

Esse tipo de avaliação e aprimoramento da estrutura organizacional decorre do processo de planejamento estratégico e envolve, primordialmente, as relações da empresa com o ambiente, controlando o desempenho de toda a empresa.

Normalmente, esse nível de avaliação envolve decisões como:

- alteração dos objetivos estabelecidos em função de alterações ambientais, com reflexos em oportunidades ou ameaças para a empresa;
- alteração de estratégias e políticas estabelecidas, porque as ações estão sendo mal conduzidas; e
- revisão da estrutura organizacional, para melhor adequação da empresa ao seu ambiente.

b) Avaliação e aprimoramento em nível tático

Nesse caso, os padrões de avaliação e aprimoramento da estrutura organizacional são estabelecidos com base em objetivos setoriais departamentais, para avaliar os resultados de cada unidade organizacional. Portanto, o foco de avaliação é o resultado global da área, mediante visão integrada de todas as operações.

Esse nível de avaliação pode envolver decisões como:

- alteração da alocação de recursos numa área funcional – por exemplo, marketing –, para melhor alcançar os objetivos da empresa; e
- revisão dos sistemas de informações entre as grandes áreas para melhorar a eficácia da empresa.

c) Avaliação e aprimoramento em nível operacional

Nesse caso, a avaliação e o aprimoramento da estrutura organizacional são realizados em termos de execução das operações, ou seja, considerando a própria execução das tarefas.

Algumas decisões nesse nível podem ser:

- alteração da estrutura em termos operacionais;
- alteração de um processo administrativo;
- revisão do quadro de pessoal;
- alteração de responsabilidades; e
- alteração de autoridades ou níveis de alçada.

10.4.3 Periodicidade das revisões

As revisões da estrutura organizacional podem ser:

a) Ocasionais: ocorrem quando se julgar que as alterações no ambiente e na empresa invalidam as premissas estabelecidas e que, portanto, deve haver revisão do que foi feito. Entretanto, nesse caso, há uma tendência à omissão, pois as revisões só ocorrerão se os resultados apresentados forem muito diferentes do planejado.

b) Periódicas: embora sejam mais trabalhosas, são melhores porque requerem um sistema mais detalhado do acompanhamento da realidade. O ideal é que haja certa periodicidade para a revisão da estrutura organizacional e que ela ocorra sempre que for constatada a necessidade. Para isso, é necessário que o analista esteja atendendo às mutações ambientais e empresariais.

10.5 VERIFICAÇÃO DE CONSISTÊNCIA

Nesse ponto, a estrutura organizacional está pronta e implementada. Entretanto, antes de iniciar o processo de implementação, é necessário verificar a consistência, tanto interna quanto externa, da empresa.

Para efetuar a análise de consistência da estrutura organizacional, devem-se considerar alguns aspectos, dentre os quais podem ser citados:

a) Consistência interna, analisada quanto a:
- capacitação profissional e tecnológica da empresa;
- recursos da empresa;
- objetivos e metas estabelecidos; e
- cultura organizacional.

b) Consistência externa, analisada quanto aos seguintes fatores:
- clientes;
- fornecedores;
- legislação;
- concorrentes;
- distribuidores;
- planos do governo; e
- conjuntura econômica e política.

c) Riscos envolvidos, considerando:

- riscos financeiros;
- riscos econômicos;
- riscos tecnológicos;
- riscos sociais; e
- riscos políticos.

d) Horizonte de tempo, enfocando:
- impactos recebidos e exercidos a curto, médio e longo prazos.

e) Praticabilidade da estrutura organizacional.

f) Aceitabilidade da estrutura organizacional.

10.6 AVALIAÇÃO DA ESTRUTURA ORGANIZACIONAL

O básico da avaliação de sistemas deve ser a relação custos *versus* benefícios, ou seja, o analista de organização precisa analisar e avaliar os custos incorridos na consolidação de uma estrutura organizacional em relação aos benefícios reais ou potenciais que a referida estrutura organizacional deve apresentar para determinada situação.

Na realidade, existem outras técnicas para se efetuar essa avaliação. Entretanto, em toda e qualquer técnica, geralmente há dificuldades para a avaliação de determinados benefícios que possam ser intangíveis.

A seguir, são apresentadas algumas técnicas desenvolvidas com a finalidade de avaliar estruturas organizacionais, salientando que o processo de avaliação pode variar em função do:

- grau de objetividade do processo de avaliação; e
- instante no tempo em que é realizada a avaliação.

E, nesse processo, podem ser utilizadas sete técnicas:

A. Identificação de ocorrências registráveis

Nesse caso, devem-se registrar as situações que sejam relevantes, bem como relacionadas com os impactos provocados pela estrutura organizacional na empresa. Normalmente, a relação desses eventos depende de um julgamento com relativa subjetividade.

De maneira geral, pode-se usar essa técnica quando:

- os efeitos das ocorrências podem ser avaliados usando-se medidas quantitativas;
- é necessário conhecer uma série de ocorrências ao longo do tempo; e
- o analista identificou várias ocorrências simultaneamente.

Suas desvantagens estão relacionadas a:

- grande volume de dados e informações gerados;
- consequente dificuldade de interpretação e tratamento dos dados e das informações geradas;
- nível de subjetividade relativamente elevado; e
- impossibilidade de estruturar a técnica.

B. Identificação das atitudes das pessoas em relação à estrutura organizacional

Nesse caso, são utilizados questionários autoaplicáveis e/ou entrevistas estruturadas, visando obter informações sobre as opiniões dos usuários da estrutura organizacional.

Alguns problemas dessa técnica podem ser resumidos em:

- o desenvolvimento de um questionário para mensurar atitudes pode significar uma tentativa de se quantificar o que é inquantificável;
- os entrevistados podem interpretar as questões diferentemente do esperado, e as respostas a algumas questões podem influenciar as respostas das outras; e
- a aplicação dos questionários pode trazer inconvenientes para os entrevistados e implicar em um custo elevado, em termos das horas perdidas, tanto pelos entrevistados quanto pelos entrevistadores.

C. Estabelecimento de parâmetros e pesos de avaliação

Essa técnica se caracteriza pelo desenvolvimento de um conjunto de parâmetros correlacionados à estrutura organizacional e aos impactos a serem medidos, estabelecimento de um peso para esses parâmetros em função de sua importância relativa e posterior estabelecimento de pontos por cada funcionário envolvido na estrutura organizacional. Portanto, é uma técnica bastante estruturada e o analista de organização deve utilizá-la, sempre que for possível.

D. Avaliação quantitativa

Nesse caso, procura-se quantificar os impactos da estrutura organizacional, a partir de uma comparação entre o desempenho existente antes e após a implantação da estrutura, levando-se em conta algumas características ou fatores, perfeitamente identificáveis e quantificáveis.

Entretanto, essa característica fica prejudicada quando se está procurando avaliar o desempenho dos usuários da referida estrutura organizacional.

E. Análise prescritiva

Essa técnica é utilizada para avaliar a estrutura organizacional antes de seu desenvolvimento e consiste, basicamente, numa descrição ou comparação de descrições sobre o que será a estrutura e seus impactos prováveis.

F. Análise dos custos *versus* benefícios

Nesse caso, ocorre a avaliação da estrutura organizacional em termos monetários, quanto aos custos e benefícios apresentados.

Alguns dos benefícios dessa análise podem ser:

- redução dos custos administrativos;
- melhoria na utilização e nos recursos da empresa;
- melhoria do ciclo de um produto ou serviço;
- redução no tempo de resposta a clientes, fornecedores etc.;
- melhoria das relações com outros grupos externos à empresa;
- redução das necessidades de capital de giro;
- melhoria no processo de comunicação interna na empresa;
- melhoria das informações gerenciais;
- melhoria no processo decisório; e
- melhoria da imagem da empresa.

Entretanto, o analista de organização não deve restringir-se aos aspectos monetários da relação custos *versus* benefícios. Deve, portanto, considerar outros aspectos nesse processo de avaliação da estrutura organizacional da empresa.

G. Análise dos custos *versus* eficácia

Uma solução para considerar também aspectos não monetários é a análise dos custos *versus* eficácia, a qual possibilita ao analista de organização desenvolver uma avaliação da estrutura organizacional, em que os benefícios são medidos, primeiramente, em termos de contribuição para o alcance de determinados objetivos e metas, ou mesmo para os propósitos, a visão e a missão da empresa.

A análise custos *versus* eficácia é especialmente dirigida a problemas de avaliação, nos quais os benefícios gerados pela estrutura organizacional não podem ser quantificados, em termos de um preço de mercado ou qualquer outro meio de valoração monetária.

A análise custos *versus* eficácia apresenta os seguintes elementos básicos:

- os objetivos, os desafios e as metas, pois uma das primeiras e mais importantes tarefas do analista de organização, quando considera a relação custos *versus* eficácia, é tentar descobrir quais os objetivos, os desafios e as metas que o tomador de decisão está tentando atingir e como medir seu alcance. A partir dessa situação, são estabelecidos planos, estratégias, táticas ou processos que são comparados e escolhidos com base em sua eficácia e custo correspondente para esses objetivos, desafios e metas fixados pelos administradores da estrutura organizacional;
- as alternativas possíveis, que representam as maneiras pelas quais os objetivos, os desafios e as metas podem ser alcançados;
- os custos incidentes, pois a escolha de uma alternativa para alcançar objetivos, desafios e metas estabelecidos implica que certos recursos específicos, alocados à alternativa escolhida, deixem de ser usados para alcançar outro fim, ou seja, implica em um custo de cada alternativa, bem como de sua eficácia; e
- um critério, que é uma regra ou padrão pelo qual as alternativas são pontuadas ou hierarquizadas de modo a se permitir a escolha daque-

la mais eficaz ou desejável. O critério fornece o meio pelo qual são medidos os custos contra os níveis de eficácia.

Portanto, um critério ou regra de decisão faz-se necessário para que as alternativas sejam ordenadas de acordo com o grau de desejabilidade e seja escolhida a mais promissora.

Para o desenvolvimento de uma análise de custos *versus* eficácia, o analista de organização pode seguir algumas fases básicas:

- análise dos propósitos que se pretende atingir com a estrutura organizacional, em que se procura determinar objetivos, desafios e metas a serem alcançados, como a estrutura atual pode ser utilizada, quais as inadequações dessa estrutura e o ambiente em que deverá operar;
- análise funcional de forma estruturada, para que o analista de organização obtenha o entendimento das atividades que compõem a estrutura organizacional atual ou para a geração de estruturas alternativas;
- construção de um modelo de avaliação, a partir do estabelecimento de algumas premissas, bem como de alguns painéis de possibilidades de ocorrências. Nesse aspecto, o analista não deve esquecer de considerar as interações da estrutura organizacional com os fatores ambientais ou não controlados pela empresa;
- identificação e estimativa dos dados e parâmetros a serem usados como base numérica para entrada no modelo acima citado;
- simulação da estrutura organizacional delineada com base no modelo desenvolvido e nos dados e parâmetros estimados;
- estimativa dos custos da nova estrutura organizacional e avaliação das incertezas;
- criação de estruturas alternativas adicionais;
- seleção da estrutura organizacional escolhida; e
- implementação da estrutura organizacional escolhida.

Com base nesse processo, a estrutura organizacional escolhida será avaliada quanto a sua eficácia, ou seja, quanto ao alcance dos propósitos, objetivos, desafios e metas estabelecidos na primeira fase do processo. A esse respeito, ver seção 2.3.1, onde se apresenta a Fase 1 da metodologia do desenvolvimento, implementação e avaliação da estrutura organizacional.

Nesse ponto, deve-se lembrar que, ao considerar a estrutura organizacional, ela não precisa, sempre, ser medida quanto aos aspectos monetários.

Para esses casos, os parâmetros podem ser outros, tais como:

- flexibilidade;
- simplicidade;
- tempo de resposta;
- qualidade do resultado apresentado (informação);
- confiabilidade;
- aceitabilidade;
- comunicabilidade;
- relevância;
- segurança; e
- disponibilidade.

Naturalmente, não se deve esquecer que não adianta o analista de organização ficar atento aos aspectos da relação dos custos *versus* eficácia se não considerar outros aspectos para a avaliação, tais como o valor que os usuários da estrutura organizacional atribuem à mesma; e que esse valor depende, principalmente, do nível de utilização que os tomadores de decisão na empresa têm para com a estrutura organizacional formalizada.

Esse grau de utilização sofre influência da metodologia utilizada, da forma de utilização e até de aspectos psicológicos de como os tomadores de decisão visualizam a estrutura organizacional.

10.7 INDICADORES DE DESEMPENHO PARA A AVALIAÇÃO E O APRIMORAMENTO DA ESTRUTURA ORGANIZACIONAL

Todo e qualquer trabalho de estruturação organizacional necessita do estabelecimento e da análise de indicadores de desempenho, principalmente para verificar se a mudança organizacional alcançou os resultados anteriormente estabelecidos – objetivos e metas –, mas também se cada uma das unidades organizacionais alcançou os resultados esperados.

> Indicador de desempenho é o parâmetro e o critério de avaliação previamente estabelecidos que permite a análise da realização, bem como da evolução da estrutura e das unidades organizacionais das empresas.

Com referência aos indicadores, pode-se utilizar um resumo correlacionado às abordagens da Fundação Programa Nacional de Qualidade (FPNQ) e do *Balanced Scorecard* (BSC) desenvolvido por Kaplan e Norton (1998, p. 17).

Portanto, procura-se apresentar algumas abordagens para cada análise, tendo em vista facilitar a realidade específica da estrutura organizacional das empresas ou negócios considerados.

Salienta-se que, para cada indicador apresentado a seguir, é necessário, inicialmente, estabelecer o indicador de desempenho com base em análises globais e específicas e, depois, efetuar a análise comparativa para com os resultados efetivamente alcançados pela empresa, como apresentado a seguir.

Embora a aplicação de alguns indicadores apresentados não seja correlacionável diretamente com a estrutura organizacional das empresas, é válida a sua análise, inclusive determinando, por amplo debate, qual o nível de influência de cada indicador escolhido para com a realidade da estrutura organizacional da empresa considerada.

Na realidade, essa interação entre os indicadores de desempenho e a estrutura organizacional pode ser efetuada conforme demonstrado no Quadro 10.1:

Quadro 10.1 | *Interação entre indicadores e estrutura organizacional.*

Nº	Indicador de desempenho	Tipo de influência		Comentários	Nível de influência
		Direta	Indireta		

Para cada indicador de desempenho, após as devidas análises e os comentários principais quanto à influência na estrutura organizacional – na realidade, é uma relação de causa *versus* efeito –, deve-se estabelecer o seu nível de influência, em uma escala de 1 a 5, por exemplo.

Essa é uma análise interessante porque proporciona uma visualização bastante ampla da estrutura e descobrem-se muitos aspectos que podem ser melhorados na estrutura organizacional, pois é nela que estão estabelecidas as responsabilidades, as autoridades, as comunicações e o processo decisório das empresas.

Salienta-se que um princípio básico que as empresas devem considerar é a utilização de uma lista homogênea de indicadores de desempenho aplicáveis a diferentes instrumentos administrativos de cada empresa.

Nesse contexto, a lista de indicadores de desempenho apresentada, se aceita pela empresa, deve ser aplicada para os processos administrativos – é fundamental ter uma interação com a estrutura organizacional na questão dos indicadores –, para a logística, para a qualidade etc.

Alguns pequenos ajustes para cada instrumento administrativo devem ocorrer, mas as alterações não podem ser muito fortes, pois provocaria um desequilíbrio na avaliação geral.

Nesta interação do FPNQ e do BSC, pode-se ter a seguinte situação quanto ao estabelecimento dos indicadores de desempenho a serem utilizados na análise e avaliação da estrutura organizacional das empresas:

a) Perspectiva do mercado e dos clientes, que pode incluir os seguintes indicadores, entre outros:

- Participação no mercado: percentual que a empresa detém das vendas totais do setor em que participa. É válido considerar, também, a evolução percentual da participação de mercado.

- Informação: mede a intensidade com que o mercado potencial recebe informação positiva sobre a empresa, seus produtos, serviços, marcas e atividades.

- Imagem: percentual de entrevistados que têm uma visão positiva da empresa, através de fatores como seus produtos e serviços, valores culturais, respeito aos clientes e ações de responsabilidade social.

- Conhecimento: percentual de entrevistados que lembram da marca da empresa e/ou de seus principais produtos e serviços em primeiro lugar.

- Valor relativo do produto ou serviço: através de pesquisas junto aos clientes, são medidos e avaliados atributos do produto ou serviço da empresa, tais como pontualidade, qualidade, atendimento etc., bem como dos concorrentes.

- Relacionamento: prazo médio para a solução de problemas com os clientes, sendo que a percepção do cliente quanto à qualidade do atendimento está intimamente correlacionada com a velocidade e a qualidade da resposta que a empresa lhe dá.

b) Perspectiva financeira, que normalmente abrange, entre outros, os seguintes indicadores:

- Rentabilidade sobre o patrimônio líquido: lucro líquido dividido pelo patrimônio líquido.
- Valor econômico agregado (EVA): lucro líquido menos o custo de oportunidade do capital empregado, o qual é calculado multiplicando-se o ativo total – imobilizado mais circulante – pela taxa média de remuneração do capital. Portanto, o EVA avalia se realmente é atrativo se investir capital na empresa ou negócio considerado.
- Liquidez corrente: ativo circulante dividido pelo passivo circulante, o qual mede a capacidade da empresa de saldar seus compromissos imediatos.
- Crescimento da receita: total da receita no período atual dividido pelo total da receita no período anterior, sendo que o total da receita também engloba a receita proveniente de aplicações no mercado financeiro (receitas não operacionais).
- Margem bruta: total das vendas menos o custo dos produtos e serviços vendidos, dividido pelo total das vendas. Mede o equilíbrio entre a receita e a despesa da empresa analisada.
- Custo unitário do produto ou serviço.

c) Perspectiva dos processos, que abrange os seguintes indicadores de desempenho, entre outros:

- Conformidade do produto em relação ao padrão: o padrão tomado como referência para a medição pode abranger uma especificação determinada pelo cliente ou pela empresa ou uma norma imposta pela legislação. Nessa categoria, estão incluídos os seguintes indicadores, que podem ser analisados de forma complementar entre si: percentual de produtos defeituosos em relação ao total produzido, bem como o percentual de produtos produzidos dentro do padrão.

- Conformidade do serviço em relação ao padrão: mede o percentual de serviços entregues dentro do prazo prometido ao cliente e na qualidade estabelecida.
- Produtividade: custo real do processo dividido pelo custo ideal. O custo real é a soma do custo médio das atividades e dos insumos diretamente ligados à execução do processo, e o custo ideal é obtido através de *benchmarking* junto a outras empresas que sejam consideradas referências de excelência.
- Eficiência operacional: percentual utilizado da capacidade de produção instalada.
- Conformidade do processo crítico: mede o número de não conformidades do processo que é crítico para a empresa ou negócio analisado.
- Desperdício: medido pelo percentual de materiais perdidos em relação ao total utilizado, ou pelo percentual de horas de retrabalho comparado ao total de horas programadas, ou ainda pelo percentual de tempo improdutivo – tempo gasto na preparação ou manutenção de máquinas – em relação ao tempo de ciclo total do processo.
- Flexibilidade: mede o prazo médio decorrido entre o pedido e a entrega do produto ou serviço ao cliente.
- Análise do processo de inovação: considera o tempo do ciclo do projeto de produtos e serviços, o custo em pesquisa e desenvolvimento, o retorno dos ativos empregados em projetos de novos produtos, serviços e processos, bem como a receita proveniente de novos produtos e serviços.
- Análise do processo de operações: considera o tempo do ciclo do pedido do cliente, o percentual de não conformidades no processo, o custo do processo e o percentual de produtividade, geralmente estabelecida pela quantidade produzida por funcionário da empresa.
- Análise do serviço pós-venda: considera o prazo médio para solução de reclamações e o custo da assistência pós-venda.

d) Perspectiva de aprendizado, inovação e crescimento que contempla os indicadores que medem a capacidade da empresa em inovar seus produtos ou serviços e processos, a saber:
- Tempo para recuperar o investimento: número de meses necessários em média para obter o retorno do investimento feito em um novo produto, serviço ou processo.

- Conformidade do processo: engloba o número de não conformidades por processo ou o número de alterações realizadas no processo correlacionado às não conformidades, ou o tempo real do processo em relação ao tempo previsto, ou o custo real do processo em relação ao custo anteriormente previsto.
- Conformidade do projeto: engloba o número de não conformidades por projeto ou o número de alterações no projeto correlacionado às não conformidades ou o tempo real do projeto pelo tempo previsto, ou ainda o custo real do projeto dividido pelo custo previsto.
- Geração de ideias: abrange o percentual de ideias de produtos e serviços avaliados em relação ao total de pessoas envolvidas em desenvolvimento de produtos ou serviços e o percentual de ideias aproveitadas em relação ao total de ideias geradas.

Verifica-se que essa perspectiva identifica a infraestrutura necessária para que a empresa obtenha crescimento a longo prazo e melhoria contínua das suas competências, visando entregar maior valor para o cliente e para os investidores e acionistas, sendo que esse processo está sustentado por fatores como a competência e a satisfação dos executivos e funcionários, a infraestrutura de tecnologia da informação e a delegação de poder para os níveis inferiores da estrutura hierárquica (*empowerment*).

e) Perspectiva de responsabilidade social. Neste caso, podem-se considerar, entre outros, os seguintes indicadores para se analisar a evolução da estrutura organizacional da empresa:
- Conformidade social: pontuação que pode ser obtida, por exemplo, de acordo com critérios de avaliação do Instituto Ethos – entidade brasileira voltada para ações de responsabilidade social –, os quais estão englobados em sete temas: valores e transparência, público interno, meio ambiente, fornecedores, consumidores, comunidade e governo. Essa avaliação permite que a empresa possa planejar e implementar, com adequada estrutura organizacional, as suas ações estratégicas, visando alcançar um nível mais elevado de responsabilidade social.
- Imagem pública: considera o percentual de entrevistados em pesquisa que têm uma imagem favorável a respeito da responsabilidade social da empresa ou o número de inserções espontâneas e positivas na mídia.
- Benefícios dos processos: benefício social obtido dividido pelo benefício almejado, considerando-se processos como o de redução da

emissão de poluentes ou o de recuperação de viciados em drogas em uma comunidade.

- Investimento em responsabilidade social: percentual da receita investido em programas de responsabilidade social. Salienta-se que esse indicador inclui o tempo disponibilizado pelos profissionais da empresa para esses programas.
- Risco ambiental: considera o número de não conformidades ambientais e o número de aspectos ambientais inaceitáveis.
- Passivo ambiental: mede o custo estimado para o tratamento de resíduos, pagamento de multas e indenizações.

f) Perspectiva das pessoas, em que estão contemplados os indicadores de avaliação da estrutura organizacional que se seguem:

- Retenção de pessoas-chave: número de pessoas-chave com elevado conhecimento que se desligaram espontaneamente nos últimos 12 meses dividido pelo total de pessoas-chave da empresa analisada.
- Conhecimento e habilidade: medido através do percentual médio cumprido do ideal estabelecido para a função, ou seja, quanto cada pessoa é capaz de cumprir em relação às habilidades exigidas para a função, e do percentual de pessoas que têm capacitação adequada, ou seja, pessoas que se encaixam no perfil dos conhecimentos e das habilidades exigidos para o cargo ou função alocado na estrutura organizacional da empresa.
- Satisfação: percentual das pessoas que se declararam suficientemente motivadas e satisfeitas. Esse indicador é obtido por meio de pesquisa junto aos executivos e funcionários da empresa.
- Comprometimento: percentual das pessoas que se declararam envolvidas e engajadas em atividades vinculadas às estratégias da empresa e o percentual das pessoas que conhecem os objetivos e os valores da empresa considerada.
- Competência: abrange o percentual das pessoas que não necessitam de supervisão direta, percentual de pessoas que se sentem com autoridade e delegação suficientes, o que pode ser medido através de pesquisa do clima organizacional.
- Melhoria contínua e produtividade: engloba as medidas do valor econômico agregado por pessoa; por exemplo, receita total dividida pelo número de funcionários e o percentual realizado das metas individuais e das equipes de trabalho.

- Eficácia de treinamento: mede o percentual de pessoas treinadas que utilizam, na prática, os conhecimentos e as habilidades adquiridos no treinamento.
- Volume de treinamento: contempla o percentual da receita investido em treinamento, o percentual de horas de treinamento em relação às horas disponíveis e o percentual cumprido do plano de treinamento.
- Avanço na carreira: considera o percentual de oportunidades preenchidas internamente – mede o aproveitamento do pessoal interno no preenchimento de vagas – e o percentual de pessoas que avançaram na carreira nos últimos 12 meses.
- Equidade de remuneração: mede o percentual de funções que mantêm equidade salarial com o mercado.
- Bem-estar: engloba o percentual de pessoas com doença ocupacional – pessoas que apresentam problemas de saúde relacionados às atividades que executam – e o percentual de pessoas satisfeitas com os benefícios que a empresa oferece.
- Segurança: indicador no qual estão abrangidos a frequência e a gravidade de acidentes – indicador obrigatório por lei –, a frequência de quase-acidentes – situação em que poderia ter ocorrido um acidente com afastamento –, o número de perigos cujo risco e efeito combinados tornam obrigatória a tomada de ações de correções e o número de pessoas treinadas com as horas de treinamento em segurança do trabalho.
- Participação: contempla o número de sugestões implementadas dividido pelo total de funcionários e o percentual de pessoas que participam de projetos de melhoria.

g) Perspectiva de aquisição e dos fornecedores, que engloba, entre outros, os seguintes indicadores de desempenho das atividades alocadas na estrutura organizacional da empresa:
- Qualidade dos produtos e serviços adquiridos: conformidade do produto e do serviço às especificações, a pontualidade de entrega, o prazo de entrega e o percentual de valor do total das compras, referente a fornecedores com qualidade assegurada.
- Relacionamento: abrange o percentual de ações corretivas respondidas a contento pelos fornecedores, que mede a eficácia das ações corretivas solicitadas aos fornecedores, e o percentual de negociações bem-sucedidas, que mede a capacidade de obter negociações do tipo *ganha-ganha*.

h) Perspectiva do ambiente organizacional, que abrange os seguintes indicadores de desempenho, entre outros:

- Satisfação com a liderança: percentual de pessoas que se declaram satisfeitas ou muito satisfeitas com o estilo de liderança e que sentem que os líderes são capazes de levar a empresa ao sucesso.

- Capital intelectual: valor agregado aos produtos e serviços através do conhecimento acumulado na empresa, o qual engloba o número de tecnologias dominadas dividido pelo total de tecnologias necessárias, o percentual de conhecimentos críticos para o sucesso da empresa e dominados por mais de uma pessoa (mede o risco de a empresa perder conhecimento com o desligamento de pessoas que detêm tal conhecimento), o percentual de conhecimentos críticos documentados e disseminados (verifica se os conhecimentos críticos estão acessíveis através de meios que permitam sua utilização por toda a empresa).

- Habilidade dos líderes: obriga a empresa a ter uma sistemática estruturada para desenvolver e avaliar líderes, a qual pode abranger atributos como capacidade de estabelecer prioridades, capacidade de delegar, capacidade de avaliar, capacidade de comunicar e capacidade de desenvolver pessoas.

- Qualidade do sistema de informações: analisa o número de informações críticas disponíveis dividido pelo total de informações críticas necessárias. Informação crítica disponível é um conjunto de dados acessível em tempo adequado, atualizado e confiável, cuja utilização é essencial para a realização dos objetivos e das metas da empresa ou negócio.

Verifica-se que esses diversos indicadores de desempenho, de forma direta ou indireta, contribuem para o processo de avaliação e aprimoramento da estrutura organizacional das empresas.

Independentemente do critério de avaliação a ser utilizado, deve-se lembrar uma famosa frase que estabelece que "tudo o que pode ser medido pode ser administrado"; entretanto, isso fica numa situação esquisita quando existe descrédito quanto aos próprios indicadores de desempenho, quer seja pela não utilização da medida certa, quer seja pela aplicação de medidas inadequadas para que os executivos se sintam mais confortáveis quanto ao processo de cobrança de resultados.

E, no caso da estrutura organizacional das empresas, essa questão de aplicação e análise de indicadores de desempenho pode se tornar um pouco mais complexa, mas não menos necessária.

10.8 RESISTÊNCIAS AO PROCESSO DE AVALIAÇÃO E APRIMORAMENTO

Um dos aspectos mais importantes a que o analista de organização deve estar constantemente atento refere-se às possíveis resistências ao processo de avaliação e aprimoramento. Isso porque os controles existentes podem gerar cooperação quando são entendidos e aceitos, bem como gerar resistências e conflitos quando são desnecessários ou impossíveis de ser aplicados.

Essa resistência tem como base o fato de a estrutura organizacional ser abordada de forma sistêmica; isso cria uma situação em que falhas numa unidade organizacional repercutem, de maneira explícita, em outras unidades organizacionais da empresa.

Portanto, os vários chefes começam a sentir-se vulneráveis e passam a apresentar, na maior parte das vezes, atitude agressiva para com os controladores ou total apatia e indiferença quanto aos resultados apresentados pelos sistemas de controle, avaliação e aprimoramento da estrutura organizacional.

Além desses aspectos, as pessoas podem apresentar resistências aos processos de avaliação com base nos seguintes aspectos:

- falta de conhecimento sobre o sistema de avaliação;
- padrões de avaliação inadequados;
- avaliações incorretas; e
- ações corretivas com críticas pessoais.

Diante desses aspectos, o analista deve estudar muito bem o processo de avaliação e de aprimoramento que será operacionalizado para a estrutura organizacional da empresa.

Mais detalhes sobre as resistências que as pessoas podem apresentar são abordados no Capítulo 9.

RESUMO

Neste capítulo, foram abordados os principais aspectos da importante questão do processo de avaliação e de aprimoramento da estrutura organizacional pelas empresas.

Foi verificado que as informações são de elevada importância para o processo de avaliação e aprimoramento da estrutura organizacional, e devemos considerar os tipos, a frequência, a qualidade e as fontes das informações.

Para o adequado desenvolvimento do processo de avaliação e aprimoramento da estrutura organizacional podem ser seguidas algumas fases, a saber: estabelecimento de padrões de medida e de avaliação, medida dos desempenhos esperados, comparação do realizado com o esperado e ação corretiva.

As avaliações da estrutura organizacional podem ser realizadas nos níveis estratégico, tático e operacional, cada um com suas características básicas.

E os indicadores de desempenho devem ser aplicados da forma mais abrangente e estruturada possível.

QUESTÕES PARA DEBATE

1. Identificar e debater outras metodologias para a avaliação e o aprimoramento da estrutura organizacional nas empresas.
2. Debater a questão das informações necessárias para o adequado processo de avaliação e aprimoramento da estrutura organizacional em uma empresa de seu conhecimento.
3. Identificar e debater outras causas de resistências ao processo de avaliação e aprimoramento da estrutura organizacional das empresas.
4. Aplicar, de forma resumida, os indicadores de desempenho da estrutura organizacional em uma empresa de seu conhecimento.

> **CASO: ELABORAÇÃO DO PLANO DE AVALIAÇÃO E DE APRIMORAMENTO DA ESTRUTURA ORGANIZACIONAL DA ALPHA PECUÁRIA, AGRÍCOLA, INDÚSTRIA E COMÉRCIO LTDA.**

Considerando todos os trabalhos anteriores, bem como o conteúdo deste capítulo, solicita-se que você:

a) Prepare um plano para o adequado processo de avaliação e de aprimoramento da estrutura organizacional da Alpha ao longo do tempo.

b) Identifique e debata a melhor forma de conseguir a efetiva participação e comprometimento dos sócios, dos executivos e dos funcionários da Alpha nesse processo.

c) Estabeleça três indicadores de desempenho para esse processo de avaliação e de aprimoramento da estrutura organizacional da Alpha.

d) Explique como deve ser feito o processo de monitoramento da evolução da estrutura organizacional da Alpha.

11
Perfil e atuação do profissional de estruturação organizacional

"Enquanto Hitler gritava, Ghandi falava baixo e Chaplin fazia cinema mudo. Jesus Cristo não levantava a voz... Alto deve ser o valor de suas ideias, não o volume de sua voz. O mundo ouve mais quem fala baixo, mas pensa alto... Mostre que seu pensamento caminha além da sua voz."

(Autor desconhecido)

11.1 INTRODUÇÃO

Neste capítulo, são abordadas as habilidades e as atividades básicas inerentes ao profissional de organização.

É de suma importância que o analista de organização esteja enquadrado nessas especificações, para o adequado desenvolvimento dos seus trabalhos.

E, como reforço à melhor atuação do profissional, é necessário que a equipe responsável pela estruturação organizacional tenha uma filosofia de atuação, perante os vários usuários da empresa, de maneira adequada. Portanto, são apresentados os aspectos básicos para a empresa tirar melhor proveito de sua equipe de organização.

Ao final deste capítulo, você estará em condições de responder a algumas perguntas, tais como:

- Qual a maneira mais adequada de atuação da equipe de organização?
- Quais as capacidades e habilidades básicas do analista de organização?
- Quais as atribuições básicas da equipe de organização?

11.2 PERFIL E FORMA DE ATUAÇÃO DO PROFISSIONAL

Existe, na maior parte das empresas, uma filosofia de atuação da equipe de organização com a qual o autor deste livro não concorda.

Algumas dessas empresas apresentam uma equipe de organização, desenvolvendo, *entre quatro paredes*, a estrutura organizacional que deve ser implantada pela empresa.

Outras empresas apresentam sua equipe de organização, desenvolvendo a estrutura *para* as várias unidades organizacionais usuárias da empresa.

O autor deste livro considera que o ideal é a estrutura organizacional ser desenvolvida *pelas* várias unidades organizacionais usuárias, sob a atuação catalisadora e o princípio sistêmico da equipe de organização.

Essa filosofia de atuação propicia, entre outros aspectos:

- melhor entrosamento entre as unidades organizacionais usuárias dos trabalhos de estruturação da empresa;

- maior qualidade da estrutura, pois os próprios usuários atuam em todo o processo de desenvolvimento e implementação da estrutura organizacional da empresa;
- maior facilidade de implementação;
- menor nível de resistência à aceitação da nova estrutura organizacional, pois os usuários a conhecem desde o início do desenvolvimento;
- maior conhecimento e treinamento automático dos usuários da nova estrutura organizacional; e
- menor custo no desenvolvimento e na implementação da estrutura organizacional da empresa.

11.3 CONHECIMENTOS E HABILIDADES DO PROFISSIONAL

Nesse ponto, devem-se tecer alguns comentários sobre os principais conhecimentos e habilidades que o profissional da estruturação organizacional deve apresentar, tendo em vista a otimização dos resultados de seu trabalho.

Com referência aos conhecimentos necessários, pode-se considerar:

- ter conhecimento de administração, incluindo noções relativamente fortes das funções – planejamento, organização, direção, gestão de pessoas e avaliação –, bem como de uma ou mais das áreas funcionais – marketing, pesquisa e desenvolvimento, finanças, recursos humanos, informática etc.;
- desenvolver situações alternativas interessantes, sustentadas por elevadas criatividade e lógica;
- ter visão estratégica ampla, bem como de longo e curto prazos, consolidando um *continuum* no processo decisório;
- saber *pensar grande*, tal como o ex-presidente norte-americano Abraham Lincoln (1809-1865), que estabeleceu:
- – não criarás a prosperidade se desestimulares a poupança;
- – não fortalecerás os fracos se enfraqueceres os fortes;
- – não ajudarás o assalariado se arruinares aquele que o paga;
- – não estimularás a fraternidade humana se alimentares o ódio de classes;
- – não ajudarás os pobres se eliminares os ricos;

- não poderás criar estabilidade permanente baseado em dinheiro emprestado;
- não evitarás dificuldades se gastares mais do que ganhas;
- não fortalecerás a dignidade e o ânimo se subtraíres ao homem a criatividade e a liberdade; e
- não poderás ajudar os homens de maneira permanente se fizeres por eles aquilo que eles podem e devem fazer por si próprios;
- ser generalista com algumas especialidades, no caso, representadas pela estruturação organizacional; e
- estar direcionado para as necessidades de mercado e ter enfoque para resultados, de acordo com os objetivos e as metas estabelecidas no plano estratégico.

Quanto às habilidades do profissional de estruturação organizacional, podem-se considerar as habilidades técnica, humana e conceitual.

A habilidade técnica consiste em utilizar conhecimentos, processos, técnicas e equipamentos necessários para a realização das tarefas específicas, por meio de sua instrução, experiência e educação.

As habilidades técnicas dos profissionais de organização são enumeradas, de forma resumida, a seguir:

- habilidade para levantar dados, analisar, elaborar e implantar a estrutura organizacional;
- habilidade para trabalhar com programas, processos, processamentos, métodos e técnicas de análise administrativa, tendo em vista a planificação detalhada do processo de trabalho;
- habilidade para manusear equipamentos específicos, como os computadores, por exemplo;
- habilidade para reunir ideias de forma lógica. Esse esforço de análise exige intensa capacidade de concentração e concisão; e
- habilidade para ter conhecimento dos instrumentos administrativos e dos processos que a empresa usa. Deve, portanto, ser um generalista que trabalha juntamente com especialistas, sabendo, dessa forma, integrar as informações.

A habilidade humana consiste na capacidade e no discernimento para trabalhar com pessoas, compreender suas atitudes e motivações e aplicar uma liderança eficaz.

Para o profissional de organização, essa habilidade é de grande importância, pois saber ouvir, observar e argumentar é necessário para a ação de influenciar terceiros, convencendo-os das vantagens de suas recomendações. Nesse sentido, deve também estar apto para treinar os usuários, sabendo lidar com suas resistências.

A habilidade conceitual consiste na capacidade de compreender as complexidades de toda a empresa e o ajustamento do comportamento e da atuação das pessoas dentro da estrutura organizacional da mesma. Essa aptidão permite que o profissional de organização se comporte de acordo com os objetivos e as necessidades da empresa, promovendo ajustamentos necessários que são evidenciados pelo levantamento e pela análise de dados e informações inerentes à estrutura organizacional das empresas.

O profissional de organização que apresentar essas três habilidades – técnica, humana e conceitual – de forma equilibrada e evidente terá grande diferencial na empresa.

11.4 ATRIBUIÇÕES DA ÁREA OU EQUIPE DE ESTRUTURAÇÃO ORGANIZACIONAL

Não é intenção apresentar as atribuições da área ou equipe de organização de forma efetiva, mas apenas como ideia a ser considerada.

Na descrição, procurou-se seguir o esquema apresentado no Capítulo 5, "Atribuições das unidades organizacionais", sendo que a área é denominada Comitê de Estrutura Organizacional.

Salienta-se que o nível de detalhamento é elevado, para facilitar a sua análise.

As atribuições são apresentadas no Quadro 11.1:

Quadro 11.1	*Atribuições do comitê de estrutura organizacional.*

UNIDADE: Comitê de Estrutura Organizacional
CARGO: Coordenador do Comitê de Estrutura Organizacional
SIGLA: COEO
CENTRO DE CUSTOS: X.XX.XXX-1
UNIDADE SUPERIORA: Presidência

| Quadro 11.1 | Continuação. |

UNIDADES SUBORDINADAS: Não tem

PARTICIPANTES DO COMITÊ: Funcionários específicos e profissionais representantes das principais atividades da empresa

LIGAÇÕES FUNCIONAIS: Com todas as unidades organizacionais da empresa.

PERFIL DE ATUAÇÃO: Basicamente, voltado para dentro da empresa.

Forte questionamento da realidade organizacional da empresa.

RESPONSABILIDADE BÁSICA:

Executar as atividades de levantamento, análise, elaboração e implementação da estrutura organizacional na empresa.

ATIVIDADES:

- Exercer as atividades comuns em nível de departamento.

Obs.: O comitê pode ser considerado do mesmo nível hierárquico que os diversos departamentos da empresa.

RELATIVAS AO PLANEJAMENTO, DIREÇÃO E CONTROLE:

- procurar aperfeiçoar, continuamente, sua capacidade de liderança, iniciativa, julgamento, decisão, convicção, entusiasmo e integridade pessoal;
- manter-se atualizado com as modernas técnicas relativas às atividades que desenvolve na empresa, transmitindo aos membros do comitê os conhecimentos necessários à boa execução dos trabalhos;
- promover e manter elevado espírito de colaboração entre os membros do comitê e os usuários de seus serviços;
- transmitir a todos os colaboradores as diretrizes básicas para elaboração dos planos de trabalho necessários ao adequado desenvolvimento das atividades;
- analisar os planos de trabalho apresentados para análise, procedendo a alterações, inclusões e exclusões julgadas necessárias;
- colocar à apreciação de seu superior imediato o plano de trabalho elaborado pelo comitê e providenciar as alterações que lhe forem transmitidas;
- colaborar com seu superior imediato, quando solicitado, na apresentação do plano de trabalho proposto à sua chefia imediata ou às áreas responsáveis pelo planejamento da empresa;
- transmitir aos membros do comitê os planos de trabalho aprovados pela alta administração da empresa e providenciar a elaboração da programação das atividades a serem realizadas;
- analisar as programações das atividades, verificando que tenham sido elaboradas de forma que sejam cumpridas as metas e atingidos os objetivos do plano de trabalho aprovado pela alta administração da empresa;

| Quadro 11.1 | Continuação. |

- colocar as programações das atividades do comitê à apreciação de seu superior imediato e providenciar alterações que lhe forem transmitidas;
- acompanhar o desenvolvimento dos planos de trabalho do comitê e estabelecer soluções para corrigir eventuais desvios entre o previsto e o realizado, recorrendo a seu superior imediato quando estiverem fora de sua alçada;
- analisar e colocar à apreciação de seu superior imediato projetos não incluídos no plano de trabalho do comitê, propostos *a posteriori* por seus membros e usuários, e providenciar sua inclusão no plano de trabalho da empresa;
- orientar, acompanhar e analisar os aspectos econômico-financeiros, cuidando para que as recomendações emanadas da área de orçamentos da empresa sejam acatadas na execução;
- colocar os orçamentos propostos à apreciação de seu superior imediato e providenciar as alterações por esse transmitidas;
- acompanhar o desenvolvimento do orçamento aprovado, fornecendo as diretrizes para corrigir eventuais desvios entre o orçado e o realizado; e
- estabelecer ou aprovar padrões de desempenho para o cumprimento de prazos e qualidade dos trabalhos desenvolvidos pelo comitê.

RELATIVAS À GESTÃO DE PESSOAS:

- aplicar a política de relações humanas entre os membros do comitê, de acordo com as diretrizes estabelecidas, dando especial atenção ao reconhecimento de realizações, méritos individuais e sugestões para melhor aproveitamento dos profissionais alocados direta e indiretamente no comitê;
- treinar os membros do comitê para assumirem responsabilidades maiores;
- indicar substitutos dos membros do comitê na ausência ou impedimento desses;
- cooperar com a área de recursos humanos da empresa na seleção, substituição e qualificação de profissionais que tenham interação – direta ou indireta – com as questões inerentes à estrutura organizacional da empresa;
- receber dos membros do comitê as propostas de admissão, demissão, promoção e aumento de pessoal, dando-lhes o encaminhamento devido;
- atender às reivindicações dos membros do comitê e dos usuários de seus serviços e procurar saná-las, tomando as providências que o caso exigir; e
- participar de programas de treinamento de pessoal promovidos pela empresa.

RELATIVAS À ORGANIZAÇÃO:

- responsabilizar-se, perante seu superior imediato, pela conduta do comitê, de acordo com os padrões estabelecidos pela empresa;

Quadro 11.1	Continuação.

- manter um núcleo de profissionais dotado dos requisitos necessários ao desenvolvimento dos trabalhos e dimensionado, rigorosamente, de acordo com as condições oferecidas pela empresa;
- desenvolver suas atividades em concordância com os princípios indicados no manual de organização e colaborar em sua atualização;
- exercer as funções específicas do cargo e as que lhe forem confiadas por seu superior, podendo delegá-las aos membros do comitê, sem, entretanto, eximir-se da responsabilidade pela execução das mesmas;
- manter informadas as chefias das unidades organizacionais da empresa sobre as atividades desenvolvidas pelo comitê, se dependentes desses conhecimentos, para bem executar seus trabalhos;
- zelar pelo cumprimento das rotinas e dos processos administrativos referentes ao comitê;
- cumprir e fazer cumprir as normas internas da empresa no comitê;
- exercer suas atribuições com responsabilidade e lealdade à empresa, agindo de forma tal que seus colaboradores façam o mesmo;
- comparecer aos outros comitês dos quais for membro efetivo e àqueles em que for solicitada sua participação em caráter eventual;
- manter em dia a correspondência do comitê;
- apresentar ao seu superior imediato relatórios sobre desenvolvimento e atividades do comitê; e
- colaborar, em cada oportunidade, na aplicação do programa de relações públicas, defendendo e difundindo as políticas e as diretrizes da empresa.

RELATIVAS ÀS ATIVIDADES ESPECÍFICAS DO COMITÊ DE ESTRUTURA ORGANIZACIONAL:
- fornecer para a unidade de análise e estruturação de processos as informações necessárias à sua participação nos trabalhos de estruturação organizacional;
- manter todos os contatos necessários com as unidades organizacionais da empresa;
- documentar os trabalhos realizados, atendendo aos padrões de apresentação estabelecidos;
- providenciar a aprovação das alterações na estrutura organizacional pela alta administração da empresa;
- implantar, em conjunto com os usuários, a estrutura organizacional desenvolvida ou que sofreu alteração;
- dar conhecimento da nova estrutura ou da manutenção ou da alteração realizada para a empresa;

| Quadro 11.1 | *Continuação.* |

- proceder aos acertos necessários na documentação utilizada nos trabalhos do comitê;
- manter os originais da documentação no que for de sua responsabilidade;
- orientar os funcionários da empresa sobre assuntos abordados nas responsabilidades e autoridades das unidades organizacionais da empresa;
- tomar as providências para a divulgação das decisões normativas da alta administração, quando necessário seu conhecimento por toda a empresa;
- estabelecer critérios de codificação e controlar a distribuição de revisões organizacionais referentes aos projetos e processos desenvolvidos pela empresa;
- participar ou efetuar levantamento de dados, análise, elaboração e implantação de alterações na estrutura organizacional da empresa;
- analisar e providenciar alterações na estrutura organizacional, visando adaptá-la às reais condições da empresa e objetivando a melhor eficácia quanto aos resultados esperados; e
- executar as demais tarefas, não especificadas nesta ficha e nem constantes das atribuições gerais, desde que inerentes à sua unidade organizacional.

RESUMO

Neste capítulo, foram analisados os aspectos básicos inerentes ao profissional de organização.

Fica evidente a necessidade do enquadramento do referido profissional em uma atuação de *catalisador* do processo de atualização e de evolução da estrutura organizacional das empresas.

A empresa que conseguir uma equipe de organização diferenciada em capacitação profissional e em postura de atuação terá importante ferramenta para otimizar seus resultados operacionais.

QUESTÕES PARA DEBATE

1. Explique a melhor forma de atuação da área ou equipe de organização na empresa.

2. Tendo em vista a empresa em que você trabalha, detalhe as atribuições inerentes à área ou equipe de organização.

> **CASO: ESTUDO, DEBATE E ESTABELECIMENTO DO PERFIL E FORMA DE ATUAÇÃO DOS PROFISSIONAIS RESPONSÁVEIS PELA ESTRUTURA ORGANIZACIONAL DA ALPHA PECUÁRIA, AGRÍCOLA, INDÚSTRIA E COMÉRCIO LTDA.**

Agora que está tudo resolvido quanto à melhor estrutura organizacional da Alpha, você assinou um novo contrato de prestação de serviços, em que a sua atuação será esporádica – rápidas análises semestrais – e toda a responsabilidade de manutenção e aprimoramento da estrutura organizacional recai sobre os sócios, executivos e funcionários da Alpha.

Entretanto, foi considerado ideal que essa responsabilidade ficasse com o comitê ligado à Presidência da Alpha, ocorrendo, inclusive, uma possível alteração de seus membros, tendo em vista, principalmente, os trabalhos inerentes à manutenção e ao aprimoramento da estrutura organizacional.

Nesse contexto, respeitando as análises dos profissionais realizadas no caso do Capítulo 5, bem como o conteúdo do presente capítulo, solicita-se que você identifique os responsáveis por unidades organizacionais que devem fazer parte desse comitê.

Pode-se considerar que esse comitê terá sete membros, ou seja, representantes de sete unidades organizacionais da estrutura da Alpha.

Glossário

"Enchendo nossos ouvidos com tudo o que aprendemos a dizer, ficamos surdos ao que ainda temos que ouvir."
Wendell Johnson

A seguir, são apresentadas as definições básicas dos principais termos utilizados neste livro.

Ao abordar algum conceito básico, partiu-se da própria bibliografia, cujos principais autores foram mencionados, juntamente com suas ideias, no texto do livro.

Também se trabalhou com definições próprias, que, no entender do autor, se apresentam como válidas.

Salienta-se que a pesquisa bibliográfica evidenciou que, acima de diferenças semânticas e terminológicas, existem profundas divergências conceituais e que não se pretendeu saná-las no presente livro, por escapar aos objetivos propostos.

Administração das mudanças é a sistemática de alinhamento e de adequações da cultura organizacional às modernas estratégias de negócios, estrutura organizacional e processos que a nova realidade empresarial apresenta aos proprietários, executivos e funcionários das empresas.

Agente de mudanças – ou de desenvolvimento organizacional – é o profissional capaz de desenvolver comportamentos, atitudes e processos que possibilitem à empresa transacionar, proativa e interativamente, com os diversos instrumentos administrativos da empresa, bem como com os fatores externos não controláveis pela empresa.

Ambiente de um sistema é o conjunto de todos os fatores que, dentro de um limite específico, se possam conceber como tendo alguma influência sobre a operação do sistema considerado.

Amplitude de controle, ou amplitude administrativa, ou amplitude de supervisão refere-se ao número de subordinados que um chefe pode supervisionar pessoalmente, de maneira efetiva e adequada.

Área Estratégica de Negócio (AEN) – é uma parte ou segmento de mercado com a qual a empresa, por meio de suas UENs, se relaciona de maneira estratégica, ou seja, de forma otimizada.

Atividades de apoio – ou atividades-meios – são as alocadas nas unidades organizacionais que sustentam e auxiliam as unidades organizacionais-fins a colocarem os produtos e serviços da empresa no mercado.

Atividades-fins são as alocadas nas unidades organizacionais que consolidam a interação da empresa com o mercado, efetivando a melhor disponibilização e colocação dos produtos e serviços oferecidos.

Auditoria de gestão é o processo estruturado de análise da adequada aplicação do estilo administrativo e dos instrumentos administrativos desenvolvidos na busca de resultados estabelecidos no plano estratégico – através de estratégias, políticas, projetos e planos de ação –, sustentado pela estrutura organizacional – representada pelas responsabilidades, autoridades, comunicações e processo decisório – e de acordo com os indicadores de desempenho e os processos implementados na empresa.

Autoridade é o poder, formalizado ou não na empresa, de uma pessoa tomar uma decisão e ter a garantia de que as ações decorrentes serão operacionalizadas na empresa.

Avaliação é uma função do processo administrativo que, mediante a comparação com padrões previamente estabelecidos, procura medir e avaliar o desempenho e o resultado das ações, com a finalidade de realimentar os tomadores de decisões, de forma que possam corrigir ou reforçar esse desempenho ou interferir em funções do processo administrativo – como a estrutura organizacional –, para assegurar que os resultados satisfaçam aos objetivos estabelecidos.

Benchmarking é o processo de análise referencial da empresa perante outras empresas do mercado, incluindo o aprendizado do que essas empresas fazem de melhor, bem como a incorporação dessas realidades de maneira otimizada e mais vantajosa para a empresa que aplicou o *benchmarking*.

Capacitação é a competência sustentada de obter e deter o conjunto de conhecimentos e instrumentos administrativos que se aplicam a uma área de atuação.

Carta de princípios é a abordagem conceitual e a sustentação dos valores básicos debatidos e consensados na empresa.

Centralização é a maior concentração do poder decisório na alta administração da empresa.

Comitê ou comissão é a reunião estruturada de vários profissionais, normalmente com conhecimentos multidisciplinares, para emitir, por meio de discussão organizada, uma opinião a respeito de um assunto previamente estabelecido, que, nascida dos debates, seja a mais adequada à realidade atual da empresa e/ou situação futura desejada.

Comportamento é a operacionalização de um conjunto de atitudes que uma pessoa apresenta em relação aos diversos fatores e assuntos que estão em seu ambiente de atuação.

Comprometimento é o processo interativo em que se consolida a responsabilidade isolada ou solidária pelos resultados esperados.

Comunicação é o processo interativo em que dados, informações, consultas e orientações são transacionados entre pessoas e/ou unidades organizacionais e/ou agentes externos da empresa.

Cultura organizacional é o conjunto de padrões prevalecentes de valores, crenças, sentimentos, atitudes, normas, interações, tecnologia, processos de execução de atividades e suas influências sobre as pessoas da empresa.

Dado é qualquer elemento identificado em sua forma bruta que, por si só, não conduz a uma compreensão de determinado fato ou situação e, portanto, não possibilita a adequada tomada de decisão.

Delegação é o processo de transferência de determinado nível de autoridade de um chefe para seu subordinado, criando o correspondente compromisso pela execução da tarefa delegada.

Departamentalização é o agrupamento, de acordo com um critério específico de homogeneidade, das atividades e correspondentes recursos – humanos, financeiros, tecnológicos, materiais e equipamentos – em unidades organizacionais.

Descentralização é a menor concentração do poder decisório na alta administração da empresa, sendo, portanto, o poder mais distribuído por seus diversos níveis hierárquicos.

Desempenho é o resultado efetivo que um profissional da empresa apresenta quanto às atividades de um cargo e função, em determinado período de tempo, em relação aos resultados negociados e estabelecidos.

Desenvolvimento de pessoas é a atuação direcionada à evolução profissional das pessoas, em ambientes otimizados de trabalho, na busca de resultados compartilhados, desafiadores e negociados anteriormente.

Desenvolvimento organizacional (DO) é um processo estruturado para a mudança planejada dos aspectos estruturais e comportamentais nas empresas, com a finalidade de otimizar os resultados anteriormente estabelecidos nos planos estratégicos, táticos e operacionais.

Direção da empresa é a orientação, e/ou coordenação e/ou motivação, e/ou liderança das atividades e dos recursos, visando alcançar os objetivos e os resultados esperados.

Diretrizes estratégicas representam o conjunto estruturado e integrado dos objetivos – resultados a serem alcançados –, estratégias – ações a serem desenvolvidas para alcançar os resultados esperados – e políticas – leis a serem respeitadas e que sustentam as estratégias.

Estratégia é a definição do caminho mais adequado para alcançar o objetivo.

Estrutura formal é a que representa a estrutura organizacional da empresa – na realidade, parte dela – e que procura consolidar, ainda que de forma geral, a distribuição das responsabilidades e autoridades pelas unidades organizacionais da empresa.

Estrutura informal é a rede de relações sociais e pessoais que não é formalmente estabelecida pela empresa, as quais surgem e se desenvolvem espontaneamente e, portanto, apresenta situações que não aparecem no organograma da empresa.

Estrutura organizacional é o instrumento administrativo resultante da identificação, análise, ordenação e agrupamento das atividades e recursos das empresas, incluindo o estabelecimento dos níveis de alçada e dos processos decisórios, visando ao alcance dos objetivos estabelecidos pelos planejamentos das empresas.

Evolução tecnológica é o processo gradativo e acumulativo dos conhecimentos que têm influência direta ou indireta sobre os negócios, produtos e serviços de um conjunto de empresas.

Ficha de funções é a descrição da linha de subordinação e do conjunto de atribuições – inerentes às funções administrativas de planejamento, organização, direção, gestão de pessoas e avaliação –, bem como dos níveis de alçada decisória de cada unidade organizacional da empresa.

Governança corporativa é o modelo de gestão que, a partir da otimização das interações entre acionistas ou cotistas, conselhos – administração, fiscal, deliberativo e consultivo –, auditorias – externa e interna –, comitês e diretoria executiva, proporciona a adequada sustentação para o aumento da atratividade da empresa no mercado – financeiro e comercial – e, consequentemente, incremento no valor da empresa, redução do nível de risco e maior efetividade da empresa ao longo do tempo.

Indicador de desempenho é o parâmetro e o critério de avaliação previamente estabelecidos que permite a análise da realização, bem como da evolução da estrutura e das unidades organizacionais das empresas.

Informação é o dado trabalhado que permite ao executivo tomar uma decisão.

Instrumento administrativo é a metodologia ou técnica estruturada que a Teoria da Administração proporciona para o desenvolvimento do processo administrativo das empresas e dos negócios.

Manual de organização é o relatório formal, estruturado e interativo das responsabilidades, autoridades, comunicações e processo decisório inerentes a todas as unidades organizacionais da empresa, pelas suas chefias e funcionários, quer sejam executados de forma individual ou em conjunto.

Missão da empresa é a sua razão de ser e explicita o campo dentro do qual a empresa já atua ou pretende analisar sua futura atuação, alocando seus negócios, produtos e serviços.

Modelo de gestão é o processo estruturado, interativo e consolidado de desenvolver e operacionalizar as atividades de planejamento, organização, direção e avaliação dos resultados, visando ao crescimento e ao desenvolvimento sustentado da empresa.

Nível de competência ou de alçada é o estabelecimento das autoridades alocadas nas unidades organizacionais e/ou nos cargos/funções das empresas.

Níveis hierárquicos representam o conjunto de cargos na empresa com o mesmo nível de autoridade.

Objetivo é o alvo ou situação que se pretende alcançar.

Organização da empresa é a identificação, análise, ordenação e agrupamento das atividades e recursos, visando ao alcance dos resultados anteriormente estabelecidos pelo planejamento.

Organograma é a representação gráfica de determinados aspectos da estrutura organizacional.

Planejamento estratégico é a metodologia administrativa que proporciona sustentação para a empresa estabelecer a melhor direção a ser seguida, visando ao otimizado grau de interação com os fatores externos ou não controláveis, bem como atuando de forma inovadora e diferenciada.

Planejamento operacional é a consolidação, principalmente por meio de processos formais, das metodologias de desenvolvimento e implementação estabelecidas, criando condições para a adequada realização dos trabalhos diários da empresa.

Planejamento tático é a metodologia administrativa que tem por finalidade otimizar determinada área de resultado, e não a empresa inteira.

Plano de ação é o conjunto das partes comuns dos diversos projetos quanto ao assunto que está sendo tratado (recursos humanos, financeiros, tecnologia etc.).

Política é o parâmetro ou orientação para a tomada de decisão.

Potencial é o conjunto de conhecimentos que um funcionário tem para desempenhar outras atividades, correlacionadas ou não ao seu atual cargo e função.

Processo é um conjunto estruturado de atividades sequenciais que apresentam relação lógica entre si, com a finalidade de atender e, preferencialmente, suplantar as necessidades e as expectativas dos clientes externos e internos da empresa.

Processo decisório é a escolha entre vários caminhos alternativos que levam a determinado resultado.

Projeto é um trabalho, com datas de início e de término, com resultado final previamente estabelecido, em que são alocados e administrados os recursos, tudo isso sob a responsabilidade de um coordenador.

Rede de integração entre empresas é a cooperação estruturada, visando consolidar fortes e internacionais vantagens competitivas, sustentadas por otimizadas tecnologias, melhor utilização dos ativos, bem como maiores produtividade, flexibilidade, qualidade, rentabilidade e lucratividade das empresas participantes.

Rede escolar de objetivos é a decomposição dos objetivos pela estrutura organizacional – da alta para a média e a baixa administração – de tal forma que o sucesso de uma unidade depende de outra unidade organizacional, quer esteja em nível hierárquico superior, quer inferior.

Relatório gerencial é o documento que consolida, de forma estruturada, as informações para o tomador de decisões.

Sistema é a consolidação de partes interagentes e interdependentes que, conjuntamente, formam um todo unitário com determinado objetivo e efetuam determinada função na empresa.

Sistema de informações é o processo de transformação de dados em informações. E, quando esse processo está voltado para a geração de informações que são necessárias e utilizadas no processo decisório da empresa, diz-se que esse é um **sistema de informações gerenciais**.

Tecnologia aplicada é o conjunto de conhecimentos que são utilizados para operacionalizar, de forma otimizada, as diversas atividades da empresa.

Teoria da administração é o conjunto estruturado de estudos, análises e proposições que têm a finalidade de explicar as evidências e os fatos de uma realidade prática no contexto administrativo das empresas.

Unidade Estratégica de Negócio (UEN) é uma unidade ou divisão da empresa responsável por consolidar os resultados esperados de um negócio e por desenvolver uma ou mais Áreas Estratégicas de Negócios (AENs).

Unidades organizacionais são os centros de resultados ou de custos da estrutura organizacional das empresas e onde uma equipe de profissionais com atividades homogêneas e/ou correlacionadas exerce suas responsabilidades e autoridades.

Valores da empresa representam o conjunto dos seus princípios e crenças fundamentais, bem como fornecem sustentação a todas as suas principais decisões.

Vantagem competitiva é a identificação dos produtos ou serviços e dos mercados para os quais a empresa está, realmente, capacitada para atuar de forma diferenciada, em relação aos seus concorrentes.

Visão da empresa é a explicitação do que a empresa quer ser, em um futuro próximo ou distante.

Bibliografia

"Ser original, muito bem;
pretender ser original, muito mal."

A. Chauvillier

A seguir, são apresentadas as referências bibliográficas que proporcionaram maior sustentação ao conteúdo deste livro.

ACKOFF, Russel L. *Planejamento empresarial*. Rio de Janeiro: Livros Técnicos e Científicos, 1974.

CERVO, A. L.; BERVIAN, P. A. *Metodologia científica*. São Paulo: McGraw-Hill do Brasil, 1978.

CORDINER, Ralph J. *Decentralization at General Electric*: new frontiers for professional managers. New York: McGraw-Hill, 1956.

DALE, Ernest. Centralization *versus* decentralization. *Advanced Management*, New York, nº 20, June 1955.

DRUCKER, Peter F. *Prática de administração de empresas*. Rio de Janeiro: Fundo de Cultura, 1962.

_____ . *Administrando em tempos de grandes mudanças*. São Paulo: Pioneira, 1995.

FRENCH, Wendell L.; BELL JR., C. H. *Organizational development:* behavioral and interventions for organization improvement. Englewood Cliffs: Prentice Hall, 1973.

GRAICUNAS, Andrius. V. Relationships in organization. In: GULLICK, L.; URWICK, L. *Papers on the science of administration*. New York: Columbia University, 1985.

HAMEL, Gary; PRAHALAD, C. K. *Competindo pelo futuro*: estratégias inovadoras para obter o controle do setor e criar mercados de amanhã. Rio de Janeiro: Campus, 1995.

HERSEY, Paul; BLANCHARD, Kenneth. *Psicologia para administradores de empresa*. São Paulo: Pioneira, 1974.

KAPLAN, Robert; NORTON, David. *Estratégia em ação*: balanced scorecard. Rio de Janeiro: Campus: KPMG, 1998.

KATZ, Daniel; KAHN, Robert L. *Psicologia social das organizações*. 2. ed. São Paulo: Atlas, 1973.

KOONTZ, Harold; O'DONNELL, Cyrill. *Princípios da administração*. 9. ed. São Paulo: Pioneira, 1973.

LITTERER, J. A. *Análise das organizações*. São Paulo: Atlas, 1970.

LODI, João B. *Administração por objetivos*. São Paulo: Pioneira, 1972.

MAHONEY, J. The management of resources and the resources of management. *Journal of Business Research*, New York, v. 33, p. 91-101, 1995.

_____ ; PANDIAN, J. T. A resource-based view within the conservation of strategic management. *Strategic Management Journal*, v. 13, p. 363-380, 1992.

MATTHYSSENS, P.; BULTE, C. Getting close and nicer; partnerships in the supply chain. *Long Range Planning*, New York, v. 21, nº 1, p. 72-83, Jan./Feb. 1994.

MELLO, Fernando A. F. *Desenvolvimento das organizações*: uma opção integradora. Rio de Janeiro: Livros Técnicos e Científicos, 1978.

MINTZBERG, Henry. *Criando organizações eficazes*: estruturas em cinco configurações. Tradução Ailton B. Brandão. 2. ed. São Paulo: Atlas, 2003.

MIRANDA, G. I.; McDOWELL, P. *Manual de organização*. São Paulo: Atlas, 1968.

MOLLER, Claus. *O lado humano da qualidade*. São Paulo: Pioneira, 1995.

NEWMAN, William H. *Ação administrativa*. 4. ed. São Paulo: Atlas, 1976.

PORTER, Michael E. *Estratégia competitiva*: técnicas para análise da indústria e da concorrência. Rio de Janeiro: Campus, 1986.

_____ . Towards a dynamic theory of strategy. *Strategic Management Journal*, New York, v. 12, p. 95-117, 1991.

PRAHALAD, C. K.; HAMEL, Gary. The core competence of the corporation. *Harvard Business Review*, Boston, v. 68, nº 3, p. 79-91. May/June 1990.

SCHRADER, Achim. *Introdução à pesquisa social empírica*: um guia para o planejamento, a execução e a avaliação de projetos de pesquisa não experimentais. Porto Alegre: Globo, 1974.

SELFRIDGE, Richard J.; SOLOLIK, Stanley L. A comprehensive view of organization development. *MBU – Business Topics*, 1975.

SELLTIZ, C.; JAHODA, M.; DEUTSCH, M.; COOK, S. W. *Métodos de pesquisa nas relações sociais*. São Paulo: EPU: Edusp, 1974.

SIMERAY, J. P. *A estrutura da empresa*. Rio de Janeiro: Campus, 1970.

VASCONCELLOS, Eduardo P. G. *Contribuições ao estudo da estrutura administrativa*. Tese de Doutorado – Faculdade de Economia, Administração e Contabilidade, Universidade de São Paulo, São Paulo, 1972.

_____ . *Gerência de projetos multidisciplinares*: problemas e sugestões. Apostila do IA/FEA/USP, São Paulo, mar. 1980.

_____ ; HENSLEY, James; SBRAGIA, Roberto. *Organização matricial numa sociedade em desenvolvimento*: estudo de casos do Brasil. São Paulo: FEA/USP, 1977.

_____ ; KRUGLIANSKAS, Isak; SBRAGIA, Roberto. Organograma linear: um instrumento para o delineamento de estrutura. *Revista de Administração*, São Paulo: IA/FEA/USP, v. 16, nº 4, p. 8-20, out./dez. 1984.

VON BERTALANFFY, L. *Teoria geral de sistemas*. Petrópolis: Vozes, 1972.

WILLIANSON, Olivier E. *The economic institutions of capitalism*: firms, markets and relational contracting. New York: Free Press, 1985.

Formato	17 x 24 cm
Tipografia	Charter 11/14
Papel	Offset Sun Paper 75 g/m² (miolo)
	Supremo 250 g/m² (capa)
Número de páginas	352

Pré-impressão, impressão e acabamento

GRÁFICA SANTUÁRIO

grafica@editorasantuario.com.br
www.editorasantuario.com.br

Aparecida-SP